中青年经济与管理学者文库

陕西师范大学中央高校基本科研业务费专项资金项目“企业避税行为与会计信息质量研究：基于税收—会计差异视角（18SZYB11）”
陕西省科技厅软科学项目“财税激励政策与税收征管强度对陕西省企业科技创新促进机制研究（2019KRM056）”
陕西省社会科学基金一般项目“税收优惠政策对陕西省科技型企业创新效率的影响评价研究（2017S016）”

企业所得税会计准则制定与执行研究：会计信息供需关系视角

芦　笛　著

中国财经出版传媒集团
中国财政经济出版社

图书在版编目（CIP）数据

企业所得税会计准则制定与执行研究：会计信息供需关系视角／芦笛著. --北京：中国财政经济出版社，2019.9
（中青年经济与管理学者文库）
ISBN 978－7－5095－9247－2

Ⅰ.①企… Ⅱ.①芦… Ⅲ.①企业所得税－税收会计－会计准则－研究－中国 Ⅳ.①F812.424②F279.23

中国版本图书馆CIP数据核字（2019）第205056号

责任编辑：马　真　　　　责任校对：张　凡
封面设计：智点创意

中国财政经济出版社 出版
URL：http：//www.cfeph.cn
E－mail：cfeph@cfemg.cn

社址：北京市海淀区阜成路甲28号　邮政编码：100142
营销中心电话：010－88191537
北京财经印刷厂印装　各地新华书店经销
880×1230毫米　32开　8.5印张　200 000字
2019年9月第1版　2019年9月北京第1次印刷
定价：40.00元
ISBN 978－7－5095－9247－2
（图书出现印装问题，本社负责调换）
本社质量投诉电话：010－88190744

策划人语

题记：一个人的精神成长史，取决于他的阅读史。只有阅读能最有效地培养精神生活习惯，而好的习惯又培养性格，性格决定人生。

——我们自豪，因为我们就是创造这精神产品的人。

选择了飞翔，总能看到蓝天；选择了远航，总能感受大海。人生不仅要作出选择，也要坚持住自己的选择。学会计、当编辑是我的意外选择。人说编辑是为人做嫁衣，可是这一选择我坚持了27年，苦在其中，乐在其中，也算是有声有色。每当我把一本本好书呈献给人们的时候，我觉得我是“富贵”的人：富，不是你身上的钱财，而是你心里的满足；贵，不是你地位的显赫，而是你被人需要的程度。

书海探寻，情怀永恒

我要说，做编辑我幸运，因为我不仅是第一个读者，可以对作品“品头论足”，也可以对作品“生杀予夺”；更重要的是，这是一个很高层次的平台，在多年与名家的交往和名著的“对话”中，深深地为他们的人格和才学所感动，被作品的精彩所吸引，这不仅使我“下笔如有神”，更使我的思想和灵魂也受到一次次洗礼和震撼，得到一次次升华。对于我的作者我的书，如数家珍，作者中不乏才学和为人同样过人的多位泰斗和“颜值高责任大”的众多才子佳人；策划的作品不仅立足专业还兼顾人文，也是情怀所在，专业加人文路才会更宽。

多年的体会是，作为一名编辑，起码要“三心二意”，即“责任心、细心、耐心”和“服务意识、创新意识”。要多策划一些有分量的拳头产品，用一个选题推动一个系统工程，用一个系统工程培养一个出版社品牌。给新入职编辑讲座时我做过一个比喻：编辑两项基本功，审稿——甚至要比博导审批学生论文还要全面、细致；选题策划——要像电影导演一样做“星探”，善于发现优秀作者和挖掘好的原创作品。记不得27年来我策划和编辑了多少书，组织和策划了一大批教材、业务培训用书、通俗读物、理论专著等，有的获得过国家、省部级各类奖项，有的以其填补空白、社会热点、风格新颖、开拓尝试等特点受到读者的欢迎。20世纪90年代我开始自主策划选题，多年来每年都有新丛书问世。比如，21世纪初内部控制研究在国内刚兴起时，策划了《现代内部控制丛书》，其中《企业内部控制管理操作手册》是我鼓励作者将自己饱含心血的经过长期钻研和实践并证明卓有成效的成果奉献付梓，使得更多的人能受益于此，这无疑是对我国内部控制理论探索和实践发展的一种贡献，内部控制选题至今还是热点。2013年的《来去无尘——一位财政部长的生前事》所展现的吴波精神，与深入推进党风廉政建设相得益彰，得到中央领导同志的高度重视和重要批示。中央各大主流媒体纷纷连续报道，掀起了全社会学习吴波高尚情操的热潮。2014年至今的前沿选题《财务云丛书》等也越来越受到业界认可。

想是问题，做是答案

众所周知，目前的图书出版业在行业竞争和纸质图书受到严重冲击的情况下，出版人无不感到莫大的危机。在这种背景下，策划一套专业图书是颇感困惑的一件事，风险更大。但即使这样我们也不能因噎废食、停滞不前，还要积极应对，继续发挥纸质图书的固有特质，挖掘出版内容和形式都精彩的原创作品，适应新形势下读者的更高需求。2017年，我们接受新的挑战，开启新的征程，又策划《中青年经济与管理学者文库》《当代税收名家丛书》《中国税务律师系列丛书》《现代管理实务丛书》《高等院校应用型会计人才精细化培养系列教材》等，继续为扶持学术研究和总结最新成果，在高端研究与专业知识普及和应用之间搭建一座座有益的桥梁。

每一个时代的经济环境不同，理论研究和实务探索所需要解决的问题也有所差别。当前我国不仅处于经济结构调整和供给侧改革的攻坚期，同时也处于大数据和互联网突飞猛进的变革期，矛盾叠加，风险交汇，市场环境和组织模式不断演变发展、推陈出新，经济、管理、财税等领域的新理论、新思想、新方法、新工具也层出不穷。乱花渐欲迷人眼，击水三千浪几何？这些领域的研究人员被时代赋予了更艰巨的责任，也面临着更高、更多元的要求，我们不仅要具备更广阔的学术视野，而且要有更严谨的学术思维。

输在犹豫，赢在行动

《中青年经济与管理学者文库》的作者，都是我国经济与管理领域的中坚力量，也是未来的大家。他们中有些人潜心从事理论研究，有些人则深耕在实务一线，但无论现实身份如何，视野全都没有被拘泥在“象牙塔”内。他们从不同视角对市场经济的不同要素进行细致审视，然后汇聚于“财经版”这面旗帜之下，相互碰撞，彼此激荡，力求在市场经济转型升级的关键时期留下最新鲜的“中国印记”。

这些经济与管理领域的中青年学者，就是我国市场经济发展的潜力与优势，他们的研究成果，不仅将引领市场经济的各个组成环节向更科学、更先进的方向发展，而且将成为我国政府和企业在未来经济世界扮演更重要角色的支点与动力。祝愿这些中青年学者能攀上更高的学术之山，走向更远的研究之路，也期待宏观、中观、微观各个层面的市场参与者都能从这套文库中得到切实的启发与指引，在全面深化改革、增强发展活力的关键时期，发挥正能量和积极作用，为经济社会发展增添新的动力！

如果您认可，如果您有意愿，欢迎您和您的朋友加盟我们的作者队伍！在中国财经出版传媒集团的“旗舰”下，中国财政经济出版社这“老字号”，一定励精图治，谱写新的篇章。我们用“龙的精神，玉的品质”来助力您实现梦想！

策划人：樊清玉

邮箱：qingyuf@ sina. com

2017 年春

第1章 绪论

1.1　研究背景与研究意义

1.1.1　研究背景

所得税与人类文明的历史同样悠久，《旧约全书》和《古印度史书》均提到过个人所得税。17世纪以后几个欧洲国家一直在向所得税前进（Shoup Carl Sumner，1960），然而现代所得税却始于拿破仑战争之后，不得不说现代战争对各国税收政策带来了深远影响。1913年2月15日，美国"宪法第十六条修正案"生效，该法案赋予了国会对公司和个人收益课税的广泛权力，且税法规定纳税所得额的确定必须以会计记录为基础，该项法案标志着所得税会计的产生。自此之后，税法便走上不断仿效会计核算的道路，只有在微观层面合理、精确地对相关经济业务进行确认、计量，才能从宏观层面影响国家的财政政策与货币政策，我国情况亦复如是。近几年我国经济发展迅猛，尤其是财政收入更是实现了前所未有的连年大幅增长。2007 年至 2013 年 7 年之间财政收入总额由 51321.78 亿元增长到 129209.64 亿元，增长比例高达 152%（如图 1－1 所示），而企业所得税也由 2007 年的 8779.25 亿元增长至 2013 年的 22427.2 亿元，增速也几乎达到 1.6 倍（如图 1－2 所示），企业所得税占税收总收入的比重在 2013 年达至 20%，仅次于增值税占我国税收总收入的比重（如图 1－3 所示），为我国第二大税种。面对我国财政如此发展趋势，生成这些庞大财政数据的以《企业会计准则第 18 号——所得税》（CAS18）（以下简称“所得税会计准则”）与《企业所得税税法》为代表的法律法规显得至关重要，尤其是所得税会计准则所起的作用更是不容小觑。

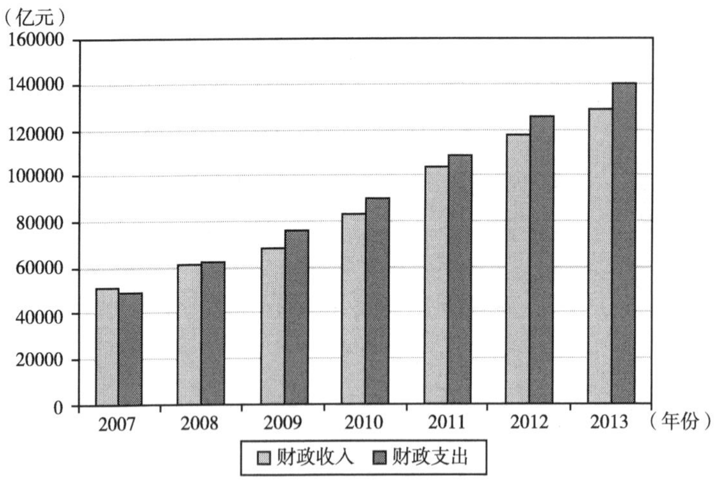

图 1－1　2007—2013 年我国财政收支总额统计图

所得税会计准则一直被认为是会计准则制定理念中资产负债

观与收入费用观取向的一个显著例证。由于其涉及的内容既属于会计领域中的税法问题，又属于税务领域中的会计问题，因而较

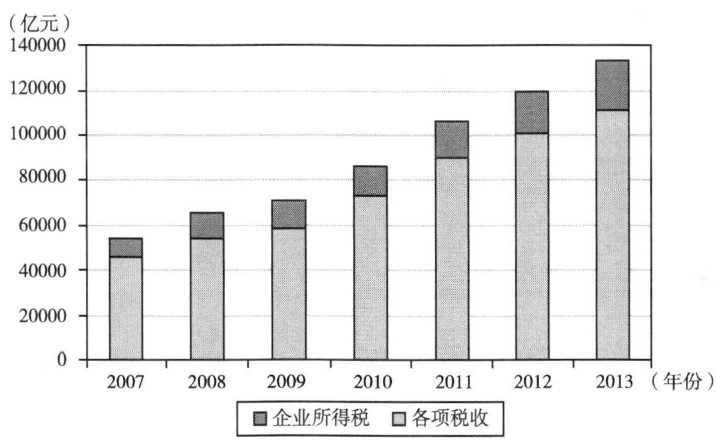

图1-2 2007—2013年我国企业所得税与各项税收总额统计图

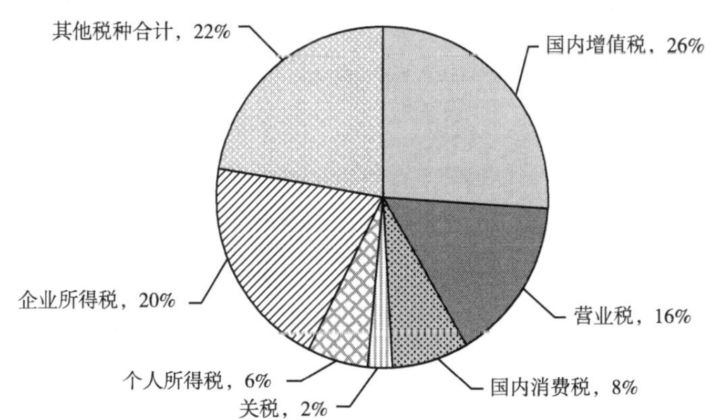

图1-3 2013年我国各项税收占税收总收入的比重统计图

之于其他企业会计准则而言更为专业，且难度更大。与美国、英国、德国、日本等发达国家相比，我国对于所得税会计的研究起步时间较晚，尚未形成完整的研究框架和体系，现如今仍基本处于引进、修改与模仿的阶段。虽然之前根据财政部 1994 年颁布的《企业所得税会计处理的暂行规定》，企业所得税会计核算可由“应付税款法”和“纳税影响会计法”之中自由选择，但是大多数企业普遍采用的还是应付税款法，尤其是中小企业，几乎均采用应付税款法，即使是会计核算水平要求较高的上市公司，也只有极少数公司明确采用纳税影响会计法。据统计，2005 年近 1500 家沪深 A 股上市公司年报附注披露中，明确阐明采用“纳税影响会计法”的上市公司仅有 33 家，所占比例不足 3%（刘运国、曾富全，2007；刘斌，2005；曾富全、吕敏，2009）。

在这种大多数企业采用应付税款法核算会计所得税费用，且会计从业人员普遍对纳税影响会计法不甚了解的会计环境下，2006 年颁布的新所得税会计准则颠覆性地规定了一种在我国从未使用过的所得税会计核算方法——资产负债表债务法，可以说新所得税会计准则是我国颁布的所有具体会计准则之中变化最大的一项。时至今日，新准则实施已 12 年之久，早已历经过渡、转型的阶段，迈入平稳实施阶段。那么，现行的所得税会计准则是否需要改革？资产负债表债务法涉及的相关会计科目设置是否符合会计理论的基本要求？所得税会计准则的执行是否有助于提高会计信息质量？对于这些问题的解答，揭开了本书研究的序幕。

目前，有关中国企业会计准则执行效果较为权威的研究，即为财政部会计司于 2011 年发布的《我国上市公司 2010 年执行企业会计准则情况分析报告》。此报告采用逐日盯市、逐户分析的方法，是在监控了 2129 家上市公司 2010 年的年报基础上完成的。但该报告对准则执行结果的细节描述较为简单，对准则“平稳性”分析并没有进行前后对比，对上市公司的各方利益相关者的影响没有深入研究，对影响准则实施的因素以及执行准则后会计信息质量情况变化没有进行分析。尤其是对所得税会计准则的分析较为简略，仅对各大上市公司发生永久性差异的数量及相关项目进行了简单统计，没有更深入和更实质机理的研究。此外，我国现有对所得税会计准则研究的文章主要集中于以下几个方面：所得税会计性质与内涵的认定、所得税会计准则的国际比较、所得税会计准则的协调、所得税会计核算方法的比较与辨析、我国税会模式的选择，以及所得税对上市公司可能带来的经济影响等。而对于所得税会计准则的核心——资产负债表债务法的本身研究较少，包括此方法对应科目“递延所得税资产”（DTA）与“递延所得税负债”（DTL）设置的合理性、这些科目真正的内涵和价值为何，以及所得税会计准则执行之后，能否提高会计信息质量等内容都很少涉及。正是在这样的研究背景之下，本书提出了我国所得税会计准则在制定与执行层面的理论分析与实证检验的研究命题，试图从会计信息供需双方出发，并以价值相关性、可靠性、可理解性以及盈余质量四个维度作为评价指标并对之量化，探求所得税会计准则的执行现状与效果，为我国所得税会计准则改革提出切实可行的建议。

1.1.2　研究意义

本书研究以会计准则制定与执行的分析框架作为指导，从我国所得税会计准则执行的实际情况出发，具体研究了“递延所得税资产”（DTA）与“递延所得税负债”（DTL）的价值相关性，以及所得税会计准则执行之后，对会计信息供给者与会计信息需求者所带来的影响，旨在进一步修订适合我国会计环境且符合我国国情的所得税会计准则。因此，本书的研究无论在理论方面，还是在实践方面都有一定的价值和意义。具体可体现于以下几个方面：

（1）理论意义。

第一，从理论角度提出了会计准则的判定标准，完善了会计理论。本书建议我国会计准则应明确自身的目标，将高质量会计准则的标准定为能使会计信息的供给者与需求者均满意的“通解”。本书认为，由于会计准则在制定与执行之中受会计准则的技术性、政治化程序性、经济后果性三种因素的影响，从而单纯的由理论角度寻求最完美的会计准则并不现实，而是应该着眼于寻求一种博弈双方自愿执行，可兼顾各方利益，具有社会约束力的会计准则，即该类会计准则可成为满足各方需求的“通解”。

第二，从价值相关性角度剖析资产负债表债务法，为资产负债表债务法的改革提供了理论基础。纵观以往有关企业所得税会计准则的研究，学者更多关注于所得税会计处理方法的选择和比对以及国际会计准则趋同与比较研究，而真正着眼于所得税会计理论基础的研究很少。本书将对递延所得税资产（DTA）与递延所得税负债（DTL）重新分类，通过实例分析的方式，判断了其内在的价值，对资产负债表债务法的内在形成机理进行了有益的探讨，为资产负债观下资产负债表债务法的进一步修订提供了理论支撑。

（2）实践意义。

第一，从会计信息供求双方分析所得税会计准则执行效果，扩大了研究范围。本书研究不仅涉及传统的会计信息需求者，而且还分析了会计信息供给者的态度。有利于所得税会计准则的研究视角的扩大，更有利于所得税会计准则从全方位进行改革，以此来达到其应有的目标。

第二，分析了新企业所得税会计准则适用性问题，完善了我国会计准则实施效果的测度方法。本书通过实证研究方法，对税会差异的测度进行了定量分析，丰富了会计领域中实证研究的内容，并为之后构建适合我国国情的所得税会计准则路径研究奠定了实证基础。

第三，有利于推动我国所得税会计准则的改革。因我国有其自身复杂的宏观经济环境和微观会计环境，故而企业会计准则的设立并不能简单地照搬国际会计准则，应充分考虑到我国的国情。本书正是从理论和实务的角度全面剖析现有所得税会计准则存在的问题，并对所得税会计准则建设的基本路径作出探索，有助于推动我国企业所得税会计准则的改革。

1.2　研究思路与研究方法

1.2.1　研究思路

本书的研究对象为所得税会计准则，依据财务报告的目标和会计准则的判定标准可知，财务报告所披露的会计信息需要满足报表的各个利益相关者的要求，且应该与使用者的决策相关，为各个利益相关者提供决策有用的信息。所得税会计准则作为会计准则的一项具体准则，在此不外如是，“好”的所得税会计准则的标准即为符合会计准则可达到各方满意“通解”的要求，并且兼顾财务报告的多方相关者的利益，为之可提供决策有用的会计信息。因此，本书从“好”的所得税会计准则标准出发，遵循“提出问题—分析问题—解决问题”的思路，展开全文有关所得税会计准则制定与执行的研究。

首先，本书从会计准则内涵和相关理论出发，剖析会计准则本质属性，结合财务报告目标，并以会计信息质量特征作为参照系，以此来构建所得税会计准则制定与执行相关研究的理论分析框架。

其次，从所得税会计准则制定层面，分析所得税会计准则核心会计处理方法——资产负债表债务法的合理性。在此以会计信息质量特征的“价值相关性”作为切入点，剖析了与资产负债表债务法息息相关的会计科目——递延所得税资产（DTA）与递延所得税负债（DTL）的价值，试图判断现有的所得税会计准则从理论角度是否有亟待完善的内容。

再次，从所得税会计准则执行层面，分别从会计信息供给者和会计信息需求者的角度，阐明了所得税会计准则的执行现状与效果。企业在执行会计准则之时将会直接影响企业的交易行为和财务处理的活动，从而进一步会影响企业对外披露的会计信息质量，执行会计准则其中一个最重要的目标即为保证会计信息的质量，因此会计准则的执行效果可以用会计信息质量的好坏来衡量，而对会计信息质量可从可理解性、可靠性和盈余质量这三个方面来进行度量。其中，针对会计信息供给者，主要从会计信息质量的可理解性和可靠性特征，对所得税会计准则执行现状进行了分析；针对会计信息需求者，主要从会计信息质量的可靠性和盈余质量，对所得税会计准则执行效果进行了度量。

以上研究分别从所得税会计准则制定层面与执行层面，对现有所得税会计准则以理论视角和实证视角进行了全方位的剖析，为下文我国所得税会计准则的改革建议提供了基础。并且试图回答了以下三个问题：现行所得税会计准则是否需要改革？资产负债表债务法涉及的相关会计科目设置是否符合会计理论？所得税会计准则的执行是否有助于提高会计信息质量？

最后，本书对先前的研究过程和结果进行总结，提出了本书的研究结论，且在理论与实证研究的基础上，结合我国特有的会计环境，对未来我国所得税会计准则改革与改良的路径提出了切实可行的对策和建议。本书总体的技术路线如图 1-4 所示。

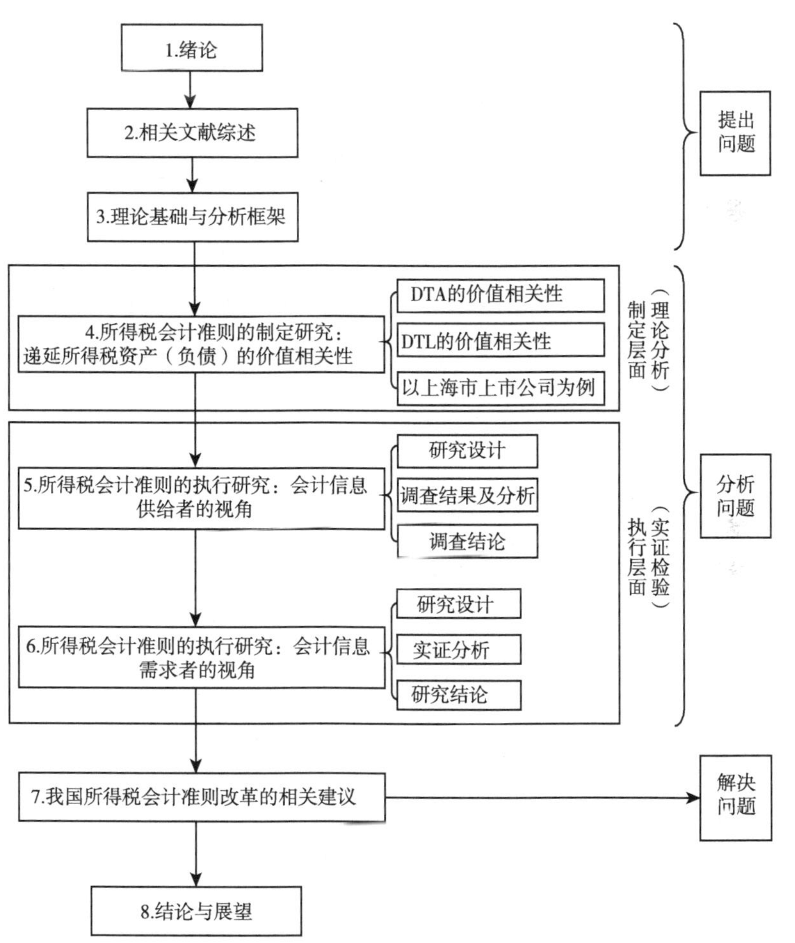

图 1-4　本书技术路线

1.2.2 研究方法

本书希望通过丰富的、合适的研究方法为研究的信度和效度提供保障。在研究中，本书主体依据的是规范研究的范式，即依据提出问题—分析问题—解决问题的思路。而在具体分析问题之中，采用理论分析与实证检验相结合的多种研究方法。

（1）历史分析研究方法。

所得税会计准则的诞生并非一蹴而就，而是根据周围环境不断的变化而变化，与时俱进才能保证提供高质量的会计信息。本书从历史的角度，分析了近百年来世界各国包括我国在内的所得税会计准则的变迁历程，对相关文献进行了整理与评述。

（2）档案式研究方法。

因本书的研究涉及世界各国的所得税会计准则、公告、解释说明等内容，因此可采用档案式研究方法对目标档案文本中包含的数据展开分析。本书对我国税收—会计之间关系相关文献的统计与分析，采用的便是该种研究方法。

（3）演绎推理研究方法。

从所得税会计准则制定层面，以理论的视角分析资产负债表债务法所涉及的会计科目——递延所得税资产（DTA）与递延所得税负债（DTL）价值相关性之时，本书采用了演绎推理的研究方法。特别是对递延所得税负债（DTL）价值相关性的研究，通过数理公式推导，一步步证明了递延所得税负债（DTL）其内在的价值。

（4）案例研究方法。

为了进一步验证递延所得税资产（DTA）与递延所得税负债（DTL）的价值相关性，本书借鉴了多个上市公司实例，分析其资产负债表和利润表，并特别关注了这些上市公司每年递延所得税资产（DTA）与递延所得税负债（DTL）的变化额，以及这些变化额所带来的影响。

（5）问卷调查研究方法。

从所得税会计准则执行层面，为了了解会计信息供给者对所得税会计准则实施效果的态度，采用了问卷调查的研究方法，对我国企业会计从业人员关于所得税会计准则的基本看法、所得税会计准则的应用现状、所得税会计准则实务操作过程中出现的主要问题，以及未来所得税会计准则应用前景等方面进行了调查研究。

（6）Logit 回归和多元线性回归研究方法。

从所得税会计准则执行层面，依据会计信息需求者的角度，利用上市公司公开财务数据，采用 Logit 回归和多元线性回归法，计算出总的税会差异（BTD）与操纵性税会差异（ABTD），并检验了操纵性税会差异（ABTD）与盈余管理行为（EM）之间的关系，以此来判断我国所得税会计准则执行效果。

1.3　研究内容与研究框架

1.3.1　研究内容

除去绪论和结论部分，本书的研究主体主要包括以下五部分内容：

（1）文献综述与理论基础。

该部分对所得税会计所有相关文献进行了梳理与评述，并且从会计准则内涵和相关理论出发，剖析会计准则本质属性，结合财务报告目标，并以会计信息质量特征作为参照系，以此构建了所得税会计准则制定与执行研究的相关理论分析框架。不仅可为本书研究指明方向，还可为本书的研究奠定理论基础。

（2）研究递延所得税资产（DTA）与递延所得税负债（DTL）的价值相关性。

该部分从会计准则质量特征中的相关性出发，重点从所得税会计准则制定层面来分析我国所得税会计准则。首先，将由暂时性差异导致并确认的递延所得税资产（DTA）重新分类，并通过实例分析方式，分析递延所得税资产（DTA）的价值相关性；其次，将递延所得税负债（DTL）重新分类，通过实例的方式，分析其所蕴含的价值相关性；最后，通过2010—2013年上海市的上市公司递延所得税资产（DTA）与递延所得税负债（DTL）的具体构成项目，进一步检测上市公司递延所得税费用（DTE）的价值相关性。试图通过会计信息价值相关性的角度，剖析所得税会计准则在制定方面可能的不足。

（3）研究会计信息供给者视角下的所得税会计准则执行现状。

该部分从会计准则质量特征中的可理解性与可靠性出发，重点从所得税会计准则执行层面来分析我国所得税会计准则。从会计信息生成主体来看，会计信息的供给方为会计人员，其主要职能为基于委托—代理的关系，选择适当的会计处理方法，记录并真实描述发生的每一项经济业务，充分反映与披露管理层的经营业绩。面对日益复杂的会计环境，会计准则作为企业会计人员的行动圭臬，应为会计人员提供一个便于理解、簿记成本较低的会计核算方法，使得会计人员应对环境变化之时可作出迅速反应。此部分将依据会计信息供给者的视角，以会计信息质量的可理解性为切入点，通过调查问卷的方法，分析所得税会计准则执行的现状。

(4)研究会计信息需求者视角下的所得税会计准则执行效果。

该部分从会计准则质量特征中的可靠性出发，重点从所得税会计准则执行层面来分析我国所得税会计准则。从会计信息需求方来看，在社会经济环境均发生较大变化的现今，会计信息需求者势必会对多种会计政策可供选择情况下所制定的财务报告会计信息质量予以应有的质疑，从而如何向会计信息需求者提供高质量和数量的会计信息显得至关重要。由于盈余是上市公司在一定会计期间内经营成果的表现形式，与利益相关者息息相关，从而其具有较高的会计信息含量，且盈余质量可用以甄别和判断公司的会计舞弊与利润操纵行为。同时，我国税会差异（BTD）逐步扩大成为所得税会计准则执行之后最明显的表征。因此，此部分依据会计信息需求者的角度，从税会差异（BTD）出发，考察其与盈余管理行为的关系，以此来判断我国所得税会计准则执行效果。首先，探讨了先前有关税会差异（BTD）的研究及我国特殊的制度背景；其次，主要集中于我国总税会差异（BTD）与操纵性税会差异（ABTD）的度量，以及基于我国2008—2013年A股上市公司税会差异（BTD）的总体趋势的研究；最后，检验了操纵性税会差异（ABTD）与盈余管理行为（EM）之间的关系，试图从会计信息质量的两大维度——可靠性与盈余质量，来判断我国所得税会计准则的实施效果。

(5)研究我国所得税会计准则的改革路径。

目前，国家税务总局已对企业原有的纳税申报表进行了新一轮的修订，然而与之息息相关的所得税会计准则并没有与时俱进地进行相应的修改与变动。因此，基于前文的分析，本书对所得税会计准则改革的具体路径主要有两个方向的设想，即现阶段建议在不改变原有框架下，仅在多元税会模式框架下对现有所得税会计准则进行相关改良，然而未来仍建议需承认税会两大系统的客观差异性，分别披露税务报表与财务报告，对税务系统中的相关概念进行重新界定。

1.3.2 研究框架

本书一共有 8 章内容，具体的结构安排如下：

第 1 章：绪论。主要阐述了本书的选题背景与研究意义、研究思路与研究方法、研究内容与研究框架，以及本书的创新之处，对本书整体研究情况进行了介绍。

第 2 章：所得税会计的相关研究。首先对相关概念与范畴进行了界定，其次从所得税会计准则的历史变迁、所得税会计信息价值相关性，以及税会之间关系的角度对国内外的文献进行了梳理与评述，为本书的研究指明了方向。

第 3 章：理论基础与分析框架。主要包括会计准则的理论基础、会计准则的本质属性，以及会计准则制定与执行的理论分析框架三部分内容，为本书研究的理论基石。

第 4 章：所得税会计准则的制定研究——递延所得税资产与递延所得税负债的价值相关性。主要运用演绎归纳的研究方法，对递延所得税资产（DTA）与递延所得税负债（DTL）的价值相关性进行了分析，并以上海市上市公司为例，分析了递延所得税资产（DTA）与递延所得税负债（DTL）具体所包含的项目。

第 5 章：所得税会计准则的执行研究——会计信息供给者的视角。主要通过问卷调查的研究方法，分析了被调查者对所得税会计准则的基本看法、被调查企业执行所得税会计准则的现状，以及被调查者对未来所得税会计准则的态度。

第 6 章：所得税会计准则的执行研究——会计信息需求者的视角。主要通过实证研究方法，对总的税会差异（BTD）、操纵性税会差异（ABTD）与盈余管理行为（EM）之间的关系进行了检验。

第 7 章：我国所得税会计准则改革的相关建议。为我国未来所得税会计准则改革的基本思想、整体框架以及具体路径提出了相关建议。

第 8 章：结论与展望。对本书的研究结论进行了阐述与总结，分析了本书的研究不足，并对未来研究提出了展望。

第2章 所得税会计的相关研究

2.1 相关概念与范畴的界定

2.1.1 税务会计与所得税会计

（1）税务会计的相关概念。

至今，美国会计理论界仍未对“税务会计”形成统一的具有严格理论意义的概念，但是依据普雷维茨和莫里诺（1998）的观点，早在美国南北战争时期，为了满足战争中对资金的需求，直接对收入征税，这项税法尽管只影响到1%的人口，却开创了不少先例和课税原则（查特菲尔德，1989），此举标志着税务会计的产生。盖地（2005）认为，若将纳税人向国家缴税，而因此使得税务与会计相融合视为税务会计诞生的标志，那么，事实上早在公元前18世纪的古巴比伦王国就已存在税务会计。在 1913 年，会计技术已远远超越了早期的税法，税收法律对会计概念的依存关系在当时被理论界与实务界所广泛接受，而且以后的税法因采取了其他的会计方法才愈来愈趋向成熟（查特菲尔德，1989）。这些观点的一致性均表明税务会计的产生，源自于税收对会计的依赖，因两者的强相关性才导致了之后一系列复杂的实务与理论问题的研究。

因此，税务会计可看作是以国家现行税法为标准，以货币计量为基本形式，运用会计学的核算方法，连续、系统、全面地对税款的形成、计算和缴纳进行核算和监督的一门专业会计（盖地，2005）。税务会计的产生与经济发展不无关系，只有在社会经济发展到较为成熟的阶段，才有必要将征税与纳税视为社会对自身施加的一种约束。对于税务会计的实务性解释，威廉姆斯（2008）认为，可广泛使用财务会计、管理会计、税务会计所提供的三类会计信息对经济活动进行描述。同时，他认为引入会计信息概念，其目的是将税务会计信息与其他两种会计信息相对比。税务筹划是税务会计的一项重要组成部分。在文中他阐述了类似税务会计框架性的问题，该框架也成为现代税务会计理论研究的两大领域：税务筹划与企业税务会计。本书关于税务会计的实务性解释的界定采用同威廉姆斯相一致的观点。

（2）所得税会计的相关概念。

由于本书的研究对象为企业所得税会计准则，因而首先需对所得税会计的相关概念进行界定与描述。关于所得税会计的内涵存在着不同的观点与认知，概括起来主要有以下三种观点：

其一，有学者认为，所得税会计属于财务会计的分支领域，是财务会计的重要组成部分。它遵循企业会计准则，且所得税会计中会计核算方法的选择与财务会计一致，故而应将其视为财务会计的一部分，并不可将其与财务会计割裂开来，但由于其重点研究所得税费用摊配问题，因此可将其看作是财务会计的一项专题。

其二，有学者认为，所得税会计是一项专业会计，与税务会计、财务会计相独立。因其拥有一套完整的理论与会计核算方法体系，属于会计学科的一项重要分支领域，应与财务会计、税务会计、管理会计相并列。

其三，还有学者认为，所得税会计是税务会计的重要组成部分，因其以企业所得税税法为准绳，计算企业当期应纳税所得额，并进行相应的纳税申报。显然，这种观点将所得税会计的功能与税务会计的功能划归一处，认为两者均是依据所得税税法，以货币计量为基本形式，运用财务会计中规定的一般原则与核算方法，对税款的形成、计算及缴纳进行连续、系统、全面地核算和监督。

除却以上三种主要观点外，还有两种或若干种杂糅观点。认为所得税会计既是税务会计的分支领域，也是财务会计的重要组成部分。所得税会计的确是依据现行企业所得税税法，对依据财务会计准则计算出的会计利润进行纳税调整，计算出当期应交税费，之后核算出利润表中的所得税费用，所以称之为税务会计分支是不无道理的；同时，所得税会计解决最首要的问题即为所得税费用分摊的问题，此处就涉及会计与税法之间差异调节的内容，所得税会计的目的与财务会计的目标一致，即向财务报告使用者提供与企业经营业绩等相关的会计信息，以此来反映管理层受托责任的履行情况。从该角度分析，所得税会计应从属于财务会计。

本书赞同上述混合观点，即所得税会计既属于税务会计的分支领域，又构成财务会计的重要组成部分。由于理论界对税务会计的认知尚未达成共识，从而可从不同的视角对之理解，一方面以纳税人为服务对象，即企业会计准则导向型的税务会计；另一方面以征税部门为服务对象，即所得税税法导向型的税务会计。因此，所得税会计也可依据上述方式进行划分：一种是以所得税会计准则为导向，将纳税人视为服务对象，旨在提供可靠、相关的会计信息的所得税会计，这属于财务会计范畴；另一种是以所得税税法为导向，将征税部门视为服务对象，旨在履行纳税申报义务，提供相关纳税申报信息的所得税会计，这属于税务会计范畴。本书所研究的是基于所得税会计准则，对其中的所得税会计核算方法进行探讨，以及对于会计信息供给者和需求者而言，所得税会计准则具体执行效果的问题。所以，可将本书所提的所得税会计划归为财务会计范畴下的所得税会计。

2.1.2　会计—税收差异

企业会计准则规定，企业会计核算应以权责发生制为基础。依据权责发生制，企业必须以发生于经济业务中的权利与义务为前提进行会计确认、计量和披露，与收付实现制相比，该种会计核算基础更符合“配比原则”。并且在会计核算中，谨慎性原则要求企业会计从业人员对企业可能面临的风险，进行职业判断时应保持必要的审慎，充分估计到企业未来可能发生的风险与损失，比如企业计提的一系列资产减值准备金，这样可以在一定程度上遏制企业短期行为，解决企业资产实际价值估计等问题，可为企业提供更为公平与合理的会计信息；税法为了保证税源，依据收付实现制，对扣除费用实行“据实扣除”的原则。同时，在税法中并不认可会计准则中的谨慎性原则，因为谨慎性原则在很大程度上取决于会计从业人员的专业判断，且在确认的过程中往往没有交易凭证。若征税部门承认谨慎性原则，必将减少或是滞后企业应缴纳的税款，这无异于削减了税源，相当于征税部门替企业承担了风险。虽然这样依据收付实现制的核算基础并不符合收入与费用的“配比原则”，但是却有客观、简便的优势。从而在实际工作中，所得税会计采用的是收付实现制与权责发生制相混合的模式，这样的行为导致了由税法计算出的应税收益与由企业会计准则计算出的会计收益之间的差异，称之为会计—税收差异。

钱春杰（2007）对会计—税收差异的计量方法作出较为全面的梳理，他认为目前国际上主要存在三种计量方法：一是以纳税申报数据为基础；二是以财务报告数据为基础；三是以纳税申报的数据与财务报告数据共同数据为基础。由于我国的纳税申报相关数据不属于财务报告的内容，无须公开披露，从而在会计实证研究中，如要获取相关数据将会有极大的难度，因此通常采用以财务报告数据为基础进行估算的方法。

我国现行的所得税会计准则规定，上市公司需依据资产负债表债务法核算税会差异对企业所得税会计的影响，即在资产负债表债务法下，所得税费用包括两部分，一部分为当期的应纳税额，另一部分为由暂时性差异引起的递延所得税费用，其中暂时性差异是指资产（负债）的账面价值与其计税基础之间的差额，通常可分为应纳税暂时性差异和可抵扣暂时性差异。

本书采取如下公式推算应纳税所得额：

总的税会差异(BTD) = 会计利润 - 应纳税所得额 (2-1)

暂时性差异 = (当期递延所得税负债 - 当期递延所得税资产)/实际所得税税率 (2-2)

永久性差异 = 总的税会差异(BTD) - 暂时性税会差异 (2-3)

应纳税所得额 = (所得税费用 - 递延所得税费用)/实际所得税税率

= 所得税费用/实际所得税税率 -（当期递延所得税负债 - 当期递延所得税资产）/实际所得税税率　　(2 - 4)

上述公式中的会计利润是指上市公司合并报表中的利润总额，且所得税费用也是指合并报表中的所得税费用，这两项相关数据均可从上市公司披露的年度财务会计报告中获得。事实上，可依据税会差异具体产生的原因，进一步将其划分为永久性差异与暂时性差异。

（1）永久性差异。

有关永久性差异的解释，主要有如下两种界定方法：

美国会计原则委员会（APB）发布的第 11 号意见书（APB Opinion No. 11）将永久性差异解释为：永久性差异是由于联邦经济政策或国会为了减轻或加重某一行业的税负而产生的差异（财政部会计司，1995）。这种解释以会计与税收的不同职能为出发点，对此进行的阐述。

《国际会计准则第 12 号——所得税》（IAS 12）中对永久性差异也作出了相关解释：永久性差异是指，由于会计制度和税法在某些事项的处理原则上的不同所产生的差异。这种差异在以后不可以转回（本哈德 · 裴仁斯等，2007）。该解释强调了永久性差异产生的机理与"时间性"（不可以转回）的特点。

我国新企业所得税会计准则并未对永久性差异提出具体的解释，但是之前财政部颁布的《企业所得税会计处理暂行规定》对永久性差异采用的是与国际会计准则相似的规定。本书对永久性差异的界定承接以往的定义，具体的计算方法如公式（2 - 3）所示。

（2）暂时性差异。

暂时性差异这一概念最早由美国财务会计准则委员会（FASB）在 1987 年 12 月正式发布的美国财务会计准则公告第 96

号（SFAS No. 96）中首次被提出。在公告中，要求企业采用资产负债表债务法对暂时性差异进行处理，该项提议之后也被国际会计准则委员会（IASC）所认可。1992 年美国财务会计准则委员会（FASB）发布了 109 号公告（SFAS No. 109）取代了之前的第 96 号公告（SFAS No. 96），在该公告中对暂时性差异的定义为：指某一时点的资产和负债的账面价值和计税基础之间的差异，以及当期和以前年度产生的、与资产和负债无关的累计暂时性差异（比尔·D·贾纳金，2010）。我国所得税会计准则借鉴美国与国际会计准则，也同样引入“暂时性差异”的概念，摒弃了之前的时间性差异概念。本书对于暂时性差异的界定与准则无异，具体可包括应纳税暂时性差异与可抵扣暂时性差异，有关当期暂时性差异的具体计算方法如公式（2－2）所示。

2.2 所得税会计准则的历史变迁与研究现状

Shackelford 和 Shevlin（2001）对会计学者所作的档案式经验税务研究进行了系统的回顾与分析。对他们参考目录的文献进行统计，发现在这四年中（1997—2000 年，包括了 2000 年即将发表的文献），刊登在 The Accounting Review，Journal of Accounting and Economics 和 Journal of Accounting Research 上的文献里，在题目中含有“税”字的文献共有 19 篇，平均每本期刊每年 2.1 篇。加之 Journal of Finance 和 Journal of Financial Economics 三年一共发表的 12 篇税务文献，平均每本杂志每年 2 篇（Maydew，2001）。这些数据无不表明，关于会计领域中的税务研究已成为热门话题。有学者认为，它现如今可以与管理会计研究和审计研究比肩，成为继财务会计领域研究后的又一大研究领域

(Shackelford 和 Shevlin, 2001)。本章立足于历史，试图从史料考证的角度对世界上其他国家和我国所得税会计准则的变迁进行梳理，发掘所得税会计研究的轨迹，为全文观点的拓展提供相应的铺垫与支持。

事实上，在所得税会计主题方面国际上存在着巨大的差异，依据美国会计学家乔伊·米勒所言："从世界范围来看，所得税的会计处理简直就是无规律可循的。"比如，一些国家的国内会计准则并没有计算递延所得税费用的要求，欧盟《第四号指令》不要求确认递延所得税费用，《第七号指令》（第 29（4）款）仅要求确认作为合并程序的一部分而产生的递延所得税费用。具体有关世界上主要国家所得税会计方法的概览如表 2－1 所示。

表 2－1　世界主要国家的所得税会计核算方法概览①

国别	主要核算方法	主要分摊方式
美国	债务法	全面分摊
英国	债务法	部分分摊
日本	递延法或债务法（合并报表）	全面或部分分摊（合并报表）
德国	债务法	全面分摊
法国	递延法或债务法（合并报表）	全面或部分分摊（合并报表）
加拿大	递延法	全面分摊
澳大利亚	债务法	全面分摊
意大利	债务法	部分分摊

鉴于美国公认会计原则（GAAP）和国际财务报告准则（IFRS）被视为世界上最先进、最科学的会计准则，因此下文就选取美国和国际所得税会计准则，以及我国所得税会计准则的历

① 资料来源：侯立新．所得税会计及其与税法的关系研究［D］．东北财经大学，2011：20。

史演进过程加以述评。

2.2.1 美国所得税会计准则的历史演进与相关研究

20 世纪初，美国会计界开始对所得税本质性问题进行探索，它与“宪法第十六条修正案”的诞生，以及所得税会计的逐步出现关系紧密。美国真正意义上开始征收所得税肇始于 1909 年，即美国国会通过公司税法那一年。而所得税会计的产生，是源于 1913 年 2 月 15 日生效的“宪法第十六条修正案”，该法案赋予了国会对公司和个人收益课税的广泛权力。在早期对于所得税会计的研究主要偏重于处理所得税会计实务问题，而非所得税会计的本身。具体有关早期所得税会计的主要观点如表 2－2 所示。

表 2－2 美国早期所得税会计研究的主要观点（1942 年以前）

年份	机构或研究者	主要观点
1913、1914	JA[a]	开设“所得税部”和“学生部”专门讨论所得税问题
1940	CAP[b] ARB[c] No. 18	首次提出所得税的跨期和期内摊配
1942	ARS No. 3[d]	所得税是一项费用

注 a：JA：Journal of Accountancy，会计杂志；

注 b：CAP：美国会计程序委员会，隶属于美国会计师协会（AIA，现已改为 AICPA）；

注 c：ARB：会计研究公告；

注 d：ARS No. 3：会计研究论文集第 3 号。

（1）“部分摊配观”下的多方法组合时代（1944—1967 年）。

直至 1944 年，美国会计业界才开始大规模探索所得税会计本质有关问题。当时对于所得税的理解主要有两大观点：观点一认为其是净收益确定之前记录在“利润表”上，可与会计收益进行配比的一项“费用”；观点二认为所得税是一种“利润分配”，因为它会减少投资者可供分配的股利。直至1966年，对于所得税的本质才有更一步的认识，所得税被看作是一项费用，应于适当的期间内进行分配。

1944 年 12 月，美国会计程序委员会（CAP）颁布的第 23 号会计研究公告（ARB No. 23），被认为是会计界内第一份系统完整的规范所得税会计的公认会计准则。在研究公告里，明确指出所得税本质上是一项费用，但未解释因由。其目的主要在于厘清会计业内对所得税本质的认识，以及终结了所得税会计处理方面存在的纷争，使得会计从业人员在所得税会计处理方面“有法可依”。美国会计程序委员会（CAP）已然注意到会计与税法之间的永久性差异与时间性差异问题，同时规定对于“不重复出现的时间性差异”才予以进行跨期分摊（部分分摊观）；在部分分摊结束后，时间性差异的结果记录在递延费用或相关备抵账户之下；关于摊配的方法，ARB No. 23 规定可在“债务法”和“纳税净额法”中自由选择。

1954 年，美国国会发布了《国内岁入法》允许公司在计税时可采用“加速折旧法”，其目的并不是改进收入的计量，而是鼓励资本投资促进经济的发展。然而，在当时无论税务报告还是财务报告中仍普遍采用直线法（Smith，1968），这就导致了税收与会计之间的差异愈来愈大，分配问题更加严重。事实上，这种“加速折旧法”刚刚获得批准，就出现了支持它的理论依据。此后便引发了美国公认会计原则（GAAP）制定机构和美国证券交易委员会（SEC）竞相发文长久讨论所得税分配的有关问题。

1954 年 10 月，第 44 号会计研究公告（ARB No. 44）中规定，加速折旧不要求对递延所得税费用进行分配。然而在 1958 年 7 月，该公告的修订本中又对此进行了自我否定，宣称加速折旧法仅用于税收而不用于会计报告时，将会出现未来应交税费的债务，“全面分摊观”初见端倪。

1959 年，美国会计程序委员会（CAP）改组成为会计原则委员会（APB），并于 1965 年 10 月发布第 6 号意见书《会计研究公报的地位》（APB Opinion No. 6），在意见书中建议企业不再使用“纳税净额法”，只能在“递延法”和“债务法”之间进行选择，“递延法”首次出现在权威文件之中。

综上所述，在这 20 多年内，美国所得税会计核算可归为多方法组合的时代，并且摊配观逐步由“部分分摊”向“全面分摊”转变，在这一阶段内各种理论与实务的探讨百花齐放，基本完成了所得税会计基础理论的构建工作。将这一时期所得税会计的主要观点概括，具体如表 2－3 所示。

表 2－3　美国所得税会计研究的主要观点（1944—1967 年）

年份	机构或研究者	主要观点
1944	ARB No. 23	所得税本质上是一项费用，应予以分摊
1945	SEC[a] 53 号会计系列公告	反对 ARB No. 23 提出的分摊
1953	ARB No. 43 第 10 章第 B 节	强调通过确认两种不同的所得税数额来加强财务报表对报表使用者的有用性
1954	The Internal Revenue Code of 1954[b]	允许公司在计税时可采用“加速折旧法”，引发了如何分摊税会差异的讨论
1954	ARB No. 44	加速折旧不要求对递延所得税进行分配，但在 1958 年，该公报修订本又自我否定，宣称加速折旧法可能会产生未来应交税费的债务
1957	Maurice Moonitz	将永久性差异与时间性差异进行了区分，并提出时间性差异分摊的方法

续表

年份	机构或研究者	主要观点
1960	SEC 85 号会计系列公告	支持"全面分摊观"下的"递延法"与"纳税净额法"，并更倾向于"递延法"。之后其又在 86 号会计系列公告中否认之前的立场，承认强制使用递延所得税会计，超出 GAAP 的要求并非是其本意
1965	APB[c] Opinion No. 6	建议企业不再使用"纳税净额法"，只能在"递延法"和"债务法"之间进行选择
1965	Jerston	将所得税费用划分为：当期应付的所得税、当期递延所得税、当期到期或不再支付的递延所得税
	Mateer	提出按照会计收益或应税收益计算所得税费用
1966	ARS No. 9	假定税金分配是"普遍采用"和"广泛承认"，而它的范围和使用方法还存有争议
1966	Winborne 和 Kleespie	所得税费用应依据配比原则进行跨期分摊
	Masheb	认为递延所得税费用是"其他负债"
	Perry	认为递延税项的贷方并不是真正的负债
1967	Price Waterhouse[d]	提出递延所得税费用应部分分摊

注 a：SEC：美国证券交易委员会；

注 b：Revenue Code of 1954：国内岁入法；

注 c：APB：美国会计原则委员会；

注 d：Price Waterhouse：普华国际会计师事务所（当时世界八大会计师事务所之一）。

（2）"全面分摊观"下的"递延法"时代（1967—1980年）。

在 1967 年，美国会计原则委员会（APB）颁布了第 11 号意见书（APB Opinion No. 11），该意见书形成的标准规范所得税会计领域长达20多年。在第11号意见书（APB Opinion No. 11）中，明确指出仅能采用一种所得税会计处理方法，即“全面分摊观”下的“递延法”，舍弃了“纳税净额法”和“债务法”。在“递延法”下，所得税费用即为基于会计收益和当期税率支付的税金。“递延法”下的分摊强调对利润表的影响，因为所得税费用由当期会计收益直接算出，而对资产负债表的影响，仅通过递延所得税余额（借项或贷项）来反映。尽管当时间性差异转回时受当期所得税税率影响，但是未来所得税税率的变化并未考虑在内。因此在“递延法”下，递延所得税余额在衡量资产（未来税收收益）或负债（未来应付税款）时变得毫无意义。此外，第11号意见书（APB Opinion No. 11）在具体实务操作中也面临着一些争议，比如递延费用和递延贷项与GAAP中的有关概念不符（比如资产、负债的经济内涵），另外“全面分配观”下的“递延法”核算递延所得税的余额越来越大，这是因为重复项目的出现形成逐渐增大的初始确认金额，而之后转回的金额又较小。第11号意见书（APB Opinion No. 11）引起了很多人的不解与不满，它未能把会计业界普遍关心的问题予以彻底解决。

1973年，美国财务会计准则委员会（FASB）取代之前的美国会计原则委员会（APB）后，以全新的姿态对现有的会计准则进行全面整顿与修订，其中就包括对第11号意见书（APB Opinion No. 11）的修订工作。将这一时期所得税会计的主要观点概括，具体如表2-4所示。

表 2-4　美国所得税会计研究的主要观点（1967—1980 年）

年份	机构或研究者	主要观点
1967	APB Opinion No. 11	仅能采用“全面分摊观”下的“递延法”，不可采用“纳税净额法”和“债务法”
1968	Waugh	反对将递延所得税划归为负债
	Simonetti	质疑“递延法”下跨期分摊的可操作性
	Savoie	支持第 11 号意见书在实务中协调和缩小税会差异所作的努力
1969	Revsine	认为递延所得税应该被确认，支持第 11 号意见书

（3）“全面分摊观”下的“资产负债表债务法”时代（1980 年至今）。

1980 年美国财务会计准则委员会（FASB）发布了两个公告，这两个公告均对所得税会计产生了深远的影响。其一为财务会计概念公告第 3 号《企业财务报表的要素》（SFAC No. 3），在公告中美国财务会计准则委员会（FASB）表示了对“递延法”在披露所得税费用方面的关注，他们认为在资产负债表中的“递延所得税账户”并不符合最新建立起的概念框架对资产和负债的定义①。同时，还有反对者认为与可带来的收益相比，执行第 11 号意见书（APB Opinion No. 11）时付出过多的时间与成本。这些意见直接导致 1982 年美国财务会计准则委员会（FASB）把修改所得税会计相关规范的安排提上议程。其二为美国财务会计准则委员会（FASB）发布的第 37 号财务会计准则（SFAS No. 37），公告中指出在某些情况下，“递

① Statement of Financial Accounting Concepts No. 3, “Elements of Financial Statements of Business Enterprises,” Stamford, CT: Financial Accounting Standards Board, 1980, par. 164.

延法”的使用并无相应的资产（负债）项目与之对应，建议依照时间性差异转回期来划分“递延所得税”的流动性。

1983年，恩斯特·惠尼会计师事务所[①]（Ernst 和 Whinney）向FASB提交了一份研究报告《所得税会计：可供选择方法的评述》，报告中讨论了在所得税会计研究文献之中，各种先进的所得税会计处理与列示的方法。同年，美国财务会计准则委员会（FASB）发布了《所得税会计讨论备忘录》，之后收到超过400封意见信。经过长期的调研与论证，该委员会（FASB）于1987年1月发布了《所得税会计征求意见稿》并举行了3天的公众听证会，重议先前的意见稿，建议采用“资产负债表债务法”对所得税费用进行核算。

最终于1987年12月，美国财务会计准则委员会（FASB）发布了第96号公告（SFAS No. 96），完全替代了之前的第11号意见书（APB Opinion No. 11），在该公告中废除了“递延法”，引入了“资产负债表债务法”。第96号公告（SFAS No. 96）指出，所得税会计的首要目标即为确认本年度应交或返还税收的金额，其次目标为确认已在企业的财务报表或纳税申报表中记录的内容未来可能带来的税收影响，进一步对递延所得税资产和递延所得税负债进行确认[②]。

其中，第96号公告（SFAS No. 96）的第二个目标指出了“递延法”与“资产负债表债务法”之间的本质区别。资产负债表债务法着重披露了资产负债表中的项目，并主要衡量由暂时性差异带来的未来税收影响；递延所得税资产和递延所得税负债账户主要记录和衡量了当暂时性差异未来转回之时当期执行的税率对其的影

① 当时世界上的八大会计师事务所之一。

② Statement of Financial Accounting Standards No. 96, “Accounting for Income Taxes,” Stamford, CT: Financial Accounting Standards Board, 1987, pars. 197 - 198.

响，并且在利润表中披露的所得税费用是一项余额；更进一步而言，当后来时期执行的税率发生变化时，递延所得税资产和递延所得税负债的余额调整就可以用来反映税率变化所带来的影响。

在美国财务会计准则委员会（FASB）发布了第 96 号公告（SFAS No. 96）之后，在该公告强制执行的日期之前，有很多公司开始关注该项公告，因为他们发觉这项公告会影响他们所在公司的财务报告和执行该项公告可能发生的成本。从理论视角出发，有一些人反对公告中对待递延所得税资产（负债）的不一致性；还有人反对是因为递延所得税负债余额并不折现，并且它有可能永远都不会支付，递延所得税负债并不是一项真正的负债；另外一些人认为美国财务会计准则委员会（FASB）误导递延所得税的披露，以前其均披露在利润表之中，现如今却由资产负债表所披露。从实务视角出发，公司会计从业者反对复杂的时间表要求和假定未来发生的税收策略的要求。其中有一个公司（花旗公司，CITICORP）估算其执行该项公告将要花费 300 万美元。

反对的声音不绝于耳，美国财务会计准则委员会（FASB）迫于压力不得不将该公告发布的时间由 1988 年推迟至 1989 年[①]，又由 1989 年推迟至 1991 年[②]，又由 1991 年再次推迟至 1992

① Statement of Financial Accounting Standards No. 100, "Accounting for Income Taxes—Deferral of the Effective Date of FASB Statement No. 96," Norwalk, CT: Financial Accounting Standards Board, 1988.

② Statement of Financial Accounting Standards No. 103, "Accounting for Income Taxes—Deferral of the Effective Date of FASB Statement No. 96," Norwalk, CT: Financial Accounting Standards Board, 1989.

年[①]，第96号公告一再推迟引起会计职业界对该公告未来前途的担忧。为了平息争议，在1991年6月5日，美国财务会计准则委员会（FASB）发布了一份新的征求意见稿，并很有可能取代第96号公告（SFAS No. 96）。在广泛征求意见和修订之后，于1992年2月，美国财务会计准则委员会（FASB）发布了第109号公告（SFAS No. 109）。从开始到结束，这一准则酝酿达十年之久，最终确定了"全面分摊观"下"资产负债表债务法"成为现代企业所得税会计核算的最佳之选。然而有关"资产负债表债务法"的应用和其所遵循的"资产负债观"的理论基础至今仍毁誉参半，究竟何种方法才是所得税会计核算的最佳方法？该问题仍未有定论，对此的争议将会继续进行。将这一时期所得税会计的主要观点概括，具体如表2-5所示。

表2-5　美国所得税会计研究的主要观点（1980年至今）

年份	机构或研究者	主要观点
1980	SFAC[a] No. 3	认为在资产负债表中的"递延所得税账户"并不符合最新建立起的概念框架对资产和负债的定义；执行第11号意见书（APB Opinion No. 11）时付出过多的时间与成本
1980	SFAS[b] No. 37	在某些情况下，使用"递延法"并无相关的资产与负债项目与之对应，建议依照时间性差异转回期来划分"递延所得税"的流动性

① Statement of Financial Accounting Standards No. 108, "Accounting for Income Taxes—Deferral of the Effective Date of FASB Statement No. 96," Norwalk, CT: Financial Accounting Standards Board, 1991.

续表

年份	机构或研究者	主要观点
1983	Rosenfield 和 Dent	支持将第 11 号意见书（APB Opinion No. 11）废除
1984	Wyatt，Dieter 和 Stewart	基于财务概念框架第 1 号（SFAC No. 1）探讨递延所得税的全面分摊，和基于财务会计准则公告第 3 号（SFAS No. 3）探讨递延所得税是一项负债
1984—1985	Andresky；Davidon，Rasch 和 Weil；Volkan 和 Rue	提出了递延所得税余额越来越大，而之后转回的金额又较小
1986	Rayburn	从 1982 年 1 月首次提出所得税会计处理的问题以来，它始终困扰着财务会计准则委员会及其成员
1987	SFAS No. 96	取代第 11 号意见书（APB Opinion No. 11），引入全新概念“暂时性差异”，废除了“递延法”，采用“全面分摊观”下的“资产负债表债务法”，但引来激烈的讨论与反对
1988	SFAS No. 100	对 SFAS No. 96 的修订，推迟 SFAS No. 96 的实行
1989	SFAS No. 103	对 SFAS No. 96 的修订，推迟 SFAS No. 96 的实行
1991	SFAS No. 108	对 SFAS No. 96 的修订，推迟 SFAS No. 96 的实行

续表

年份	机构或研究者	主要观点
1992	SFAS No. 109	确定了“全面分摊观”下“资产负债表债务法”

注 a：SFAC：财务会计概念公告；
注 b：SFAS：财务会计准则公告。

2.2.2 国际会计准则中所得税会计准则的历史演进与相关研究

与美国公认会计原则（GAAP）比肩，同为世界会计准则中最为先进和最为科学的国际财务报告准则（IFRS），其对全球国家的财务会计规范起到不可或缺的作用。国际会计准则（IAS）制定者为国际会计准则委员会（IASC），其成立于1973年，最初成员包括以下国家的会计团体：澳大利亚、加拿大、法国、日本、墨西哥、荷兰、英国及爱尔兰、美国和前联邦德国（Benson，1989）。该委员会一直运行到2001年，之后被国际会计准则委员会基金会（IASCF）所代替。国际会计准则委员会基金会（IASCF）的执行机构就是国际会计准则理事会（IASB）。直至2001年，其会员已经包括来自110个国家的150多个会计职业团体[①]。国际会计准则委员会（IASC）发布的准则大部分还是紧跟美国和英国的准则，或采取美国准则和英国准则之间的折中办法。因此从所得税会计准则的历史沿革中，也可窥探到国际会计准则委员会（IASC）对于准则制定理念的一步步

① 这里主要参考：Applying International Accounting Standards，David Cairns，Butterworths，London，1999，second edition，1045 pp，以及德勤（Deloitte）中国制作并维护的会计信息网站 CAS Plus（http：//www.casplus.com/home.asp）和德勤（Deloitte）维护的 IAS Plus 网站（英文网站）（http：//www.iasplus.com/en）。

转变。

1979 年 7 月，国际会计准则委员会（IASC）发布了第 12 号国际会计准则（IAS 12），对财务报表中的有关税务事项的会计处理进行了规范。在准则中指出，企业需采用纳税影响会计法进行所得税会计处理。由于“递延法”与“债务法”均属于纳税影响会计法，因此企业可从中自由选择出适合本企业的方法；递延所得税费用的分摊，也可从全面分摊和部分分摊中作出选择；在资产重估时，企业对于递延所得税费用的处理方式也可灵活调整。从这些规定中，可看出国际会计准则委员会（IASC）给予企业很多选择的空间，并没有表明自己的原则与立场。

这种看似自由的规定，引来会计职业界的不满。1981 年，国际会计准则委员会（IASC）专门成立了课题组，旨在修改第 12 号准则（IAS12），缩小准则带来的弹性，然而最终各方并未达成共识，协调以失败告终。

1987 年，国际会计准则委员会（IASC）决意修改第 12 号准则（IAS12）。但直至 1989 年 1 月，国际会计准则委员会（IASC）才发布了第 33 号征求意见稿——《所得税会计征求意见稿》（E33），在意见稿中建议企业采用“利润表债务法”，并且还特别指出，所得税被视为“费用”的观点已被会计职业界普遍认可。

受美国所得税会计准则改革影响，在 1994 年 10 月，国际会计准则委员会（IASC）发布了第 49 号征求意见稿——《所得税会计征求意见稿》（E49），该意见稿借鉴美国第 109 号财务会计准则公告（SFAS No. 109）中所提出的所得税会计处理方法，也建议企业采用“资产负债表债务法”。

1996 年 10 月，国际会计准则委员会（IASC）正式发布修订后的第12号国际会计准则（IAS12），其原则和框架与第49号征求意见稿（E49）基本保持一致。新修订的准则中明确指出，企业仅可采用一种所得税会计处理方法，即“资产负债表债务法”，废除了“递延法”。这次修订导致英国及其他许多国家的准则与第12号准则（IAS12）在递延税款方面规定的不一致（克里斯托弗·诺比斯，2011）。

1999年8月，国际会计准则委员会常设解释委员会（SIC）又分别发布了《解释公告第21号——所得税：已重估非折旧资产的收回》（SIC－21）和《解释公告第25号——所得税：主体或其股东纳税状况的改变》（SIC－25），就第12号准则（IAS 12）中的相关问题进行了补充说明，具体阐述了所得税会计处理中的几个特殊问题。这两个解释公告均自2000年7月15日起生效。

2000年10月，国际会计准则委员会（IASC）就股利分配后税收影响的会计处理问题，对第12号准则（IAS 12）进行了些许修订。

2009年3月，国际会计准则理事会（IASB）发布征求意见稿《所得税》（ED/2009/2）。在意见稿中，建议以一项新的国际财务报告准则取代现行的《国际会计准则第12号——所得税》（IAS 12）及相关的解释公告。在征求意见稿中，修订了递延所得税的计算方法；取消了资产和负债及许多投资在初始确认时的确认豁免；要求所得税费用在财务报表的多个组成部分之间进行分摊；针对“不确定的纳税状况”的计量和披露有新要求。

2010年9月10日，国际会计准则理事会（IASB）发布征求意见稿《递延所得税：相关资产的收回》（对IAS 12的修订，ED/2010/11）以征询公众的意见。在该征求意见稿中，建议引入一项假设，即默认主体通过将资产整体出售来收回，排除主体资产有明确证据表明的其他收回方式，以此来解决评估资产可能涉及的主观因素。

2010 年 12 月 20 日，国际会计准则理事会（IASB）正式发布了《递延所得税：相关资产的收回》（对 IAS 12 的修订）。《国际会计准则第 12 号——所得税》（IAS 12）要求主体需根据其是否预计通过使用或出售来收回资产，以此来达到递延所得税费用的计量。当资产以《国际会计准则第 40 号——投资性房地产》（IAS 40）所规定的公允价值模式计量时，评估资产是通过使用还是出售来收回其账面价值显得比较困难与主观。而该项修订稿将通过引入一项假定，即资产账面价值的收回通常采用出售的方式，这样便解决了上述问题。与此同时，之前的《解释公告第 21 号——所得税：已重估非折旧资产的收回》（SIC－21）将停止使用，同时这部分修订的内容也被并入《国际会计准则第 12 号——所得税》（IAS 12）之中。

2014 年 8 月 20 日，国际会计准则理事会（IASB）发布征求意见稿《针对未实现亏损确认递延所得税资产》（对 IAS 12 的修订，ED/2014/3））以征询公众的意见，并预计 2015 年第一个季度对该意见稿进一步商议。

2.2.3　我国所得税会计准则的历史演进与相关研究

与美国、英国、德国、日本等发达国家相比，我国对于所得税会计的研究起步时间较晚，尚未形成完整的所得税会计的研究框架和体系，基本仍处于引进、修改与模仿的阶段。我国所得税会计准则的历史沿革与我国的税法改革不无关系。在 1994 年以前，我国会计制度体系中对所得税的处理与美国及国际通行做法具有重大差异。1980 年 9 月与 1981 年 12 月，全国人大分别颁布了《中华人民共和国中外合资经营企业所得税法》与《中华人民共和国外国企业所得税法》，这是自改革开放以来我国最早颁布的两部企业所得税法。关于国有企业缴纳所得税，于1983年开始的“利改税”完成之后才实行。

长久以来，所得税一直被视为利润分配的内容，尤其是在“利改税”阶段此观念十分突出。“利改税”政策实施的初衷是为了让国有企业可以走上自主经营、自负盈亏的道路，并通过将所得税引入利润分配，来稳定国家与企业在利润分配上的关系，从而弥补上文利润制度的缺陷。在当时的会计核算制度下，应税收益和会计收益几无差别，应税所得基本上就按照会计利润进行确认，企业会计制度和税收制度高度协调，没有独立的“所得税会计”产生的必要。因此，直至20世纪90年代中后期以后，理论界对所得税会计的相关探讨与研究才相继产生。

20世纪90年代伊始，我国开始步入市场化经济，越来越复杂的经济业务需要我国的会计制度与国际接轨，进行相应的改革。在实行税利分流的制度下，国家作为社会的管理者，应对企业征收所得税；作为资产所有者，应参与企业的税后利润分配。这就要求所有的企业将所得税视为一项“费用”，通过利润表对之列示，并在税后净利润之后进行利润分配。然而，这一观念并未体现在1992年颁布的《企业会计准则》和《企业财务通则》（简称“两则”）之中。

1993年末至1994年注定是不平凡的一段时期，在这一时期我国进行了影响深远的财税体制改革。在1993年12月与1994年2月国务院相继颁布了《中华人民共和国企业所得税暂行条例》及其《实施细则》，与此同时，财政部于1994年6月29日颁布了《企业所得税会计处理的暂行规定》（以下简称“规定”)。在规定中，首次明确了所得税的性质，将其视为一项费用，允许企业在“应付税款法”和“纳税影响会计法”（包括“递延法”和“债务法”）之中自由选择，我国所得税会计自此开始。

2001 年《企业会计制度》实施之后，企业所得税由“纳税调整体系”过渡到“独立纳税体系”，所得税会计处理方法仍是允许企业在“应付税款法”和“纳税影响会计法”之中选择，至此税收与会计制度分离趋势业已形成。

财政部会计准则委员会在 2003 年完成改组之后，于 2005 年 8 月发布了《所得税会计准则的征求意见稿》。在 2006 年 2 月 15 日，酝酿已久的新企业会计准则终于颁布，其中《企业会计准则 18 号——所得税》备受瞩目，新准则与国际会计准则趋同，要求所有上市公司采用资产负债观下的“资产负债表债务法”对所得税费用进行处理。自此，我国所得税会计准则完成了自身蜕变，跻身于世界会计准则的前沿。

20 世纪 90 年代开始至今过往的 20 年之间，我国所得税会计研究发展相对比较缓慢，研究成果比较分散，没有诸如 Scholes 与 Wolfson（1992）所建立的分析框架来指导所得税会计的研究。目前，我国有关所得税会计的研究主要集中于以下几个方面：所得税会计性质、内涵的认定、所得税会计准则的国际比较与协调、所得税会计核算方法的比较与辨析、所得税会计项目的信息含量、我国税会模式的选择，以及所得税对上市公司可能带来的经济影响等。我国所得税会计研究的代表性观点具体如表 2 -6 所示。

表 2-6　我国所得税会计研究的代表性观点

研究角度	代表性观点	代表的作者
所得税会计核算方法的比较与辨析	资产负债表债务法较难理解，需要仔细解读与分析，并通过实例帮助广大会计从业人员理解	邵佳佳（2014），曹伟（2014），冷琳（2014），张素荣等（2013），赵敏（2012），田娟（2012），张晋一（2011），吴翠英（2010）
所得税项目的信息含量	递延所得税资产、递延所得税负债、税会差异、所得税费用具有大量的信息含量，可判断企业的盈余质量，有利于企业提高财务报表质量；较之以前的所得税会计处理方法，资产负债表债务法可提供增量信息	谭青、张宁（2014），盖地、路娜（2014），戴德明等（2013），唐妤、何力军（2012），李丽娟等（2011），韩晓明（2011）
税会协调、税会模式选择	税收—会计之间的差异不易过大，应进行协调，选择适合我国的税会模式	刘莉娜（2014），刘洁（2013），夏建雄（2013），张煜鑫（2011），戴德明、姚淑瑜（2006）
所得税对企业会计政策选择的影响	公司通过操纵非应税项目损益，以此来规避所得税成本，达到盈余管理的目的；避税动因的盈余管理行为存在一定的经济后果，市场可对之进行反应；所得税改革会影响会计稳健性	杨攀、刘宇宁（2014），王金红（2014），车菲（2012），戴德明、王小鹏（2011），李增福等（2011），龙凌虹、陈婧婧（2010），吕敏、曾富全（2010），王跃堂等（2009），戴德明、姚淑瑜（2007），叶康涛（2006），王延明（2003）

2.2.4　所得税会计准则历史演进的述评

综上所述，可知各国所得税会计准则的历史演进中所得税会计的核心问题，即在“配比概念”基础上对所得税费用进行分摊。面对跨期分摊应选择何种理念与方法，促使了所得税会计准则一次次的改革，这是由决策有用观下所得税会计信息质量内在需求所决定的。历史上所得税核算方法基本上经历了三个阶段：应付税款法—递延法与债务法—资产负债表债务法，具体总结如表 2－7 所示。

表 2－7　世界上具有代表性的所得税会计处理方法历史演进

<table>
<tr><th>国家</th><th>时间</th><th>机构</th><th>会计准则文件</th><th>所得税会计处理方法</th></tr>
<tr><td rowspan="5">美国</td><td>1944</td><td>CAP</td><td>ARB No. 23</td><td>债务法、纳税净额法</td></tr>
<tr><td>1959</td><td>APB</td><td>APB Opinion No. 6</td><td>递延法、债务法</td></tr>
<tr><td>1967</td><td>APB</td><td>APB Opinion No. 11</td><td>递延法</td></tr>
<tr><td>1987</td><td>FASB</td><td>SFAS No. 96</td><td>资产负债表债务法</td></tr>
<tr><td>1992</td><td>FASB</td><td>SFAS No. 109</td><td>资产负债表债务法</td></tr>
<tr><td rowspan="4">国际</td><td>1979</td><td>IASC</td><td>IAS 12</td><td>纳税影响会计法：递延法、债务法</td></tr>
<tr><td>1987</td><td>IASC</td><td>E33</td><td>建议采用“利润表债务法”</td></tr>
<tr><td>1994</td><td>IASC</td><td>E49</td><td>建议采用“资产负债表债务法”</td></tr>
<tr><td>1996</td><td>IASC</td><td>IAS 12（修订版）</td><td>只可采用“资产负债表债务法”，废除“递延法”</td></tr>
<tr><td rowspan="3">英国</td><td>1975</td><td>ASC[a]</td><td>SSAP[b] 11</td><td>递延法、债务法</td></tr>
<tr><td>1985</td><td>ASC</td><td>SSAP 15</td><td>债务法</td></tr>
<tr><td>2000</td><td>ASB[c]</td><td>FRS[d] 19</td><td>利润表债务法</td></tr>
</table>

续表

国家	时间	机构	会计准则文件	所得税会计处理方法
中国	1992	财政部	外商投资企业会计制度	应付税款法
	1994		企业所得税会计处理的暂行规定	应付税款法、纳税影响会计法（包括“递延法”和“债务法”）
	2001		企业会计制度	应付税款法、纳税影响会计法（包括“递延法”和“债务法”）
	2004		小企业会计制度	应付税款法
	2005		《企业会计准则——所得税》征求意见稿	债务法
	2006		CAS 18	资产负债表债务法
	2011		小企业会计准则	应付税款法

注 a：ASC：会计准则委员会；

注 b：SSAP：标准会计实务公告；

注 c：ASB：会计准则委员会；

注 d：FRS：财务报告准则；其他缩写意思与前文相同。

此外，从美国、英国和国际所得税会计准则中对所得会计处理方法选择的变动，可以看到无论是理论界，还是实务界均孜孜不倦寻找与追求一个“最佳”处理税会差异的方法。尽管“资产负债表债务法”目前被全世界视为最为先进和科学的所得税会计处理方法，且在世界范围内普遍采用，但是对其的质疑从未间断。比如，有学者承认递延税项的计量带有大量的主观判断（Moonitz，1957）。英国会计准则委员会（ASB）在财务报告准则第 19 号《递延所得税》（FRS 19）中就明确指明，并不认可“资产负债观”下“资产负债表债务法”的必要前提条件，英国会计准则委员会（ASB）认为其会导致企业过度计提准备金。还有学者质疑与“资产负债表债务法”密切相关的递延所得税负债项目是否为一项“负债”，还是仅仅因为选择在合并资产负债表中重估资产价值而存在支付税款的义务（Nobes，2008），一个可能的结论为根本不需要计算递延税款（Weetman，1993）；Graham 等（2012）也认为，呈现在财务报表上的递延所得税项目的会计信息，投资者对其不易理解。这些均说明了目前所使用的“资产负债表债务法”并不完美，无论从理论还是实务方面都有很多亟待研究的内容，这也就是本书研究的初衷之一。

2.3 所得税会计信息价值相关性的研究现状

在现存的文献中，如果一项会计数据与资本市场价值（股票价格）之间存在一种可预测的联系，那么它就可被定义为价值相关的。尽管对于这种关系检验的文献可追溯到接近半个世纪以前（Miller 和 Modigliani，1966），然而使用“价值相关性”这一术语来描述如此联系的第一篇文献为 Aimr 等人（1993）的研究。由于所得税会计信息不仅涉及所得税会计准则，同时也与税法密不可分，从而使得其具有一定的特殊性。在该部分将重点阐述财务报告中与所得税会计有关项目，其会计信息价值相关性的相关研究，不包括诸如税收筹划、边际税率的估计、跨期利润转移等其他所得税会计信息的拓展研究。

2.3.1 不同所得税会计核算方法下的会计信息价值相关性研究

关于资产负债表债务法较其他所得税会计处理方法相比，是否可提供增量信息，Ayers（1998）首先分析上市公司“净递延所得税负债”的截面数据，以此来判断依据第109号财务会计准则公告（SFAS No.109）所提供的数据是否价值相关，之后研究发现，有明确证据表明第109号财务会计准则公告（SFAS No.109）中的“资产负债表债务法”比第11号意见书（APB Opinion No.11）中的“递延法”更具价值相关性，其原因与递延所得税资产的单独确认、递延所得税资产减值准备的建立，以及现行税率变化所带来的递延所得税项目的变化这三个方面不无联系。且通过进一步的研究，1993年的《收入调解法案》中税率升高，在第109号财务会计准则公告（SFAS No.109）中递延税项因该项税率变化带来的调整额与股价呈显著负相关。我国对此研究很少，陈丽花等（2009）以新所得税会计准则实施一年为研究契机，利用资产负债表模型（Barth，1994）和价格模型（Feltham和Ohlson，1995）进行检验，认为“资产负债观”与“收入费用观”相比可有效改善会计信息质量。尽管新的所得税会计准则显著改善了会计信息相关性，但是会计信息的可靠性却相对减弱。这两篇文献相比，Ayers（1998）从方法的本身入手，得出直接的经验数据，即“资产负债表债务法”比“递延法”更具有价值相关性，从而在第109号财务会计准则公告（SFAS No.109）中取消“递延法”是合理的。而陈丽花等（2009）的研究主要对比准则的制定理念，从间接的角度阐述所得税会计处理方法，并未对现行的“资产负债表债务法”的本身进行剖析。之后，孙雪娇（2013）较以往的研究更为具体和直接，她比较了不同所得税会计方法下会计信息的定价功能，她研究发现“资产负债表债务法”的实施，与原采用“应付税款法”和“利润表债务法”的公司相比，均对价值相关性提供了增量信息，并且“应付税款法”比“利润表债务法”可提供更多的价值相关性信息。

此外，其他文献并没有直接研究不同所得税会计处理方法下的价值相关性，而是对所得税会计方法选择的动机或影响因素进行了分析。比如 Schultz 和 Johnson（1998）依据时间顺序，讨论了在不同准则制定机构管理时期（CAP、APB、FASB）所采用不同的所得税会计处理方法。刘斌等（2005）采用 2002 年我国 A 股上市公司 27 家（扣除 3 家数据缺失的上市公司，实为 24 家）的数据，研究发现政治成本、收益波动程度与采用纳税影响会计法显著正相关，簿记成本与采用纳税影响会计法显著负相关。曾富全和吕敏（2009）的研究与刘斌等（2005）的结论不同，他们认为采用纳税影响会计法的公司，其簿记成本显著高于采用应付税款法的公司。王菊（2007）认为企业选择所得税会计核算方法的初衷，并非简单地考量是否提高会计信息的价值相关性，而更多地考量诸如政治成本、债务契约以及“壳”资源等非财务报告的管理因素。

2.3.2　递延税项会计信息价值相关性研究

除却上文有关不同所得税会计核算方法下的会计信息价值相关性研究，还有相当多的学者对递延税项与资本市场价值（股价）之间的联系进行了研究。递延税项的会计信息是否会影响市场对股票的定价，这类内容已引起国内外学者的热议，以下部分将从实证与理论研究两个角度对现有文献进行梳理。

（1）实证研究的视角。

早些年的研究就已触及递延税项定价的内容。Beaver 和 Dukes（1972）研究发现在盈余中披露递延税项的信息与不披露相比，与市场回报有较高的联系。Rayburn（1986）认为所得税中应计税项比现金流对市场可提供更多的增量信息。同样，

Chaney 和 Jeter（1994）也发现对于市场而言，由递延税项构成的盈余比没有递延税项组成的收益可提供更具价值相关性的信息。

有关第 109 号财务会计准则公告（SFAS No. 109）执行之后的研究，主要集中于两种检验市场定价与递延税项关系的方法。一种是水平方法（Levels Approach）。被 Amir 等（1997）、Amir 和 Sougiannis（1999）、Ayers（1998）、Dhaliwal 等（2000）所使用。这些研究将水平测度股票市场的指标作为因变量，将递延税项（伴随一些资产负债表的其他变量）的测度视为自变量。对于该问题 Amir 等（1997）作出较为全面的分析，以《财富》杂志中世界 500 强 1992—1994 年数据作为研究对象，采用了手工收集数据的方法，检验了市场是否根据转回时间不同，对于递延税项分别定价。他们研究发现，尽管市场会根据递延税项转回的可能性和时间长度，对其进行折现，但是这些划分的递延所得税项目均会被定价。Amir 和 Sougiannis（1999）主要研究了由营业亏损抵免所确认的递延所得税资产（DTA）。他们研究发现，市场和分析师均认为公司中有下年度税收抵减额的盈余其持续性较低，但是却赞同由其确认的递延所得税资产（DTA）为一项真正的经济资产。邹舢（2006）也同样采用 2003—2004 年的样本（108 家上市公司），对递延税项的信息含量进行了实证研究，他研究认为递延税项不具有很高的信息含量。

与前文研究表内递延税项定价的内容不同，Dhaliwal 等（2000）主要关注表外递延所得税负债（DTL）的市场定价，他们研究的表外递延所得税负债（DTL）主要产生于后进先出法（LIFO）的一致性，如果应税收益由后进先出法（LIFO）计算所得，那么企业在计算会计收益时，也必须同样采用后进先出法（LIFO）。但是在实务中，即便企业在财务报告中使用后进先出法（LIFO），投资者仍更倾向于使用先进先出法（FIFO）对存货估价，从而通过对依据表外递延所得税负债（DTL）估算的企业市场价值进行回归，发现市场可对这些表外递延所得税负债（DTL）进行定价。

以上这些使用“水平方法”的文献，为市场可对这些递延税项进行定价的结论提供了一致性的证据。首先，这些文献主要采用了 1992 年、1993 年和 1994 年表内递延税项的数据，而这个时段恰恰是第 109 号财务会计准则公告（SFAS No. 109）实施之时①。这些研究的普遍适用性受到质疑，因为一方面研究对象的样本量很小，另一方面在这个时期内，公司和市场仍在学习如何将这些复杂的附注进行披露。其次，因为这些文献中主要采用的是价格回归模型，他们有可能面临一些计量的不足，这将会制约他们的研究。

还有另一种检验市场定价与递延税项关系的方法，即检验企业所得税税率变动前提下，股票价格随之变动的情况。比如，Givoly 和 Hayn（1992）利用所得税税率由 46% 降低至 34%，以此来测算第 11 号意见书（APB Opinion No. 11）时期递延所得税负债（DTL）的定价。他们研究发现，市场将递延所得税负债（DTL）定价视为一项负债，尤其是在他们选择的样本中，公司所获的异常收益与递延所得税负债（DTL）的数量正相关，这与市场对当所得税税率下降之时，递延所得税负债（DTL）将会转回的预计相一致。这篇文献存在一个潜在的问题是，它并未将异常收益的度量作为一项自变量，因此这会导致一旦所得税税率发生改变时，异常收益因递延税项变化而变化，而系数可能会有所

① 也包括我国学者邹舢（2006）的研究，他选取样本的时间和样本量同样也具有一定的局限性。

偏差。

1993 年，美国的法定税率发生改变，由之前的 34% 上升至 35%，这引起了递延所得税负债（递延所得税资产）的增加与当前会计收益的减少（增加）。Chen 和 Schoderbek（2000）检验了在公司发布收益之前，分析师（投资者）是否将税率升高的变化纳入到其预测（股价）考虑之中。结果显示，尽管分析师和资本市场需依据公司递延税项的余额估计预计的调整额，但是却没有证据显示分析师或投资者会将上述因素考虑其中。关于此项研究的局限性，由于 1993 年的所得税税率仅上升一个百分点，他们此项研究便无很强的说服力，并且该项研究的对象是 158 个样本，这些过小的样本量对结论的普遍性产生了制约。

近期对此的研究，Diehl（2010）主要对每股递延所得税负债指标进行了检验，研究认为与传统的比率（比如基本每股盈余、每股现金流、每股账面价值）相比，每股递延所得税负债对股价的解释能力更强，而且由于它提供了纳税筹划方面的相关信息，从而每股递延所得税负债（DTL）比递延所得税资产（DTA）更具价值相关性。Laux（2013）通过手工收集 10 - K 税务附注中 1994—2007 年递延所得税费用的数据，研究发现递延所得税费用的确可为未来税收支付提供增量会计信息，然所能提供的会计信息十分有限。

我国在近几年也对该问题进行了探讨。李丽娟等（2011）选用了价格模型（Feltham 和 Ohlson，1995），利用 2008—2009 年我国 A 股上市公司的数据，探究递延税项的会计信息在股票定价中的作用。研究发现递延税项可提供额外的增量信息，其会计信息具有显著的价值相关性，但是所得税税率的变动会降低其价值相关性。与 Diehl（2010）研究结论不同，郑立东等（2012）研究发现递延所得税资产（DTA）对公司价值的解释能力更强，并且比递延所得税负债（DTL）的价值相关性更高。

综上所述，这部分的文献主要阐述了市场对递延税项定价方面的内容，即递延税项确与股价具有价值相关性。同时，这些文献一致认为，市场将递延税项的会计信息因素纳入股票定价考虑之中，并且递延税项的定价随着资产处置的可能性和转回的时间长短而发生一定的改变。但是，值得注意的是这些文献主要均采用价格水平回归模型，诚如上文所言，这将会从计量的角度对研究的结果产生一定的影响。

（2）理论研究的视角。

有关递延所得税价值相关性的理论研究主要为 Sansing（1998）、Guenther 和 Sansing（2000，2004）以及 Dotan（2003）等人的研究，在文中他们主要挑战了递延所得税费用价值度量的假设条件，即其价值必须依赖于递延所得税费用在未来何时和是否发生转回。Sansing（1998）在文中设定了与折旧有关的递延所得税负债（DTL）的估值模型，并得出“递延所得税费用是一项真正的经济负担，尤其是当披露的递延所得税负债（DTL）永远不会发生转回的时候”的结论。Guenther 和 Sansing（2000，2004）的研究拓展了 Sansing 的模型，并将递延所得税负债（DTL）更多的组成部分纳入模型之中，他们认为递延所得税负债（DTL）的价值是相关的，且递延所得税负债（DTL）的一些组成部分的市场价值需要折现，但是这个折现系数与未来递延所得税费用是否和多快发生转回无关。在他们的研究中，他们将之前所认为“递延所得税负债（DTL）是一项经济负担”的观点替换为其是“一种价值调节的方式”。Dotan（2003）的研究将 Guenther 和 Sansing 的研究进行延续，并将递延所得税负债（DTL）进行分类，第一类递延所得税负债（DTL）与折旧费无关，第二类递延所得税负债（DTL）与折旧费有关。

Graham 等（2012）在文中指出，目前就递延所得税资产（DTA）和递延所得税负债（DTL）是否和怎样影响未来税收支付的问题，在理论研究（Sansing，1998；Guenther 和 Sansing，2000，2004；Amir et al.，2001）与实证研究（Givoly 和 Hayn，1992；Amir et al.，1997）之间存在着矛盾。

从上面文献分析可以发现，以美国为首的国外研究对资产负债表债务法实施之后的经济后果，无论从理论还是实证角度，均已进行了详细的讨论，且现有文献大多集中于对资产负债表债务法下递延税项的会计信息与股票定价之间的价值相关性的研究。而我国对此的研究尚处在起步阶段，本书的研究就在先前研究的基础上，从理论角度，重新反思围绕在递延所得税资产（DTA）与递延所得税负债（DTL）估值问题的困惑，试图将理论研究与实证结果结合起来以检测所得税会计准则执行的效果。

2.3.3 所得税费用会计信息价值相关性研究

由于研究者无法直接获得企业的应税信息，但是可通过财务报告中所得税费用的信息，推算出应纳税所得额，以此检验所得税费用与股票定价之间的联系，还有一部分文献使用税会差异（BTD）作为所得税费用的替代变量，研究其会计信息价值相关性。

首先，Hanlon 等（2005）运用三种方法，检验了当期市场回报与估计的应税所得之间的关系。他们研究发现，会计收益和应税收益均可提供增量信息，然而会计收益更具有显著的解释能力。随后，Ayers 等（2009）拓展了 Hanlon 等（2005）的研究，他们主要检验了公司之间税收筹划和盈余质量的差异。在此项研究中，提出了两个假设：其一，对于存在税收筹划的公司而言，其应税收益不可代表公司真实的经济活动；其二，对于存在较高盈余的公司而言，测算其应税收益将会有相对较高的信息含量。而对于存在较高税收筹划和较低盈余质量的公司，其应税收益相比于会计收益将会有相对较低的信息含量。Raedy（2009）的研究得出与 Ayers 等（2009）第一个假设相一致的结论。

此外，Lev 和 Nissim（2004）利用应税收益与会计收益的比值来预测盈利的增长与股票收益，并进一步解释股票回报率的信息含量。他们研究认为，应税收益与会计收益的比值可以预测公司随后五年收益的变化。在第 109 号财务会计准则公告（SFAS No. 109）实施之前，税收信息与同期的股票回报率无关，但是与随后的股票收益却密切相关；与之相反，在第 109 号财务会计准则公告（SFAS No. 109）实施之后，税收信息与同期的股票回报率密切相关，但是与随后的股票收益仅有微弱的联系。这表明投资者对预示未来盈利的隐含税收信息的态度随着时间发生改变。

还有一类研究主要关于税会差异的会计信息价值相关性，判断其与本公司盈余管理之间的关系。比如，Mills 和 Newberry（2001）通过采用私下收集纳税申报数据，考察了税务与非税务成本影响公司税会差异的机理，研究发现有较强盈余管理动机的公司，其有较大的税会差异（BTD）。Phillips 等人（2003）则利用有利的税会差异（BTD）信息，来研究公司当期的盈余管理行为与非应税项目损益之间的相关关系。假定公司的应纳税所得额不变，他们研究发现总的税会差异（BTD）中的暂时性差异将会导致递延费用的增加，因而可根据递延费用的高低来识别公司的盈余管理行为。Hanlon（2005）研究表明，当一个公司有较大的暂时性差异时，其公司的收入与应计利润预期低于未来一年的利润，并且这些暂时性差异也表明了该公司有较低的税前盈余质量。

总之，无论公司的管理者采用哪种方法、策略，其最终目的均为通过盈余管理行为来调节公司的会计利润与应纳税所得额。税会差异（BTD）实际为会计利润与应纳税所得额的函数，因此这些行为将会扩大公司的税会差异（BTD）。同时，这些改变将会帮助研究者量化该种机会主义倾向行为的程度，从而公司的税会差异（BTD）不仅简单呈现了会计准则与税法之间差异程度，更是体现了公司管理当局进行盈余管理和税务筹划的行为和策略，成为考察所得税会计准则执行效果的重要指标。

2.3.4 所得税会计信息价值相关性研究的述评

将前文提到的文献进行整体分析，可知现有文献基本上均认为所得税会计信息的确具有价值相关性，其中包括递延所得税资产（DTA）、递延所得税负债（DTL），以及所得税费用。但是现有的研究还有一定的不足。从研究方法来看，现有研究主要集中于实证研究，规范研究较少。实证研究中往往直接检验财务报告中递延所得税资产（DTA）、递延所得税负债（DTL），以及所得税费用的数据，而缺乏对所得税会计理论分析，包括递延所得税资产（DTA）、递延所得税负债（DTL）是如何确认，具体哪一类递延所得税资产（DTA）、递延所得税负债（DTL）可生成价值相关的信息，递延所得税资产（DTA）和递延所得税负债（DTL）项目本身的价值又是如何。

从研究视角来看，国外对此方面的研究已经相对比较完善，较之于国外大量富有创新性研究，我国国内的研究有待发展。目前我国对此的研究主要集中于所得税会计方法的对比与辨析，而有关价值相关性无论理论性还是经验性的研究文献均很少，仅有的文献选择数据的时期也较短，没能全面地反映我国所得税会计准则的变迁。

从研究内容来看，现有国内外对所得税会计信息价值相关性的研究，主要仅从报告本身的价值相关性角度进行探讨，忽略了所得税会计信息对其他利益相关者，诸如会计从业人员、报告使用者、债权人、监管者、分析师等决策有用性的影响。Graham 等（2012）在文中指出，税收项目除却可为财务报告一般使用者提供信息以外，还可为税收监管机构提供有效信息。事实上，所得税会计信息的主要使用者可能还有公司的会计从业人员、客户、银行、监管部门等。因而，除却财务报告一般使用者，其他使用者对之的态度也十分重要。

同时需要关注的是，目前对所得税会计信息的价值相关性研究，已突破 Scholes 和 Wolfson（SW，1992）① 所建立的分析框架。目前主要集中于税会差异、税会之间的协作、所得税项目与公司盈余管理活动，以及所得税项目会计信息的定价研究。可见所得税会计信息含量不再仅局限于传统的项目与资产市场定价之间的联系，而更多地已渗入到有关盈余管理和盈余质量的研究，这同样也是本书研究的动力，本书试图通过税会差异视角，探究其与企业盈余管理行为之间的联系，从而进一步判断我国所得税会计准则实施的效果。

2.4　税收—会计之间关系的研究现状

根据查特菲尔德（1989）所述，早在 1913 年，会计技术已

① 财务学教授 Scholes 和会计学教授 Wolfson 采用微观经济学视角来分析税收可能重要的情况。Scholes-Wolfson 的理论框架围绕着三个中心主题展开，即所有交易参与者、所有税收支出和所有成本。该研究范式是现代会计领域中经验税务研究的核心，在公共经济学中发挥着重要的作用，对公司财务也有深远的影响。

远远优于早期的税法，而以后的税法因采取了其他的会计方法才愈来愈趋向于成熟。会计与税收从一开始，两者之间的相互作用与联系就难以割舍。比如，税法相关条例的制定，会引起一系列被忽视的会计问题被热议。税收方面发现的问题促使了财务会计的研究重点由资产盘存向计算收入转移，同时税法相关制度也是借用会计理论才得以建立。

然而，税收与会计两者之间又有根本的差异性，这主要体现在收益实现的时间和费用的可扣减性。税收核算的基础为权责发生制与收付实现制的混合，从而这种管理层面的便捷性与征收当期税收的必要性和会计基本假设——持续经营相矛盾。随后，有关收益的税收概念核心问题转为会计期间，而不是财务会计所关注的配比问题，这就促使会计收益的概念从有助于其形成的税收前提之中逐渐分离，税收与会计两者渐行渐远。因此，有不少会计人员均为税收与会计之间的协作进行了不懈努力，但是由于两者之间本质的区别，大量的证据都表明协调两者关系的尝试带来了少报收益的结果，查特菲尔德认为税收与会计两者都应该停止相互仿效不适用的方法。尤其是会计，应当超越历史局限的束缚，比如对于税金分配一类的问题，朝着减少税收对会计理论影响的方向努力。本部分就是在查特菲尔德对税收—会计之间关系认知的基础，从国外与国内两个角度对此类文献进行回顾与述评。

2.4.1 国外研究现状及述评

目前，关于税收与会计之间关系的文献，国际上对之研究主要侧重于有关影响两者关系的因素与税会模式确定的研究，有较少文献讨论税会关系协调与协作的内容。尽管实务操作中有很多经济业务在美国公认会计原则（GAAP）与税法规定下处理均一致，但是由于经济、社会、政治和行政性的原因，导致会计准则与税收立法有着本质的不同，这就产生了税会差异（BTD）。有很多文献主要围绕着税会差异（BTD）进行研究，包括分析其变化趋势、影响因素以及成因等内容。Graham 等（2012）曾指出，正因为美国公认会计原则（GAAP）与税法对有些经济业务处理的规定不一致，才使得所得税会计（AFIT）研究变得相当复杂。在探讨税会差异（BTD）时，国外学者主要集中于以下几个方面：

第一，关注税会差异（BTD）的变化趋势。有很多篇文献集中于对过去 20 年间税会差异（BTD）变化的研究。美国财政部在 1999 年就已开始这方面的研究，《纳税调整表》（Reconciliation of Income Per Books with Income Per Return）的数据显示，在当时会计收益与应税收益之间的差异呈扩大趋势。1995 年税前会计收益与应税收益的比率为 1.82，到 1996 年该项指标变为 1.86，并远高于 1990—1994 年期间的平均值 1.25，并且被视为自（至少）1985 年以来历史最高水平。Mill 等（2002）利用 Compustat 数据库和纳税申报表的数据，选取 1991—1998 年期间的 1579 个公司作为样本，研究发现在整个 90 年代之中税前净利（NIBT）远超应税收益，且这种差异呈扩大之势。同时，这种差异主要存在于金融公司与跨国公司。与 Plesko（2002）研究结论一致，Mill 等（2002）研究发现税会差异（BTD）主要集中于大公司之中。在 1998 年，20% 最大的企业几乎占了所有的税会差异（BTD），且 15 个最大的公司几乎代表了总数中将近 1/3 的税会差异（BTD）。还有很多学者利用公开数据对 1999 年美国财政部的研究进行了检验，并得出基本一致的结论（Plesko，1999；Manzon 和 Plesko，2002；Desai，2003；Plesko，2004）。近期，Graham 等（2012）分析了美国 2003—2008 年税会差异的变化，除了2001年和2008年，每一年的会计收益均超过应税收益。并且在过去的16年间，总会计收益占估算的总应税收益的94%，然而若除去经济衰退的两年，总会计收益占估算的总应税收益上升至108%。

第二，着重于形成税会差异（BTD）因素的研究。Manzon和Plesko（2002）检验了1988—1999年公司财务报告的数据。他们研究发现，随着收入的增加，固定资产（土地使用权、工厂和设备）的数量将会导致会计收益超过他们估计的应税收益，且他们还发现导致估计的应税收益超过会计收益最根本的因素是1993年前的商誉。此外，Plesko（2002）还利用隐秘的纳税申报表的数据，研究得知在1998年时，总的税会差异达到1590亿美元，其中有20%为税前净利。有两大行业包含有88%的税会差异（BTD）：金融、保险、房地产和租赁业（810亿美元），信息行业（580亿美元）。

第三，对于影响税会差异（BTD）扩大的原因分析。Desai（2003）曾推测这种扩大的差异是由公司避税行为的增加而引起的。然而，Poterba等（2009）认为上述结论需要谨慎分析。他们研究所知，1993—2004年期间73%的税会差异（BTD）均由暂时性差异所形成，并且这些差异在他们的观测期内逐步扩大。Seidman（2008）试图解释这种税会差异（BTD）分离的原因。她通过手工收集1995—2004年《财富》杂志世界50强企业的详细税会差异（BTD）数据，发现经营环境、盈余管理以及财务会计准则的变动可以解释55%税会差异（BTD）变动的原因，税收筹划可以解释不到一半的税会差异（BTD）变动的原因。

第四，近几年有关税会差异（BTD）研究，大多着重于分析其与盈余管理之间的关系。先前已有经验研究提供证据，表明税会差异（BTD）含有未来企业盈利情况的信息（Lev和Nissim，

2004；Hanlon，2005），然而对这种联系的本质却未阐明，Mark（2009）在Lev和Nissim（2004）研究的基础上，进一步检验了税会差异与盈余管理之间的关系，得出永久性税会差异只与所得税费用未来变化有关，以及暂时性税会差异与税前利润的变化有关。Tang和Firth（2011）以中国B股上市公司作为研究对象，测量了税会差异、盈余管理和税务管理之间的关系，得出盈余管理可以解释7.4%反常的税会差异，税务管理方面的账户可解释27.8%反常的税会差异，且两者之间的相互作用可以解释3.2%反常的税会差异。

2.4.2　国内研究现状及述评①

（1）研究设计。

以北大2011版七种会计类中文核心期刊与四种审计类中文核心期刊②，共计11种期刊为文献来源刊，从研究方法、研究内容、研究侧重、作者任职单位以及研究合作方式五个角度统计了1979—2013年的载文信息，这些信息反映了我国税收与会计

① 本部分内容主要参考：芦笛．我国税会差异研究的特征与启示——基于会计类13本核心期刊1979—2011年的数据［J］．西北大学学报：哲学社会科学版，2014，44（1）：169－175。对文中相关内容与数据进行了更新和修改。

② 这11种核心期刊，其中会计类的为《会计研究》《财务与会计》《财会通讯》《中国注册会计师》《财会月刊》《上海立信会计学院学报》《会计之友》；审计类的为《审计研究》《审计与经济研究》《中国审计》《中国内部审计》。其中，《财务与会计》包括综合版和理财版，综合版为北大中文2011版核心期刊；《财会通讯》包括综合版、学术版和理财版，综合版为北大中文2011版核心期刊；《财会月刊》包括会计版、理论版和综合版，会计版为北大中文2011版核心期刊；鉴于《财会通讯》和《财会月刊》各自在2009年整合为一个版本，不再区分三种版本，因此，本书在进行文献搜索的时候未对各种版本进行区分；《上海立信会计学院学报》在2012年更名为《会计与经济研究》，因此本书将这两种期刊视为一种期刊来源，在论述中使用《上海立信会计学院学报》的刊名。

关系的研究成果。

①文献来源及筛选。根据CNKI中国知识资源总库（以下简称CNKI）的检索系统，通过“文献来源”检索这11种中文核心期刊，在每一本期刊中，以“主题”作为检索项，“税”作为检索词，并含检索项“主题”，“会”作为检索词进行检索，检索区间为1979—2013年①，得到各项分类数据。其中有关研究方法、研究内容、研究侧重、作者任职单位以及研究合作方式方面的信息，依据专业判断统计整理而成。

11本期刊1996—2013年18年间有关税会差异研究共载文161篇，其中学术类108篇，非学术类53篇。

②统计分析的分类标准。本书从以下六个方面对161篇文献进行分类统计并展开分析：

第一，按研究时间划分为1996—2013年18个研究年份。因为在获取初始数据时，有效数据是从1996年开始，在此之前没有搜索到与税会差异研究主题直接相关的文献。

第二，根据文献的研究内容，分为基础理论、会计相关、审计相关以及其他四类。其中基础理论包括税会差异产生的原因、理论依据、相关的概念定义、研究的背景和意义，以及会计准则与税法法规之间属性、原则等差异对比和协调研究等内容。会计相关主要为税会差异的具体科目确认与计量、会计处理、信息披露、纳税调整等内容。审计相关含有对税会差异进行独立性经济

① 《财务与会计》创办于1979年1月，是在所选取的11种期刊中最早创刊的，1989年创办的《中国注册会计师》是这11种期刊中创办最晚的。同时CNKI数据库提供的可检索时间最早为1979年，并且鉴于本书研究进行时CNKI数据库尚未完全提供11种期刊2014年的全部数据，因此以1979年到2013年为检索区间，该项界定不影响研究统计的有效性。此外，由于《中国审计》在CNKI数据库最新可检索到的时间为2010年，所以有关《中国审计》在2011—2013年检索的数据，来自于维普期刊资源整合服务新平台。

监督活动、内部控制、风险评估等内容。

第三，根据研究侧重，分为理论研究、实务研究、政策解析与其他四类。理论研究着重对税会差异模式、产生的原因、背景和类别等基本问题进行的探讨。实务研究为税收—会计在具体经济业务中会计、审计等方面反映出问题的讨论。政策解析是指对有关会计准则、税收法规等问题的解读和评述研究。无法划归于上面三类的，归于“其他”。

第四，文献研究方法通常可分为规范研究、实证研究、综述研究以及其他四类。本书同样依此法对搜索到的文献分类。

第五，根据文献作者的任职单位，分为高等院校、科研机构、企业单位、行政事业单位及其他五类。学术研究型的事业单位（如财政部财政科学研究所）也并入到“科研机构”类别中。行政事业单位是指政府部分与除高校、科研机构以外的事业单位。由于有些文献研究方式为多人合作，本书以第一作者的任职单位作为统计基础。

第六，根据文献作者的研究合作方式，分为唯一作者、两人合作、三人合作以及其他四类。其他类别包括四人及以上与署名为课题组或单位的。

（2）统计结果分析。

①总体分布统计分析。从文献统计总体情况来看，检索到的相关文献共计161篇。其中，最早刊发有关税会差异研究的期刊是《会计研究》（1996年）。从载文数量来看，《财会月刊》刊文最多，共71篇，接下来依次为《财务与会计》（29篇）、《会计之友》（27篇）、《财会通讯》（21篇）、《会计研究》（8篇）、《上海立信会计学院学报》（2篇）、《中国注册会计师》（1篇）、

表 2－8　1996—2013 年会计、审计类核心期刊刊发“税收—会计关系”的相关主题文章数量汇总表

期刊名称	1996	1997	1998	1999	2000	2001	2002	2003	2004	2005	2006	2007	2008	2009	2010	2011	2012	2013	总计篇数	比例
会计研究	1	1		1				1		1	1		1	1					8	4.97%
财务与会计												6	4	8	8	1		2	29	18.01%
财会通讯															5	2	8	6	21	13.04%
中国注册会计师																		1	1	0.62%
财会月刊											3	8	8	7	15	8	16	6	71	44.10%
上海立信会计学院学报												1			1				2	1.24%
会计之友													4		1	5	10	7	27	16.77%
审计研究												1							1	0.62%
审计与经济研究												1							1	0.62%
中国审计																			0	0.00%
中国内部审计																			0	0.00%
总计篇数	1	1	0	1	0	0	0	1	0	1	4	17	17	16	30	16	34	22	161	100%
比例	0.62%	0.62%	0	0.62%	0	0	0	0.62%	0	0.62%	2.48%	10.56%	1C. 56%	9.94%	18.63%	9.94%	21.12%	13.66%	100%	

《审计研究》（1 篇）、《审计与经济研究》（1 篇）、《中国内部审计》（0 篇）、《中国审计》（0 篇）。这与期刊的办刊宗旨和选文风格不无关系。具体分布情况如表 2 - 8 所示。

②分类分布。第一，研究时间分布。从研究时间分，以税会差异为研究主题的文献最早出现于 1996 年，之前并未检索到与此主题相关的文献。1996—2003 年刊文较少，此后直到 2007 年刊文才出现较大数量的增幅，尤其是 2012 年全年论文发表数为 34 篇。

从以上数据可知，文章发表的数量与外界宏观环境变化有很大关系，尤其是国家政策环境的变化。文章在 2003 年之后大幅增加，可以解释为 2000 年与 2001 年财政部分别发布了新的《企业会计制度》与《金融企业会计制度》，以及 2000 年 1 月 1 日，《企业所得税税前扣除办法》开始执行；2007 年以后刊文量直线上升，这与 2007 年新会计准则和 2008 年新企业所得税法的施行不无联系。具体研究时间分布情况如图 2 - 1 所示。

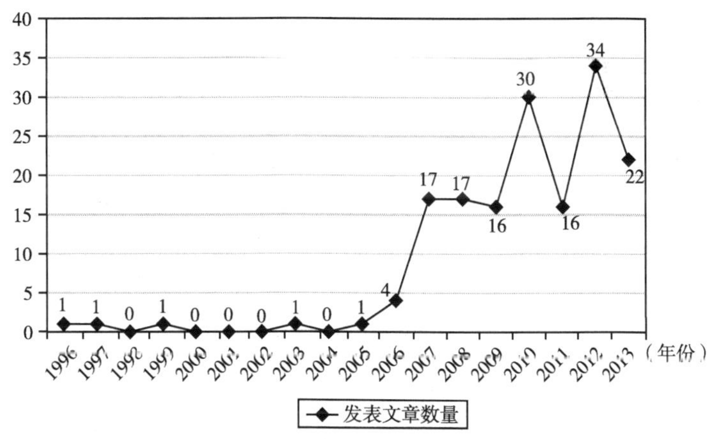

图 2 - 1　研究时间分布情况

第二，研究内容分布。从研究内容分，会计相关类问题占绝大多数，占比达到 67.70%，其次基础理论研究占 24.84%，审计相关研究占 1.24%，其他研究内容占 6.21%。这说明，税收—会计关系涉及了很多具体的会计科目，因而大多数研究着重于具体会计科目的处理以及纳税调整内容；有关两者关系基础理论的研究，主要描述了税法法规和会计准则服务的主体，以及两者之间应遵守的原则、目标的差异，还有学者通过构建序贯博弈模型探讨税务会计准则的制定；同时，还有一类文献仅对相关税法法规或是会计准则的解读，该类文献划归于“其他”类别。

第三，研究侧重分布。在研究侧重方面，其结果与研究内容具有很强的相关性，有 50.31% 的文献都是实务研究，政策研究次之，占 24.84%，理论研究占 21.74%，其他占 3.11%。

这说明大多数学者更加关注税会差异的具体内容以及相关会计科目与纳税调整项目的处理；政策解析研究主要为。对于 2007 年新会计准则和 2008 年新企业所得税相关细节的解读。尤其是近两年学者将很大的注意力投向于《小企业会计准则》；理论研究所占比例不高，凸显了我国关于税会差异研究在理论层面尚显不足。

第四，研究方法分布。在采用的研究方法方面，1996—2013 年，有关税会差异文章中规范研究方法占 54.66%，实证研究方法占 9.94%，综述研究方法占 0.62%，其他研究方法占 34.78%。这说明，我国对于税收—会计关系的研究中，规范研究仍然占据优势地位；其他研究方法所占比例居第二位，表明我国对两者关系的研究采用了多种方法，且很多文献并未按照严格的学术研究方法进行分析研究，从而难以对其进行归类划分；有关综述的研究方法，仅有 1 篇文献涉及，说明之前鲜有文献对两者的关系进行梳理。

第五，作者任职单位分布。在作者任职单位方面，文献作者来自高等院校的占了多数，占比达到了 60.25%，而来自企业单位、行政事业单位与科研机构的依次所占比例为 30.43%、7.45% 和 1.86%。这说明，高校是税会差异研究的主力军；企业单位的研究者也很多，说明税收—会计两者关系的研究中有很多实务问题，企业单位研究者更倾向于利用具体的案例或者示例解释、分析税会差异问题；行政事业单位的研究者与上述两类研究者不同，该类研究者更侧重于政策解析。

第六，合作方式分布。在研究的合作方式上，独立进行研究发表论文的研究方式占绝大多数，占比达到了 65.84%，两人合作的占 28.57%，三人合作的占 4.35%，四人及以上合作或者采用课题组等研究方式的仅占 1.24%。表明有关税收—会计两者关系的研究，仍以独立研究为主要研究方式，多人合作式研究并未占主导地位，这与本书研究的主题、研究方法有很大关系，规范研究主要来自研究者对理论的理解、思辨，而经验研究方法需要进行数据的收集与处理，采用案例研究方法需要进行调研以及资料整理与分析，这均需要花费大量的人力与时间，从而需要多人进行合作。

（3）演进轨迹分析。

从总体数据情况分析可以得到，有关税收—会计两者关系的研究文献与相应的会计准则改革、税收法规完善有很大的关系。为了更深一步了解其演进轨迹和阶段特征，依据宏观外部会计环境的变迁，进一步将其演变过程分为三个阶段，并分别论述各个阶段研究所呈现出的特点。

①初始研究阶段（1996—2000 年）。1992 年底，我国颁布了《企业会计准则》和《企业财务通则》。1994 年初《中华人民共和国企业所得税暂行条例》及其实施细则，与《中华人民共和国外商投资企业和外国企业所得税法》并行。“两则”和

“两法”的实施使我国企业会计利润与应税所得首次出现了明显的差异。据统计，除内、外资企业在工薪支出、业务招待费等项目的差异之外，企业会计利润与应税所得的差异项目有 40 个左右。至此，两者分离的序幕已经拉开。

这些差异引起学术界和实务界的关注，在此阶段主要有两种观点：一种观点主张在今后的改革中进一步搞好财务政策、税收政策与会计政策的协调，努力缩小会计利润和计税所得的差异，不存在税务会计与财务会计分离的现实必要性；另一种观点主张通过建立独立的税务会计，使财务会计与税务会计相分离来协调差异。

黄菊波等与汤业国分别于 1996 年和 1997 年发表在《会计研究》上的两篇文章，较为全面地评析了以上两种观点。黄菊波和杨小舟（1996）认为从我国的税收制度、财务制度与会计制度的发展历史和现状看，并不存在税务会计与财务会计分离的现实必要性，之后应进一步作好税收制度、会计制度和财务规范三者的协调，保持三者政策上的一致性，切勿生搬西方国家已有的税会模式。而汤业国（1997）则阐述了与之不同的观点，他指出财务会计与税务会计的分离是建立现代企业制度的必然要求。在现代企业制度下，由于会计准则和税法具有不同的规范目标，两者不可能相统一。执意追求两者的协调，只会以一方目标的牺牲为代价。同时，汤业国还就黄菊波和杨小舟一文，探讨了现代企业制度下财务制度的存废问题。

针对税会差异问题的后续讨论中，学者们大多倾向于两者的适度分离。如陈毓圭（1999）认为，从当前实务角度出发，税法与会计准则在诸多项目的处理上已经出现了一些差异，会计准则与税法已然无法保持一致，从而赞成两者的适度分离。

②发展研究阶段（2001—2006 年）。2001 年，新的《企业

会计制度》替代了《股份有限公司会计制度——会计科目和会计报表》。2003 年，国有资产监督管理委员会发文规定 189 家中央国有企业将用三年时间完成全面执行《企业会计制度》的工作。新的会计制度满足了现代企业制度的要求，标志着我国会计与国际基本接轨。2000 年 1 月 1 日，《企业所得税税前扣除办法》开始执行。至此，税会分离的趋势已经确立。

有关税会分离问题，较之于第一阶段的讨论，该时期的主流观点基本趋于一致：学者们普遍认可税会分离的必然性，同时两者间的协调问题也逐渐被纳入讨论之中。

关于税会差异产生的具体项目研究，周琪（2006）辨析了会计制度与税法在劳务收入确认、计量上的差异。虎峰（2006）与郭艳峥等（2006）分别对比了《企业会计制度》和《小企业会计制度》同税法之间的差别。

此外，学者们还从会计和税法两个体系本身的差异角度出发，探讨了税会差异产生的原因。盖地（2006）比较详尽地阐明了此种观点，他对税法导向的税务会计原则进行了系统梳理与阐释，并通过与投资人导向的财务会计原则进行比较，从理论根源上剖析了税务会计与财务会计差异的产生原因。

有关税会差异协调问题的研究，邓力平和曲晓辉（2003）在文中回答了如何理解经济全球化对税收国际协调与会计准则并行趋势的影响，以及如何协调税收制度与会计安排之间的关系这两个问题。戴德明等（2005）则通过对税会关系、模式、目标差异以及业务处理差异等方面的分析，提出了我国会计制度与税收法规协作的可行思路。

总体来说，此阶段由于外部宏观环境的变化，学者们开始关注税会差异，属于税会差异问题的引入阶段，从而着重探讨初始概念的界定、相关原则的比较、两者差异的原因和分类等基础理论方面的问题。

③积极研究阶段（2007 年至今）。财政部于 2006 年 2 月 15 日发布了新的会计准则和审计准则体系，其中新会计准则于 2007 年 1 月 1 日起在上市公司中执行，其他企业鼓励执行。2007 年 3 月 16 日，全国人民代表大会审议通过了《中华人民共和国企业所得税法》，自 2008 年 1 月 1 日起施行。这一法律的通过，有利于税会之间差异的协调。

这次外部会计环境的巨大变革，经济全球化、互联网化以及去管制化等其他宏观经济环境的变化发展，均对税会差异相关问题有很强的冲击作用，引起了学者们从各个角度开始关注这个主题。

首先，这一阶段大量的文献集中解析两者在具体业务处理方面的差异。如高允斌等人在《财会与会计》2007—2011 年期间共发表了近 25 篇有关该类问题的文章。包括对资产损失、资产减值准备、职工薪酬、借款费用、建造合同、会计收入与计税收入、长期股权投资、手续费及佣金支出、无形资产、固定资产等项目的会计与税务处理的比较。

其次，在该阶段出现了实证研究论文。研究的主题主要涉及审计收费与税会差异所含信息量的关系、可选择税会差异形成动机以及基于税会差异视角的盈余管理分析等。钱春杰和周中胜（2007）与车文侠等（2011）研究均表明，会计收益与应税收益的差异与审计费用显著正相关，审计师在审计过程中和出具审计报告时充分利用了税收—会计差异所体现的信息。罗剑群和蔡逸轩（2010）基于现金流量视角，分析了可选择税会差异形成的动机，认为企业出于调节所得税税负的考虑，会使递延所得税产生变化。吕敏和曾富全（2010）研究指出，上市公司存在以调节税会差异进行纳税筹划，以降低所得税税负水平的行为，并且高税率公司有着更强烈的纳税筹划动机。龙凌虹和陈婧婧（2010）认为民营上市公司由于自身存在“利税分离”的特点，在进行盈余管理时，更加注重财务报告成本和所得税成本的权衡，并更倾向于采用非应税项目进行盈余管理。谭青和李薇（2011）通过实证研究得出，由于会计准则与所得税法在设计中遵循了不同的原则，两者的逐步分离赋予了税收—会计差异指标更多的信息含量，且税收—会计差异指标能有效地识别企业盈余管理水平的结论。

此外，在该阶段还有大量学者积极研究税会差异协调问题。比如，曹越和湛芬（2012）分析了税会差异产生的原因，认为基于克拉尼斯基定律，两者出现差异是历史的必然。张丁云（2013）认为目前税收与会计之间的差异呈分离扩大之势，应加强两者的协调。近两年还有很多学者把注意力集中于《小企业会计准则》与所得税法的协调之上（曾钧，2012；赵建新，2012）。关于税会模式选择方面，孙德轩和杨黎明（2010）则将我国税会模式与欧洲大陆税会模式进行了对比，探讨了两种不同模式所带来的效应差异。

总体来说，这一阶段财政部发布的新企业会计准则、新企业所得税税法使我国的会计准则体系、税法体系日渐成熟和完善，国际趋同化程度越来越高。学者们从更多的角度探讨税会差异的问题，试图从理论与实务的结合上研究两者的关系。同时，实证研究方法的引入，使税会差异问题与盈余管理动机、审计费用等具体实务问题结合起来，为现象提供更强的理论解释力度。但是上述研究仅集中于对具体差异分析和协调措施的探讨，比较零散，未能纳入一个统一框架体系讨论。此外，我国学者对与差异相关的盈余管理和纳税筹划问题研究甚少，这也是与国外研究的一大区别所在。但伴随我国市场化进程的加快，将会有越来越多的企业利用税会差异作为财务管理和盈余操纵的一个手段，因此，今后加强对这一领域的研究具有很强的实际意义。

（4）我国有关税收—会计之间关系研究述评。

通过对1996—2013年会计类核心期刊载文的统计分析，可以发现学者们进行了很多具有开创性的研究，且在该领域贡献成果卓著。由于税收—会计差异涉及会计准则和税收法规两大不同的体系，因此无论从理论还是现实角度，对其进行分析都是意义重大的。

首先，税收—会计之间关系的研究提高了会计领域中税收研究的重要性。传统的规范会计理论通过演绎法对会计存在的意义等问题进行研究，现代实证会计理论主要在分红计划、债务契约和政治成本三大假设基础上，对会计政策选择动因、会计信息与资本市场关系等内容作出探讨。然而，事实上基于企业的税收状况，分析企业会计政策及债务政策选择的文献并不多。税收—会计差异恰恰提出一个新的视角，为会计学术界税收研究领域浓墨重彩地增添了一笔。盖地（2004）曾说，如果没有税收，会计的复杂程度就会“惊人地降低”。税收可以影响投资（包括实物、金融工具等投资）和融资的税前收益率，因此从这个角度出发，税会差异研究将会加深我们对会计、税务交叉领域的认知。

其次，推进构建相应的理论框架。SW框架（Scholes-Wolfson）是西方会计领域中税收实证研究的核心，它将微观经济主体和税法两个完全不同的主体结合在一起，在公共选择和公司财务方面有重大意义。对于我国，税收—会计关系研究能够提供一个可将SW框架（Scholes-Wolfson）三大主题结合起来的切入点，为着力构造符合我国国情的税收研究框架体系提供了可靠路径。

就研究内容而言，纵观这18年来的相关文献，可以发现会计准则和税法法规差异与协调是一个不断博弈的过程。从宏观经济学角度来看，目前，国际上还没有一个合适的税会模式可以直接套用在我国。在美国，税收—会计差异的扩大趋势已得到普遍认可；在欧洲，税法和会计标准紧密联系，会计利润与应税所得基本一致；在我国，制度环境与美国、欧洲存在很大的差异，税会趋于分离。由于以大陆法系为主，会计准则体系建设依靠政府力量推行，因此，运用产权理论有效地将制度特征纳入分析框架，从组织结构内生性角度出发，将是未来税会差异理论研究的重点。同时，会计契约论是建立在代理理论基础之上，隐含的制度背景实则是较为发达的市场经济体系。从而对于中国学者来说，政府与市场在资源配置中发挥的作用，以及法律体系等因素也应纳入考虑的范围之内。虽然我国法律秉承"大陆法系"，但是与德国、法国、意大利等国家相比，究竟是形似还是神似？这也是未来研究不可忽略的问题。

从微观会计学的角度，因税收—会计之间关系体现出一个特殊的利益结构，而这种利益结构的均衡将会使得税收—会计达到相对协调，何时达到均衡以及其所带来的财务价值也是未来需关注的内容。具体研究领域包括探索税会差异所蕴含的会计信息特征，并把其作为突破口研究企业盈余管理行为，以及辨析不同税会模式下，相应资本市场反应特点等主题。

此外，从研究方法科学性角度出发，现有税收—会计之间关系实务研究文献主要针对具体会计科目和纳税调整项目差异的比较，大多囿于规范研究方法，很少以实证方法对其进行剖析。Shackelford 和 Shevlin（2001）一文提出了很多具有开创性的科学的研究方法，如估计边际税率、模型优化、隐性税计量等，之后有关税收—会计之间关系的研究应参照此文提出的方法，对其相关内容量化，提高研究质量。

2.5 小结

通过前述对相关文献的回顾，可知一方面各国所得税会计准则的历史演进中的核心问题，即在“配比概念”基础之上的对所得税费用进行分摊。而跨期分摊应选择何种理念与方法，促使了所得税会计准则一次次的改革。历史上所得税核算方法基本上经历了三个阶段：应付税款法—递延法与债务法—资产负债表债务法；另一方面，现有文献基本上均认为所得税会计信息的确具有价值相关性，其中包括递延所得税资产（DTA）、递延所得税负债（DTL），以及所得税费用；此外，现有国内外文献还从税会差异（BTD）的变化趋势、构成税会差异（BTD）的项目、税收—会计之间的协调等角度对两者之间的关系进行了探索。可以说目前已有的研究成果累累，然而仔细分析现有的研究，结合我国特殊的制度环境，可以发现还是有一些问题尚未被探索。

（1）从研究内容角度，我国现有对所得税会计准则研究的文章主要集中于以下几个方面：所得税会计性质、内涵的认定，所得税会计准则的国际比较与协调，所得税会计核算方法的比较与辨析，所得税会计项目的信息含量，我国税会模式的选择，以及所得税对上市公司可能带来的经济影响等。而对所得税会计准则的核心——资产负债表债务法的本身研究较少，包括此方法对应科目“递延所得税资产”（DTA）与“递延所得税负债”（DTL）设置的合理性，以及这些科目真正的内涵为何和价值几许都很少涉及。

（2）从研究视角角度，关于会计准则研究普遍集中于：会计准则的国际协调、会计准则选择的经济后果和会计准则的信息含量，但是对一个高标准的准则并没有严格的定义，一个“好”的准则不仅仅在于制定完美，更重要的还在于其执行情况。所得税会计准则执行已 12 年，但有关所得税会计准则执行的效果和现状，系统而全面的研究甚少。且财务报告的利益相关者很多，大多数研究仅集中于投资者，却忽略了会计信息供给者的立场。

（3）从研究方法角度，对我国所得税会计准则的研究多采用定性分析和规范研究方法，采用定量分析与实证研究方法的文献较少。国外关于所得税会计方面已有很多开创性研究成果，但是与我国目前的研究情况相比较，我国对此无论理论性还是经验性的研究文献均较少。并且有关所得税会计准则的研究比较分散，尚未从理论方面构建一个系统的研究框架和体系。

第3章

理论基础与分析框架

一些古老的职业在漫长的岁月中发现，摆脱依据经验形成的信条显得十分必要，查特菲尔德教授（1989）研究表明，美国的会计职业一直是上述发现的践行者。事实上，会计是门技术性极强的学科，因此最初的会计理论均是从实践中抽象出来的，且由个人行为的解释所构成，行为人将某些被证明有用的概念进行调整、记录、维持，这样就可得出可解决一些特定问题的理论。但是，若周围环境发生了剧变或是有新的情况发生，仅仅依赖推论的职业将会陷入困境，此时需要一个明确而清晰的概念体系，对现实进行充分概括与描述，利用逻辑推出可适用于不断变化的环境的原则。该概念体系实际上为一个参照框架，以之可以判断与比较所采用的会计方法是否合适和优越，同时将单个的会计程序纳入了一个具有内在联系的框架之中，缩小报表间不必要的差异，大大提高精细会计方法的使用，减少会计人员对经常重复性业务的判断。这种把会计可以引向更为精密确定的方法，即为会计原则①的诞生，并且从世界范围来看，比如美国，它一直是改进会计领域的首要标准，从根本上影响了美国会计的发展方向。因此，本章试图从会计准则内涵和相关理论出发，剖析会计准则本质属性，结合财务报告目标，并以会计信息质量特征作为参照系，以此来构建所得税会计准则制定与执行相关研究的理论分析框架。

3.1　会计准则的理论基础

3.1.1　会计准则的内涵

早在尚不存在法律和统一会计科目作为会计实务指南的 20 世纪初，美国会计人员就已有依据一般概念对各种会计程序作出判断的先例。在当时，存在两大学派，其一为威廉·佩顿持有广被认可的观点，即这些通则几乎没有被论证的可能性，“会计是一个目的性很强的领域，所以，任何假设、原则或程序，如果能充分地服务于这种特定的目的，那么，它就能相应地得到证明……”（William A. Paton，1922）；其二为少数学者持有的观点，认为会计方法应从会计原则中演绎出来，而不是与之反向而行。

20 世纪 20 年代末期，仍不存在针对规范和约束会计程序的会计原则的相关权威论述。直至 1929 年美国股市大崩盘发生之后，人们才迫切地感受到的确需要一套成文理论体系以支持和约

① 会计原则，在此采用 1940 年佩顿与利特尔顿在《公司会计准则导论》中的定义，会计原则即为会计准则。

束会计实务。Reed Storey（1964）依据人们对会计原则的关心程度，将近代美国会计的发展划分为三个阶段，分别为尝试定义的时期（1932—1940 年）、美国公共团体开始建立会计原则的时期（1946—1953 年）、现代会计实用主义与严密会计方法结合的时期（1956—1960 年）。在这三个时期之中，各种学术期刊均对财务会计核算实务和财务报告提出了尖锐的批评，倡导应通过明确会计原则，以达到减少会计方法的选择。

而我国关于会计准则概念等理论问题的研究，始于 20 世纪七八十年代。其中，《辞海》中对“会计准则”的解释为：“由习惯和实践经验形成，经会计职业团体或政府会计管理机构以法规或公告形式规定的、用以规范会计工作的标准。有利于会计工作的规范化、标准化。有企业会计准则、政府会计准则等。一般包括会计人员工作质量准则和会计信息质量准则。会计准则在实际工作中有时也常被称为会计原则。”葛家澍（2002）对之提出较为权威的定义，他认为：“会计准则是以特定的经济业务或特别的报表项目为对象，它详细分析各该业务或项目的特点，规定所必须运用的概念的定义，然后以确认与计量为中心并兼顾披露，对围绕该业务或项目有可能发生的各种会计问题作出处理的规范。”

对比现有的规定，可知会计准则是一个多层次的概念，通常由财务会计概念框架、基本会计准则和具体会计准则所构成。其中财务会计框架是对整个财务报告导向的基础性阐述，包括会计目标、会计基本假设、会计对象等内容；基本会计准则规范了组织会计核算工作的基本前提与要求，且对核算过程中的指导思想、依据、规则与程序进行了说明；具体会计准则是指依照基本准则的要求，对企业具体的会计核算业务进行规定的准则，该类会计准则操作性较强，常以法律、法规的形式发布。

此外，会计准则在会计实务操作之中又可划分为狭义与广义。狭义的会计准则指具体会计核算业务的规范，其主要对会计核算工作进行指导，例如国际会计准则理事会（IASB）所颁布的国际财务报告准则（IFRS），美国财务会计准则委员会所发布的财务会计准则公告（SFAS），英国会计准则委员会（ASB）发布的财务报告准则（FRS），中国财政部会计准则委员会（CASC）发布的企业会计准则（CAS）等；广义的会计准则不仅包含以上内容，还包括会计准则的概念框架、会计准则的解释性公告，以及实务指引等。

3.1.2　会计理论的演进

会计理论的演进可分为三类：第一类为古典派；第二类为决策有用派；第三类为信息经济学派。主要流派研究派别概括如图 3－1 所示。

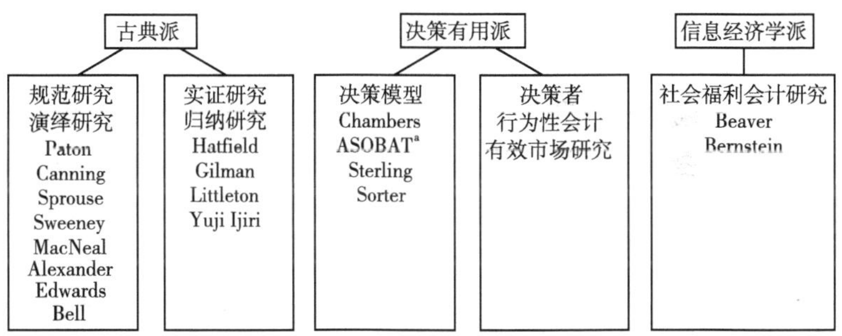

图 3－1　会计理论主要研究派别图[①]

（1）古典派。

1977 年美国会计学会（AAA）颁布的《会计理论与理论认

① 资料来源：Most K S. Accounting theory [C]. Columbus, Ohio: Grid, 1986.

可报告》（SATTA）对文献中出现的各种计价系统进行了简单而有效的回顾并加以分类。早期的计价系统被分类为“理论发展的古典方法”，主要具有规范化和演绎化的特征。其中演绎学派认为，单一计量的利润可满足所有者的需求，并着重于新古典经济学理论的教授和经济行为的观察，提出先前由历史成本和稳健主义主导的会计应当重新架构以反映现行成本或价值。比如，Paton（1922）、Sweeny（1964）和MacNeal（1939）就建议选择重置成本，Canning（1929）建议以重新获得资产主要功能的最低成本来间接估算资产的价值，Edwards和Bell（1961）提出在卖出资产之前不确认收益的重置成本；归纳学派则是从当前系统的行为中得出潜在目标，目的是为了指出最需要被改变的地方和比较松散的地方，这种研究提出的意见更容易被执行。

（2）决策有用派。

在广义的“决策”中，会计的基本目标是提供与主体利益相关者决策有用的财务信息。为了在决策时有用，会计信息必须具有几个规范的质量特征，最基本的是要与依赖会计计量的特定决策相关，并且计量还需可靠。在该学派的研究之中，大多数的研究成果主要集中于研究财务报告使用者、使用者的决策、信息需求和信息加工的能力。决策有用观可进一步划分为决策模型导向和决策者导向。

第一，决策模型导向。决策模型中，Stabus（1977）研究认为，投资者的现金回报取决于公司的支付能力，而公司的支付能力又由当前和未来潜在的现金流所决定，实际上当前和未来潜在的正现金流就是资产，当前和未来潜在的负现金流就是负债。当有确切证据表明未来有现金流入，则计量资产和负债应考虑以一种替代的方法计量。因此，也就出现了一些基于不同计量方法，对未来现金流量所代表的理论环境进行研究。

决策模型方法产生于常规的投资决策模型，且从决策有用派中的决策方式来看，有用信息的规范标准或必须的准则具有重大的辅助作用，因此决策模型方法常被认为是决策过程中用以沟通相关信息的合适方法。比如，Sanders 等（1938）强调稳健性和会计方法的一致性。美国会计学会（AAA）在 1941 年的研究报告中提出了客观性、同一期间同一公司的可比性、一致性。Moonitz（1961）将之概括为客观性、一致性、group-c 重要假设。但是以上学者均未强调会计信息的有用性，尚未将会计信息的有用性标准纳入理论研究的核心。Chambers（1966）首次关注会计信息的相关性，然而他也没有把会计信息的相关性归为所选决策的概念。决策模型导向派认为，建立一个清晰有用的会计信息标准，重要的是需要明确决策有用目标和独立规范准则的发展，比如可比性和客观性。此外，在选择评价会计信息的标准时，相关性和可靠性是两大基本标准，同时还包括了可理解性和及时性等其他相关特征。

第二，决策者导向。决策者导向派主要认为，会计系统具有描述性而不是规范性特征，因为该系统一直试图分辨使用者实际上使用的与希望得到的到底是什么样的会计信息。比如，其中的行为性会计（BAR），就是为了了解、解释和预测与会计问题相关的行为；Soper 和 Dolphin（1964）试图计量数据表达的有效性；Copeland 等（1973）则主要关注有多少信息可以使用和给定项目有多重要的议题。

决策者导向派不仅关注个人用户对会计变量的反应，还关注整体用户的反应。正如早期关于市场行为和会计变量的研究一样，这部分研究同样也是基于资本市场有效性理论。很多学者均观测了年度盈余公告期间公司的非正常收益（Ball 和 Brown，1968；Gonedes，1974）。May（1971）对公司季报也进行了类似的观察。Gonedes（1974）的研究指出，单年度盈余数据中潜在的信息含量，与多年度盈余数据中潜在的信息含量相比并无二异。早期的会计盈余信息实用性研究早已扩展到了会计政策的变化。Beaver 和 Dukes（1972）分析了股票价格与现金流盈余、递延所得税盈余、实缴税收盈余的关系，得出递延所得税下的盈余与股票价格关系最为密切的结论。学者们对采用决策者导向方法分析信息含量进行了大量而深入的研究，然而对于具体计价方法的研究却没有任何进展，比如很多使用者并不理解美国第 33 号财务会计准则公告（SFAS No. 33）中披露的现行成本内容。

（3）信息经济学派。

信息经济学方法用于构建会计理论时，不能直接用于计价系统的选择。相反，它与信息产生和使用的成本效益问题有关。因此，信息经济学派的研究把经济决策时需要什么样的会计信息完全视为一个经济问题，包括一系列的经济选择。针对特定信息需求的会计信息选择模型，可进一步划分为单一个体情况和多元主体情况。其中单一个体情况，是指将信息需求建立在可提高个人面临选择时进行选择的质量；多元主体情况下，用经济学分析就会涉及福利经济学，需重点解决监管问题和规范的标准问题。

以上所示的会计理论方法并没有哪一种可以占据主导位置，也没有哪一种理论方法可以超越另一种理论方法，且或多或少存在一定的缺陷。根据本书研究的主题，主要选取第二种理论方法，即决策有用观，将之作为本书研究的理论基石。

3.2 会计准则的本质属性

学术界关于会计准则本质属性的认知，主要集中于技术性、政治化程序性与经济后果性三大属性（李宁，2011）。这三大属性并非相互割裂，而是彼此之间存在着一定的联系，且保持内在逻辑的一致性。其中会计准则的技术性是其本质特征，也是会计职业最原始的需求。而政治化程序性与经济后果性属于会计准则分别在制定过程和实施过程中的本质属性。三种属性相互交融，共同构成了会计准则的本质属性。

3.2.1　会计准则的技术性

会计准则的技术性是会计准则三大本质属性中的根基，反映了会计准则的真实性和客观性，同时也反映了会计准则被提出的初衷，即将高度复杂化的技术，以一种“规范流程”的方式进行描述与说明，使得经济业务从识别、判断、加工、汇总，直至最后披露和生成会计信息的全过程可以规范化、程序化、标准化。

最早对形成会计原则作出重要努力的是 1932 年由 George O. May 所带领的美国会计师协会（AIA）与证券交易所（AMEX）合作的特别委员会。该委员会主要肩负两项特别任务：其一为教育公众，其二为减少会计方法多样性，然后逐步使得较好的会计方法得以普遍使用。该委员会无疑为未来会计准则的发展指明了方向。因此，在 1938 年美国第一个具有权威支持的民间会计准则制定机构成立，即会计程序委员会（CAP），主要负责会计规范的制定，以此来约束泛滥的实务。虽其发布了一系列的《会计研究公报》（ARBS）常遭到人们的嘲笑，但是它却开启了会计理论研究新的启程，即会计准则成为一项技术手段，是检验实务的标准和指导未来实务改良的标杆。

会计准则的技术性一方面要求会计作为一项技术手段，对经济业务进行记录，并将生成的会计信息进行传递，反映会计主体的经营成果和财务状况；另一方面，对相关术语的内涵予以界定，并以此为基础将现有规则加以提炼升华，通过演绎或论证的方式，建立一套统一的会计理论体系，以及会计准则的详细内容；同时，会计准则的技术性要求会计信息质量达到应有的标准，即对外披露财务报告中的会计信息必须是无偏的，财务报告必须是平衡且公正的，以及符合财务报告目标和会计信息质量的标准，能够真实反映经济状况。

会计准则的诞生之时，一手将其创立的人们就已陷入进退维谷的境地。因会计准则具有技术属性，说明若会计准则是从实务中提炼出来的，那么这些会计准则将不能在任何重要方面有助于改善实务，或者促进新的发展。若制定的会计准则超越实务，它们将不会被会计职业界所认可与接纳。因此，至今依旧缺乏一套综合的、统一的，且能同时被会计师和报表用户赞同和信赖的会计准则和财务概念框架。其最直接的结果就是会计方法的变化比会计环境的变化缓慢得多，从而面对日益复杂和多变的会计环境，不得不面对因会计准则制定所带来的政治化程序性影响，以及会计准则执行所带来的经济后果。

3.2.2 会计准则的政治化程序性

会计准则的政治化程序性，是指将会计准则的制定过程视为一项政治程序，强调会计准则的宏观作用，这时的会计准则往往标示着政治家实现政府某种目的的企图。财务报表的编制者和政府在实务中会意图干预准则的制定过程，以此来影响某一项会计准则的制定与执行。事实上，在美国，对提议的会计准则进行政治游说已经是一种长期存在的现象（Sutton，1984）。比如最典型的案例为1962年因联邦政府采纳“投资税收抵免”政策而引发所得税会计处理方法选择的问题。在当时提出该政策时，立即产生两个关于所得税会计处理方法的流派，其一倡导采用“应付税款法”，其二倡导采用“递延法”。那时美国会计准则的制定机构是由20名成员组成的会计原则委员会（APB），对于采用哪种方法，委员会的意见并不统一。“八大”会计师事务所在最后投票时4票对4票，而会计原则委员会（APB）最终以14票对6票的结果通过了“递延法”，并拒绝了将税收抵免额计入盈余的备选方法。然而，在当时的美国公司却一致公开反对会计原则委员会（APB）这一决定，此举获得了约翰·肯尼迪政府的幕后支持。最后，迫于政府的压力，美国证券交易委员会（SEC）在1963年1月宣布允许公司在“应付税款法”和“递延法”中任意选择。至1964年，约有3/4的大型公司都采用了将税收抵免额直接计入盈余的方法（Moonitz，1966；Keller和Zeff，1969；Seligman，2003）。

查特菲尔德教授（1989）研究发现，除却美国之外的其他国家，在制定会计准则之时由于其重要性，导致会计师并不能参与其中，基本准则的制定几乎总是政府的特权，而且这似乎是必然的事情。该项结论在中国也适用，会计准则的政治化程序性在中国表现得较为明显。在中国，企业会计准则的制定过程中存在浓郁的政治色彩，会计准则制定目的更多的是为国家宏观经济调控和决策所服务（何存花、姚晓民，2003；耿菲等，2010）。并且，杜兴强（2003）研究认为，我国上市公司的管理层几乎不参与我国会计准则的制定。

比对美国对此的研究可知，会计人员（包括外部审计师）常被看作是管理层的一员，现代企业经营管理的复杂性也给管理层带来了一些只有会计专业人员才能解决的问题，尤其是在会计准则制定过程中，企业中广大会计人员将起到不可或缺的作用，推动会计准则的发展。无疑，在我国会计准则制定过程中，管理层（包括会计人员）的意见却未得到重视，长期处于缺失状态，葛家澍和刘峰（2003）在查阅财政部会计准则委员会（CASC）保留的具体会计准则征求意见稿之时，发现第一批与第二批具体会计准则征求意见稿中，竟没有上市公司（包括国企改制的上市公司）的反馈意见，主要反馈意见来自于高校、部委，以及各地财政局所组织的座谈记录。

3.2.3　会计准则的经济后果性

"经济后果"一词指的就是"会计报告对公司、政府、工会、投资者和信贷机构决策制定造成的影响"（Zeff，1978）。从而，依据会计准则形成的凭证、账簿、报表中的会计数字不仅仅是一个数字符号，还涉及与决策制定行为有利益关系的各方群体，影响各方对经济资源的分配，因此会计准则还有一项特别关键的属性，即"经济后果性"。

Zeff（2005）研究发现，公司的执行官和政府政策的制定者通常认为，在财务报表主体中出现的数字，特别是净收益和每股收益将可能影响广大投资者的行为，并因此可能对相关利益主体，如公司本身和国家经济产生副作用。比如，1986 年 10 月，美国证券交易委员会（SEC）首席会计师提议，建议美国证券交易委员会（SEC）规定不允许石油天然气公司对于石油勘探中废井勘探费用的会计处理在"成效成本法"与"完全成本法"中自由选择，只允许采用"成效成本法"。其中，"成效成本法"要求石油天然气公司必须将废井勘探费用进行费用化处理；"完全成本法"要求石油天然气公司必须将废井勘探费用进行资本化处理。因此，从短期来看，该项建议势必会导致从事勘探类业务的石油天然气公司的成本费用增加，以及该类公司的会计收益减少；从长期来看，勘探油井的成功率逐年上升，而该项建议将使得该类公司的会计收益极其不稳定。种种分歧促使了各方对该项建议的激烈讨论和游说，最后美国证券交易委员会（SEC）投票否决了此项建议。与之类似的还有一个典型案例，1978 年英国会计准则委员会（ASB）为了回应产业界、银行和政府，拒绝了“全面分摊法”，而支持了“部分分摊法”。但是到了 1995 年，英国会计准则委员会（ASB）正式决定修改第 15 号标准会计实务公告《递延税款会计》（SSAP15），并发布了一份关于《税务会计》的讨论稿。在该讨论稿中，英国会计准则委员会（ASB）提出应采用“全面分摊法”来核算递延税款，取代之前第 15 号标准会计实务公告（SSAP15）中的“部分分摊法”。然则该建议在当时并未获得广泛的支持，经过多方博弈，兼顾种种因素，英国会计准则委员会（ASB）最终还是坚持采用了“全面分摊法”。此外，易趣公司（eBay）的案例也能说明会计准则的经济后果属性。在 2004 年第四季度末，易趣公司（eBay）宣布其公司盈余较之 2003 年同期提高了 44%，然而因其 2004 年第四季度末的利润比华尔街的预期每股低了 1 美分，该公司的股价在盈余宣布日下跌了 12%。

此时，会计准则不再是一种简单的技术手段，而是影响各个相关利益方的“调味剂”，它一直试图缩小会计实务中的差异性和多样性，控制管理层对可能的会计方法选择的灵活性。但是总会有一些无知的自我利益，驱使公司或政府阻挠试图变革的会计准则制定者们，也就是说社会中总存在着从一个角度或另外一个角度抨击会计准则披露的会计信息，目的仅是达到其可能的战术目标。由于会计准则具有经济后果性，因此最完美的会计准则却不一定代表了最公允的经济后果，而可能是相关利益各方多次博弈的结果。

3.2.4　三大属性之间的相关关系

会计准则三大属性之间的关系如图3-2所示，其中技术性是会计准则本质属性的基石，即表明会计准则最初始的要求就是通过制定一项通用的原则，减少会计方法的选择空间，可以无偏、公允地反映会计信息，属于会计准则制定层面的内容；而会计准则的经济后果性属于会计准则执行层面的内容，会计准则的执行可能会带来会计信息的使用者和供给者对于某种会计方法的偏爱，以此来达到更改盈余目的，可能该种偏好会造成公司的会计政策、盈余、股价等变动的经济后果，该项结果影响包括公司在内各方相关者的利益；会计准则的政治化程序性，既属于会计准则制定层面，又属于会计准则执行层面，实则会计准则在制定过程中本身就是一种"政治化程序"过程，并且同时是经济后果性的延伸，在此强调的是会计准则的宏观效应，一方面在制定过程中，会计从业人员作为管理层应参与其中，另一方面在执行过程中，应该合规、合法。

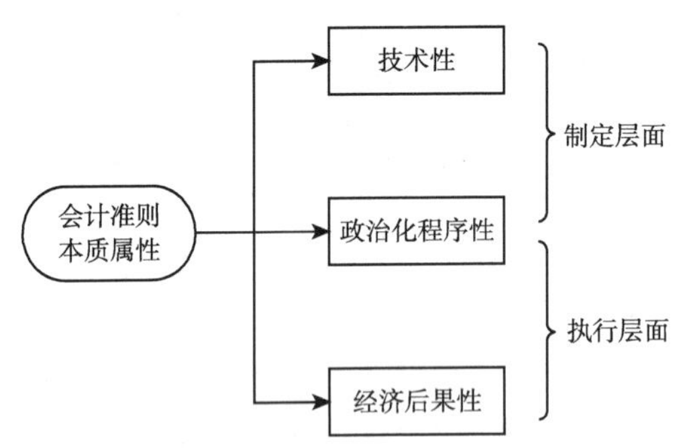

图3-2　会计准则三大属性之间的相关关系

截至目前，本书已从会计准则的内涵和本质属性的视角出发，通过演绎的方法剖析了影响会计准则制定与执行的三大主要因素，并对这三大主要因素进行了定性分析，初步建立了会计准则制定与执行的理论分析框架，然而这三个因素本身又受制于其他因素的影响，因而需要进一步分析其内在的机理。因所得税会计准则属于会计准则中一项具体准则，对于会计准则的理论分析，同样也适用于所得税会计准则，从而本书接下来将以会计信息质量作为突破口，对会计准则制定与执行的理论分析框架进行深入研究。

3.3　会计准则制定与执行的理论分析框架

制度经济学认为，组织中的个体因拥有不同的利益，假定个体只有有限理性，从而每个个体均在不断寻求将自身利益最大化的方法，然而扩大自身利益的最重要前提即为该个体追求自身利益不能受其他个体的影响，因此这就使得每个个体在追求自身利益最大化时是有限的，且对组织中其他个体的利益影响程度最小，或是无影响。事实上，符合以上原则的最优行为集就是规则，规则进一步归集可形成制度，可见制度的形成是多方博弈的结果（谭劲松等，2000）。

会计准则[①]，作为一项制度，兼具技术性、政治化程序性和经济后果性三方面属性，一方面，基于技术性可以推动会计准则在会计处理方法上的创新，推动会计准则的发展；另一方面，由

① 在 2006 年前，企业会计准则与企业会计制度同时存在，前者地位高于后者，但是两者之间或多或少会有矛盾，给会计处理带来混淆。2006 年新的《企业会计准则》颁布，完全代替了原来的旧准则和制度。在此处的会计准则包含之前的会计制度。

于会计准则同时存在政治化程序性和经济后果性，导致与会计准则相关的利益各方不断在会计准则制定与执行过程中对之施加影响，会计准则势必是一个多重的、多次的社会博弈的结果。由于会计准则在制定与执行之中受此三种因素的影响，从而单纯的从理论角度寻求最完美的会计准则并不现实，而是应该着眼于寻求一种博弈双方自愿执行，可兼顾各方利益，具有社会约束力的会计准则，即该类会计准则可成为满足各方需求的"通解"。

以上分析为会计准则制定与执行的理论分析框架提供了基本理论依据。为了更深入地全面剖析会计准则制定与执行过程中所带来的效果和影响因素，本书将选择财务报告的目标和会计信息质量的特征作为下一步研究的切入点。

3.3.1 财务报告的目标

自 20 世纪 60 年代后期以来，不仅在学术研究中，而且在美国会计学会（AAA）、美国注册会计师协会（AICPA）、会计原则委员会（APB）和财务会计准则委员会（FASB）等组织撰写的以理论为导向的重要专著及公告中，使用者的目标问题都受到了更多的重视。对此不断进行研究，自 1966 年美国会计学会（AAA）发布的《基本会计理论说明书》（ASOBAT），至 1977 年美国会计学会（AAA）发布的《会计理论和公认理论报告》（SATTA）无不致力于研究财务会计的目标是什么，以及财务报表的不同使用者的信息需求各是什么。这同样也是本书研究所得税会计准则制定与执行的逻辑起点，即怎样的所得税会计准则才可称之为"好"的所得税会计准则？各个报表使用者的需求究竟为何？所得税会计准则对此满足了么？关于这些问题，美国对此的结论为：财务报告主要目标是预测能力和经管责任。经管责任是传统的受托责任观下的一种延伸，其目的在于管理层可以有效地使用企业资源；次要目标是资本保值计量和适用性。适应性是由资产的脱手价值所决定。事实上，在所有目标的内部也存在一些潜在的冲突，因为财务报告的使用群体之间和内部存在多样性，尤其是包含会计人员（包括审计师）、管理层、投资者等这些存在特殊利益的集团。

此外，根据联合国国际会计和报告标准政府间专家工作组（IASR）[①]（以下简称“专家工作组”）在1989年所制定的报告《财务报表的目标和概念》[②]，可知财务报表的目标是向使用者提供有用的信息，并且该报告最重要的特点是关注所有使用者的需要，包括现有的和潜在的投资者、债权人、供应商、顾客等报表使用者，这些报表的利益相关者几乎完全依靠财务报表所提供的信息作出决策，因此财务报告需尽可能地满足他们的需求；另外，一个恰当的会计框架的应用也应符合包括会计从业人员在内的管理部门的利益。

显然，无论是美国的研究，还是联合国的研究，对财务报告目标等问题的指向均为财务报告需要满足报表的各个利益相关者，且应该与使用者的决策相关，为各个利益相关者提供决策有用的信息。所得税会计准则作为会计准则的一项具体准则，在此

① 联合国国际会计和报告标准政府间专家工作组（Intergovernmental Working Group of Experts on International Standards of Accounting and Reporting，简称ISAR）是联合国经济及社会理事会于1982年以67号决议批准成立的，隶属于经济及社会理事会下设的跨国公司委员会。但自1994年以后，ISAR从所属的联合国经济及社会理事会转至联合国贸易与发展会议。ISAR是目前联合国系统内唯一的一个致力于在全球范围内对各国的会计和报告实务进行协调的政府间组织（王松年，2002）。

② 《财务报表的目标和概念》（Objectives and Concepts underlying Financial Statements）由ISAR制定，且于1989年由联合国贸易与发展会议发布。该报告阐述了通用财务报表的主要目标以及报表编制与列报的主要概念，为发展中国家制定财务会计概念框架和制定准则工作提供指南。

不外如是，“好”的所得税会计准则的标准即为符合会计准则可达到各方满意“通解”的要求，并且兼顾财务报告的多方相关者的利益，为之可提供决策有用的会计信息。

3.3.2 会计信息质量的特征

在前文指出“好”的会计准则可为报表的利益相关者提供“有用”的会计信息，而会计信息的“有用性”通常由会计信息需求者对会计信息供给者所能提供的会计信息相关性，与会计信息的可靠程度所决定。此外，“有用”的会计信息还包括可比性和可理解性的质量特征。

会计信息的相关性，是指若会计信息能够对评估活动，或是当前和未来决策结果产生影响，抑或是能够阐明财务报告通常所应包含的项目时，那么这样的会计信息就是相关的。及时性、重要性、预测及反馈价值三大要素构成了会计信息的相关性。关于会计信息的及时性与重要性毋庸赘言，对于财务报告的预测价值而言，是指其为了实现会计信息披露的目的，企业报告的公开信息必须有助于会计信息需求者可预测企业未来发展状况；对于财务报告的反馈价值而言，是指根据过去特定报表所作出的预测与现在报表结果相对照的特征。

会计信息的可靠性是会计信息的内在质量特征，旨在向会计信息需求者确保所披露的会计信息与要反映的经济事实相一致，重大的差错与偏离并没有发生。因此，为了达到令人满意的反映效果，会计信息应直接取自原始交易或事项。会计信息的可靠性非常重要，因为许多的判断与决策完全或大部分依据它们所得。会计信息的可靠性通常包括真实反映、实质重于形式、中立性、审慎和可核性五种要素。

为了使得财务报告使用者能够横向与纵向分析财务报告数

据，会计信息的可比性对此作出了保障。该行为大大增强了财务会计数据在不同企业之间与同一个企业不同时期之间的可比程度，且相对稳定的会计政策可以增强财务报告的可比性。

会计信息的可理解性，是指企业应当向财务报告需求者提供易于理解的会计信息。财务报告披露会计信息的目的之一，即为期望财务报告的使用者能够了解企业披露会计信息的实质与内涵。如果连编制财务报表的专业会计人员（也就是会计信息供给者）对会计准则的规定尚不理解，更不用说财务报告的外部使用者了。

3.3.3　会计信息供需关系的主体分析

根据以上的分析可知，一个“好”的所得税会计准则同样也需提供有用的会计信息。有关会计信息质量特征，会计信息需求者可以评价其所接收到的会计信息质量，会计信息供给者也可以评价他们所提供的会计信息质量。会计信息供需关系主体不同，所要求的会计信息质量特征也不同。尤其是所得税会计准则，较之其他会计准则更为复杂，且更具有专业性，从而对于所得税会计准则制定与执行而言，当不同的会计信息质量特征发生冲突时，其所提供的会计信息的可理解性、相关性和可靠性三大质量特征占主导地位。

从会计信息生成主体来看，会计信息的供给方为会计人员，其主要职能为基于委托—代理的关系，选择适当的会计处理方法，记录并真实描述发生的每一项经济业务，充分反映与披露管理层的经营业绩。面对日益复杂的会计环境，会计准则作为企业会计人员的行动圭臬，应为会计人员提供一个便于理解、簿记成本较低的会计核算方法，且使得会计人员应对环境变化之时可作出迅速反应。

从会计信息需求方来看，在社会经济环境均发生较大变化的现今，会计信息需求者势必会对多样会计政策可选择情形下所制定的财务报告会计信息质量予以应有的质疑，从而如何向会计信息需求者提供高质量与高数量的会计信息，显得至关重要。此外，在美国财务会计概念框架第一号公告（SFAC No.1）中，美国财务会计准则委员会（FASB）也提到财务报告应为投资者、债权人和其他财务报告使用者提供对他们作出理性投资决策有用的信息。因此尽可能地减少信息不对称，并且对会计方法的选择加以应有的约束，提高会计信息的相关性与可靠性，这是一个规范的会计准则应具有的特征。

但是，企业在执行会计准则之时将会直接影响企业的交易行为和财务处理的活动，从而进一步会影响企业对外披露的会计信息质量，执行会计准则其中一个最重要的目标即为保证会计信息的质量，因此会计准则的执行效果可以用会计信息质量的好坏来衡量，而对会计信息质量可以从盈余质量、财务披露质量、价值相关性、可靠性、可比性等方面进行测量。

3.3.4 理论分析框架的构建

本书从会计信息供需关系视角，研究了企业所得税会计准则的制定与执行。因所得税会计准则属于企业会计准则中一项具体准则，从而前文对于会计准则所进行的理论剖析，同样适用于所得税会计准则。在财务报告的目标下，依据所得税会计准则制定出的财务报告，披露的相关会计信息需要满足财务报告相关各个利益者的要求，也就意味着一项“好”的所得税会计准则，也需达到会计准则的标准，即使得各方都满意的“通解”，兼顾会计信息供需主体，提供决策有用的信息。

基于会计准则制定与执行的三因素，即会计准则的三大属性，可知从技术性来看，所得税会计准则的制定需规范企业的所得税费用分摊问题，为企业提供切实可行的所得税会计处理方法，合理设置相关会计科目，并且可以无偏、公允地反映会计信息；从经济后果性来看，所得税会计准则的执行应提高会计信息的质量，为财务报告的利益相关者提供真实、可靠的会计信息；从政治化程序性来看，所得税会计准则在制定与执行的过程中，所有的利益相关者都应纳入其中（包括会计从业人员），进行充分博弈，最终得出既符合会计信息供给者需求，又符合会计信息需求者需求的结果。

辅以会计信息质量特征，可知所得税会计准则在执行之时将会直接影响企业的交易行为和财务处理的活动，从而进一步会影响企业对外披露的会计信息质量，执行会计准则其中一个最重要的目标即为保证会计信息的质量。因此所得税会计准则的执行效果可以用会计信息质量的好坏来衡量，由于所得税会计准则涉及的利益相关者较为复杂，从而可从价值相关性、可理解性、可靠性与盈余质量四个维度进一步检验所得税会计准则制定与执行的现状与效果。

3.4　小结

本章首先通过回顾和梳理会计准则的内涵和早期相关理论，对会计准则的概念和研究思路形成了相对全面和详细的认知。其次在此基础上又从会计准则的技术性、经济后果性和政治化程序性三大本质属性出发，通过演绎的方法剖析了影响会计准则制定与执行的三大主要因素，并对这三大主要因素进行了定性分析，初步建立了会计准则制定与执行的理论分析框架，然而这三个因素本身又受制于其他因素的影响，所以需要进一步分析其内在的机理。

因所得税会计准则属于会计准则中一项具体准则，对于会计准则的理论分析，同样也适用于所得税会计准则，从而本章接下来以会计信息质量作为突破口，对会计准则制定与执行的理论分析框架进行深入研究。本章借鉴了20世纪60年代后期以来美国的相关研究，可知一个“好”的所得税会计准则同样也需提供有用的会计信息。会计信息质量特征，不仅可由会计信息需求者以之来评价其所接收信息的质量，还可由会计信息供给者以之来评价他们所提供的会计信息质量。会计信息供需关系主体不同，所要求的会计信息质量特征也不同，尤其是针对于所得税会计准则，其所提供会计信息的价值相关性、可靠性、可理解性以及盈余质量四大维度即可成为检验其执行效果的评价标准，本章正是基于此提出了全书的理论分析框架。

第4章

所得税会计准则的制定研究：递延所得税资产（负债）的价值相关性

前文已对所得税会计准则的相关文献与理论基础进行了详实的分析。目前我国新所得税会计准则执行已达12年之久，可知从会计准则的技术性来看，所得税会计准则的制定需规范企业的所得税费用分摊问题，为企业提供切实可行的所得税会计处理方法，合理设置相关会计科目，并且可以无偏、公允地反映会计信息。所得税会计准则的制定与执行涉及多方利益相关者，需向财务报告使用者提供决策有用的会计信息。1980年美国财务会计准则委员会（FASB）在财务会计概念公告第2号（SFAC No.2）中对“会计信息质量特征”相关概念进行了说明，其中明确指出“相关性”是会计信息质量的首要特征。因此，本章从会计准则质量特征中的相关性出发，重点研究在所得税会计准则制定层面中资产负债表债务法的科学性，即探究其所涉及的会计科目——递延所得税资产（DTA）与递延所得税负债（DTL）的价值相关性问题。本章首先将由暂时性差异导致并确认的递延所得税资产（DTA）重新分类，并通过实例分析方式，分析递延所得税资产（DTA）的价值相关性；其次，将递延所得税负债（DTL）重新分类，通过实例的方式，分析其所蕴含的价值相关性；最后通过2010—2013年上海市的上市公司递延所得税资产（DTA）与递延所得税负债（DTL）的具体构成项目，进一步来检测上市公司递延所得税费用（DTE）的价值相关性。试图通过会计信息价值相关性的角度，剖析所得税会计准则在制定方面可能的不足。

4.1 理论分析与相关背景

4.1.1 理论分析

会计信息需满足不同的、多元化的信息使用群体，虽然会计信息需求者的需求不同，但有一共通的特性，即为会计信息的“有用性”，由于信息需求者需求的差异性，导致其对“有用性”的判断各不相同。目前现有的会计理论框架体系中，“相关性”与“可靠性”可视为会计信息“有用性”的具体表征，即会计信息两个基本的质量特征。

关于“相关性”与“可靠性”，美国财务会计准则委员会（FASB）与国际会计准则理事会（IASB）均对此作出了权威的解释。1980 年 5 月，FASB 颁布了第 2 号财务会计概念公告（SFAC No. 2），探讨了会计信息质量特征（如图 4 - 1 所示），并以“决策有用性”作为财务报告的一般目标，也是最重要的质量特征，它强调了决策者及其需求的重要性。之后规定了“相关性”与“可靠性”作为主要会计信息质量的组成部分。第 2 号财务会计概念公告（SFAC No. 2）中对会计信息的“相关性”作了一个很难理解的解释，即“通过帮助使用者预测过去、现在和未来事件的结果，或证实或更正先前的期望，从而具备在决策中导致差别的能力”。继续将“相关性”细化，可知其主要由三大因素决定，即预测价值、反馈价值，还有及时性。

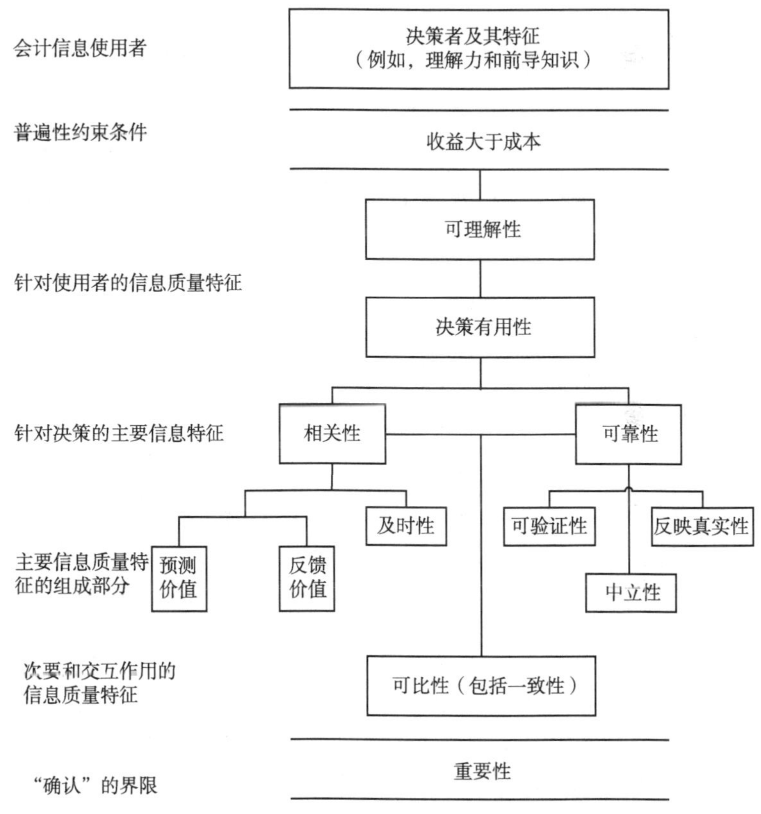

图 4－1　SFAC No. 2 中会计信息的质量特征层次结构

IASB在2001年采用了国际会计准则委员会（IASC）1989年发布的财务报表编报框架（如图4-2所示），在框架中质量特征被定义为“是使财务报表提供的信息对使用者有用的那些性质”，其中四项最主要的质量特征为：可理解性、相关性、可靠性与可比性（诺比斯等，2011）。其中IASB对相关性的判断标准为：“当信息可以帮助用户评价过去、现在或是未来的事项，或通过确认、纠正他们过去的评价，从而能够影响用户作出的经济决策时，该信息就是相关的。”表面上，FASB与IASB对“相关性”的解释并不相同，但仔细分析可知，两者的内涵是一致的，其中都包含了会计信息与信息使用者的决策相关，并可影响使用者的决策方向。而可靠性则要求会计信息可客观、中立地反映交易和事项。相关性与可靠性两者相互依赖，共同衡量着会计信息的质量特征，衡量着会计信息的应用价值。

此外，对于会计信息的相关性除了理论方面的解释，在实证研究中它们可被统一称为“价值相关性”，即将会计信息的有用性拓展到与资本市场价值有关的相关领域之中。“价值相关性”这一词最早被Amir等人（1993）所使用，他们所认为的价值相关性研究包括相对关联与增量关联的研究，在文中他们描述了会计数字与资本市场的价值之间的关系。目前对于“会计信息的价值相关性”的内涵是指，会计信息与资本市场之间具有的预测性联系，即会计信息若具有价值相关性，其势必与股票价格之间具有显著的预测性，能够对投资者的决策产生一定的影响。Francis和Schipper（1999）在文中将价值相关性实证研究的解释归纳为四种，分别为盈余引导价格、间接估价观、决策理论观与直接关联性。

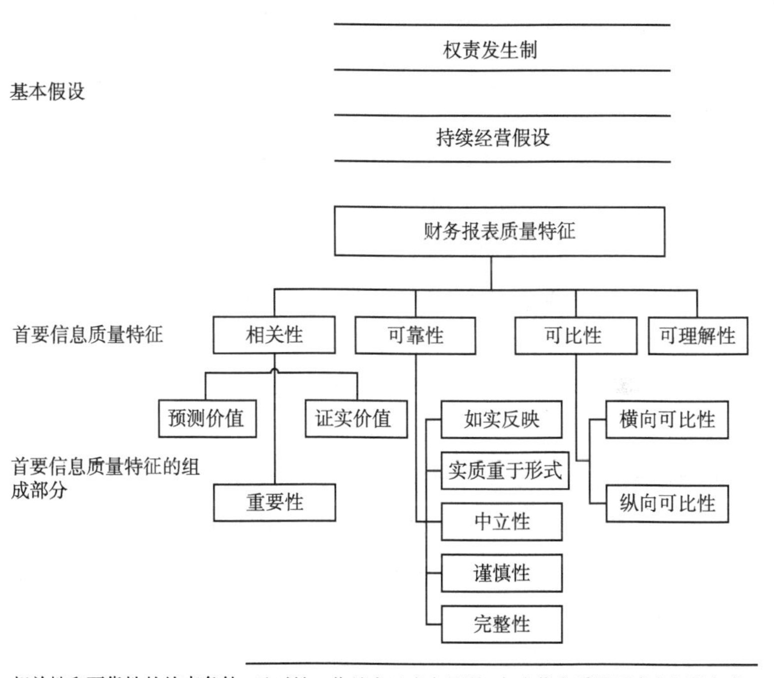

图 4－2　IASB 财务报表编报框架中的质量特征层次结构

4.1.2　相关背景

现有的所得税会计准则，无论是美国公认会计准则第 109 号公告（SFAS No. 109），还是国际会计准则第 12 号公告（IAS No. 12），抑或是我国会计准则第 18 号（CAS No. 18）均对所得税会计相关处理进行了规定。目前世界上大多数国家采用的所得税会计处理方法均为资产负债表债务法，该方法的逻辑起点为资产负债观，要求企业通过比较资产负债表中所列示的资产（负债）的账面价值（依据会计准则确认）与计税基础（按照税法确认）之间的差异，确定其所对应的递延所得税资产（DTA）与递延所得税负债（DTL），并在此基础上进一步确认每个会计期间利润表中的所得税费用。其中，递延所得税费用和未来应纳税额的确认与未来递延所得税资产（DTA）和递延所得税负债（DTL）是否以及何时发生减少相关。因此递延所得税资产（DTA）与递延所得税负债（DTL）（尤其是与折旧有关的DTL）的价值一直成为热议的话题。Davidson（1958）指出与折旧有关的总递延所得税负债（DTL）或许永远不会转回。Drake（1962）则采用一个算法案例，该案例主要阐述了与折旧有关的递延所得税负债（DTL），得出“跨期税收摊配的问题可能源自对折旧的一项误解”，这样将会导致递延所得税负债（DTL）重复确认的结论。Bierman（1987）延续了Drake的研究，同样也认为将递延所得税视为一项真实的负债没有任何逻辑理由支撑。

以上这些观点在美国20世纪五六十年代所得税会计领域中盛行，并同时影响了财务报告的分析与递延所得税价值的实证研究。White等人（1998）就曾认为所得税会计需要解决关键性的问题，即为递延所得税资产（或负债）是否在未来时间发生转回，并且他还认为递延所得税负债（DTL）就是用来核算暂时性差异转回或是未来持续增长的可能性，递延所得税负债（DTL）在未来可被转回的部分才能被视为真正的负债。Givoly和Hayn（1992）专门检验了在美国会计原则委员会（APB）发布的第11号意见书下，投资者是否将递延所得税负债（DTL）视为一项真正的负债。他们的研究表明，根据大量的证据，投资者的确将递延所得税负债（DTL）当作一项负债，但是以它未来期望的增长率进行折现确认价值。Amir等人（1997）手工收集了包含在10-K[①]税务附注中1992—1994年递延所得税资产（DTA）与递延所得税负债（DTL）的相关数据，研究显示由固定资产折旧费与无形资产摊销额形成的暂时性差异，未来有相当低的可能性发生转回，因为依据可持续性经营的会计假设条件，较卖掉旧资产的选择，公司更情愿投资一项新的可折旧的资产。采用Feltham和Ohlson（1996）文中所提估值框架的延伸模型，Amir等人（1997）还发现与折旧费有关的递延所得税负债（DTL）的估值系数接近于0。综上，有关递延所得税负债（DTL）的观点大体均在讨论其是否为一项真正的负债，大多数的学者认为它实则不是一项真正的负债，即便其为一项负债，也需在很长一段时间内才能被抵消，因此它具有很低的经济价值。

Amir等人（2001）利用诸如Feltham和Ohlson（1996）文中所示的公司价值的估值模型，继续进行实证研究，进一步考虑递延所得税费用的价值相关性。他们收集到的大量证据，表明递延所得税负债（DTL）代表了未来递延所得税的支付，因此其具有增加价值。同时，他们还认为依据时间递延所得税负债（DTL）需要折现直至其未来发生抵消，从而递延所得税费用应以一种比它账面价值低的价值进行确认。然而，同先前的实证研究相比，Amir等人提出，新产生的暂时性差异不能抵消由未来转回暂时性差异所产生的与税收有关的现金流。

最近与之有关的实证研究，Laux（2013）通过手工收集10-K税务附注中1994—2007年递延所得税费用的数据，进行了实证检验，发现递延所得税费用的确可为未来税收支付提供增

① 10-K：即为10-K filings，类似中国上市公司财务年度报告，但其包含的内容更多，比如公司的历史、每股收益等。

量会计信息，然所能提供的会计信息十分有限。他的实证研究结果与理论研究（Guenther 和 Sansing，2000，2004；Dotan，2003）的结论保持一致，他认为在递延所得税费用与未来税收支付之间存在着不对称性的联系。同时，Laux 还得出递延所得税余额的增长并不能推迟未来税收支付的结论，进一步验证了递延所得税项目的价值有限性。

有关递延所得税项目价值相关性的一系列理论研究，主要由 Sansing（1998）、Guenther 和 Sansing（2000，2004）以及 Dotan（2003）等人所完成，在文中他们主要挑战了递延所得税费用价值度量的假设条件，即其价值必须依赖于递延所得税费用在未来何时和是否发生转回。Sansing（1998）在文中设定了与折旧有关的递延所得税负债（DTL）的估值模型，并得出“递延所得税费用是一项真正的经济负担，尤其是当披露的递延所得税负债（DTL）永远不会发生转回的时候”的结论。Guenther 和 Sansing（2000，2004）的研究拓展了 Sansing 的模型，并将递延所得税负债（DTL）更多的组成部分纳入模型之中，他们认为递延所得税负债（DTL）的价值是相关的，且递延所得税负债（DTL）的一些组成部分的市场价值需要折现，但是这个折现系数与未来递延所得税费用是否和多快发生转回无关。在 Guenther 和 Sansing 的研究中，他们将之前所认为“递延所得税负债（DTL）是一项经济负担”的观点替换为其是“一种价值调节的方式”。Dotan（2003）的研究将 Guenther 和 Sansing 的研究进行延续，并将递延所得税负债（DTL）进行分类，第一种递延所得税负债（type-Ⅰ），即与折旧无关的递延所得税负债，第二种递延所得税负债（type-Ⅱ），即与折旧有关的递延所得税负债。

诚如 Graham 等人（2012）在文中所指出的那样，目前就递延所得税资产（DTA）和递延所得税负债（DTL）是否和怎样影响未来税收支付的问题，在理论研究（Sansing，1998；Guenther和Sansing，2000，2004；Amir et al.，2001）与实证研究（Givoly和Hayn，1992；Amir et al.，1997）之间存在着矛盾。而本章的研究内容，在之前理论研究的基础上，尝试以会计信息价值相关性的视角，重新反思围绕在递延所得税资产（DTA）与递延所得税负债（DTL）估值问题的困惑，试图将理论研究与实证结果结合起来以阐述所得税会计准则在制定层面所遇问题。

4.2　递延所得税资产的价值相关性

4.2.1　递延所得税资产确认的一般原则与依据

（1）递延所得税资产确认的一般原则。

资产、负债因其账面价值与计税基础不同而产生差额构成暂时性差异。根据暂时性差异对未来期间应纳税所得额的影响，可将其进一步分为可抵扣暂时性差异与应纳税暂时性差异，其中递延所得税资产（DTA）就产生于可抵扣暂时性差异。

可抵扣暂时性差异是指在确定未来收回资产或清偿负债期间的应纳税所得额时，将导致产生可抵扣金额的暂时性差异（王庆成，2007）。该项差异在未来期间转回时，将会减少转回期内的应纳税所得额，影响未来应纳税额的支付。故而，在可抵扣暂时性差异产生的当期，应当据此确认符合相关条件的递延所得税资产（DTA）。具体而言，当资产（负债）的账面价值小于（大于）其计税基础，将会产生可抵扣暂时性差异，同时依据我国的税法，虽结转以后年度的未弥补亏损与上述两种情况不同，但其与可抵扣暂时性差异具有相同的作用，从而在会计处理上，未弥补亏损的所得税会计处理方法，视同可抵扣暂时性差异，应在符合确认条件的情况下，确认与其相关的递延所得税资产。

从上述所得税会计准则的规定可知，递延所得税资产（DTA）的存在是因可抵扣暂时性差异未来可能会减少转回期的应纳税所得额，影响未来应纳税额的支付。因此，若想让这种潜在的可能性落到实处，企业在未来必须产生足够的应纳税所得额，这样才可用之来抵消可抵扣暂时性差异所带来的影响。即以递延所得税资产（DTA）所代表未来应纳税额减少带来的经济利益流入企业，这样此时的递延所得税资产（DTA）才具有其应有的价值。所以在准则中，有规定如下："确认因可抵扣暂时性差异产生的递延所得税资产（DTA）应以未来期间可能取得的应纳税所得额为限。"即表明在可抵扣暂时性差异未来可转回期间，若企业无法产生足够的应纳税所得额用来实现可抵扣暂时性差异带来的影响，则表明与之相关的经济利益无法实现，故而不能确认递延所得税资产（DTA）（财政部会计司，2010）。

从递延所得税资产（DTA）确认的一般原则可知其包含如下含义：第一，确认递延所得税资产（DTA）的时间，即当企业估计未来期间可获得相应的应纳税所得额，并可利用其抵扣本期可抵扣暂时性差异时，便可确认本期的递延所得税资产（DTA）；第二，确认递延所得税资产（DTA）的额度，由企业未来期间可能取得的应纳税所得额来决定。这需要考虑两方面因素，其一为企业未来期间生产经营的能力，其二为前期产生的应纳税暂时性差异，在未来期间转回时可能增加的应纳税所得额。

（2）递延所得税资产确认的依据。

上述种种规定均表明，依据我国的所得税会计准则（以下简称CAS18)，对于与子公司、联营、合营企业投资相关的可抵扣暂时性差异若想确定为递延所得税资产（DTA)，必须同时满足暂时性差异在可预见的未来很可能转回，与未来很可能获得用来抵扣可抵扣暂时性差异的应纳税所得额这两个条件（财政部会计司，2010)。注意CAS18中描述递延所得税资产（DTA）的依据时，用的是“很可能”（超过50%的概率）这样的判断标准，而事实情况下，对于企业未来期间获得应纳税所得额的预判其影响因素是多方面的，由于缺乏统一的判断标准，因此企业的管理层从中将有较大的判断与操纵空间。比如企业可以自身的经营状况、预算与战略目标作为依据，也可以外部宏观经济环境的变化预期作为依据，还可以行业普遍的标准作为依据，这样不同的方法证明企业未来期间可获得足够的应纳税所得额中，企业管理层的主观判断起到关键作用。

对于所得税会计准则中递延所得税资产（DTA）确认条件的规定，纵观历史可知即便是以其“公认会计准则”（GAAP）最为详尽和完善著称的美国，也在此问题上经历了漫长的讨论与变迁。1967年，美国会计准则委员会（APB）发布了第11号意见书（APB Opinion No. 11)，该项意见书在所得税会计领域成为行业标准长达20年之久，其中在意见书中规定采用递延法来核算所得税费用，取消了应付税款法，这一规定引起了众议。同时该意见书对递延所得税资产（DTA）的确认条件十分严苛，其中就有如下规定：“除非对扣除亏损后可在时间性差异转回期间中未来应税收益的实现有十分把握的情况下，确认递延所得税资产（DTA)[①]”，否则对之不予确认；之后经过几年的调研与意见

① Board A P. Opinion No. 11: Accounting for income taxes [J]. APB, Stamford, 1967: 14-35.

反馈，美国财务会计准则委员会（FASB）于1987年发布了美国会计准则公告第96号（SFAS No. 96），之前的APB Opinion No. 11在公告中废除了递延法，引入“暂时性差异”的全新概念，采用债务法对暂时性差异进行处理。SFAS No. 96发布后，反对的呼声不绝于耳，其中一部分反对者认为确认递延所得税资产（DTA）中有种种约束条件，这样过于保守的确认原则有可能会误导投资者。此外，因该项公告具有实施成本高、操作难度大、规定烦琐等缺陷，使之不断遭受诟病。终于，经过反复的征求意见，1992年FASB发布了比较成熟的财务会计准则公告第109号（SFAS No. 109），其中SFAS No. 109取代之前的APB Opinion No. 11与SFAS No. 96原因之一，即为了回应无论是理论界还是实务界对前两个准则有关递延所得税资产（DTA）确认条件过于严格的批评。在该公告中，特别指出可抵扣暂时性差异、经营性亏损和税款扣除额的结转确认为递延所得税资产，并且若收益不能实现的可能性大于50%，应对递延所得税资产作调整，调整金额为收益估计准备金（比尔·D·贾纳金，2010）。

从以上分析可以看出，无论是我国的CAS18，还是目前美国实行的SFAS No. 109，关于递延所得税资产（DTA）确认的规定，均采用了“有可能（高于50%的概率）”这样的判断标准分析未来应税收益获得的可能性。并且我国CAS18同时指出，若未来期间很可能（高于50%的概率）无法取得足够的应纳税所得额用以利用可抵扣暂时性差异带来的利益时，应当减记递延所得税资产（DTA）的账面价值（财政部会计司，2010），美国的SFAS No. 109也有类似规定，通过设立“估计备抵”科目抵减递延所得税资产（DTA），这些判断无疑均极具主观性，使得企业管理层拥有了利润操纵的空间。总体来说，保留这些可让企业会计从业人员具有进行主观判断的决策权，在实务中很难甄别与监管其是否违背了会计准则的规定，而它对财务报告所带来的影响却不容小觑。

4.2.2　递延所得税资产的重新分类

早在1997年，Amir等人（1997）就已在文中探讨了不同类别的递延所得税费用的价值。在文中，Amir等人依据SFAS No. 109将递延所得税费用分为七大类，它们依次为：固定资产折旧费与无形资产累计摊销额、亏损与抵免的结转、重组费用、环境收费、职工福利费、依据SFAS No. 109确认的备抵账户，以及其他组成部分。Amir等人通过相关实证研究认为，不同的递延所得税费用可提供具有不同价值相关性的会计信息，尤其是固定资产折旧费与无形资产累计摊销额所产生递延所得税费用的价值几乎接近于零，反映了投资者未来期许公司能够继续持有并投资可产生折旧的资产，以此来降低未来暂时性差异转回的可能性。此外，Poterba等人（2007）通过分析美国1993—2004年的大公司递延所得税费用的组成，可知构成递延所得税资产最多的项目为亏损与税收抵免的结转、应付职工薪酬和辞退员工福利。这些研究均表明不同类别的递延所得税费用具有不同的价值，且能够提供具有不同价值相关性的会计信息。以能否为企业提供具有价值相关性会计信息为标准，本章进一步将由可抵扣暂时性差异形成并确认的递延所得税资产（DTA）重新进行分类。

（1）第一类递延所得税资产（DTA_I）。

第一类递延所得税资产（DTA）为价值相关的递延所得税资产（DTA），将之记为DTA_I。这类递延所得税资产（DTA_I）产生于费用和亏损先从会计收益中扣减确认，再从应税收益中抵减的项目。一个重要的例子就是产品质量保证金，根据会计准则的规定，企业的产品质量保证金应当在符合收入确认的条件下，于销售成立之时对其进行确认。然而，根据税法的规定，企业依据的是收付实现制，即只有这项预计负债真正发生导致现金流出时，才对其进行税收扣除。由于会计准则与税法对其确认时点的差异，从而该类递延所得资产（DTA_{I}）转回的时点为企业实际支付现金税额确认该项负债的时刻，此时才可进行税收的扣减。也就意味着，在此种情况下，该类递延所得税资产（DTA_{I}）自其可代表未来现金流出的时候才开始具有价值。据相关实证研究结论（Laux，2013），该类递延所得税资产（DTA_{I}）将会为未来税收支付提供很小的增量会计信息。

（2）第二类递延所得税资产（DTA_{II}）。

第二类递延所得税资产（DTA）为价值无关的递延所得税资产（DTA），将之记为 DTA_{II}。这类递延所得税资产（DTA_{II}）通常产生于两种状况：

其一为产生于费用和亏损先从会计收益中扣减确认，再从应税收益中抵减的项目。尽管与第一类递延所得税资产（DTA_{I}）产生的方式很接近，但是两者最大不同即为转回期不同。第一类递延所得税资产（DTA_{I}）转回期很确定（税收现金流一旦流入，即可确认其转回期），而第二类的递延所得税资产（DTA_{II}）其转回的期间往往是遥遥无期，最为典型的例子是资产减值准备，本身其会计收益确认于应税收益之前，然而由于会计分期与持续经营的会计假设，导致通常在资产处置时才发生可抵扣暂时性差异的转回，考虑到时间价值等因素，该类递延所得税资产（DTA_{II}）自身折现的价值近乎于零，且可提供未来税收支付的会计信息的价值相关性很低。

其二为主观判断的不确定性，而产生的递延所得税资产（DTA_{II}）。该类递延所得税资产（DTA_{II}）最大的特点，即为由于所得税会计准则规定的模糊性，管理层利用该类递延所得税资产（DTA_{II}）进行利润操纵，为投资者提供不可靠、相关性较差的财务报告信息。其中比较典型的例子为可弥补的亏损，以及应付职工薪酬。从前文中递延所得税资产（DTA）确认的原则与依据分析可知，所得税会计准则对未来能够结转的可抵扣亏损与税款抵减确认为递延所得税资产（DTA）的规定很模糊，实际上是将“或有资产”确认为“资产”，这样的规定不仅降低了资产的质量，而且还为管理层操纵利润、虚增资产提供了便利；对于企业的应付职工薪酬，税法对其的扣除比例有一定的规定，因超过部分在发生当期及以后期间均不可扣除，则应付职工薪酬的账面价值等于计税基础，即依据该规定，应付职工薪酬本应不会产生暂时性差异。然而由于其包含项目众多，比如其中的辞退福利和带薪缺勤这两个项目，前者在所得税汇算清缴前可能存在未付清的状况，带薪缺勤可无限累积，这样就会导致应付而未付情况的发生，此时，应付职工薪酬就会产生第二类递延所得税资产（DTA_{II}）的确认，成为企业的利润蓄水池。

4.2.3　案例分析

关于第一类递延所得税资产（DTA_{I}），毋庸赘言，Laux（2013）已对之进行了详尽的研究，而为了更加清晰阐述第二类递延所得税资产（DTA_{II}）是如何计量的，本部分将会通过相应的案例进行分析，以此试图说明资产负债表债务法涉及的核心科目之一——递延所得税资产（DTA）其价值几何，以及现行所得税会计准则的相关规定能否为投资者提供高质量的财务报告。

（1）由资产减值准备引起的递延所得税资产（DTA_{II}）确认的案例。

递延所得税资产（DTA）之所以能称为一项资产，盖因其未来转回之时可抵减未来期间应纳税额，即变相地给企业带来经济利益的流入。因此，就理论上而言，由资产减值准备所引起的可抵扣暂时性差异，一般会经历其累计金额从零累计到最大值之后开始逐步缩小直至重新变为零的过程，这一过程十分长久可达至数年，而其转回的时点通常是相关资产处置或是核销之时，从而由资产减值准备引起的第二类递延所得税资产（DTA_{II}）其转回往往遥遥无期。

同时，固定资产在计提资产减值准备之后，以后年度计提累计折旧时，其尚可使用年限有可能缩短，所以很难判断会计折旧与税法折旧两者的大小关系，但是根据《企业会计准则第8号——资产减值》规定："资产减值损失一经确认，在以后会计期间不得转回。"（财政部会计司，2010），则说明了若固定资产发生减值准备，其以后年度的账面价值将小于计税基础，产生的均为第二类递延所得税资产（DTA_{II}）。

此外，通过现行的所得税会计准则关于所得税费用计算公式可知，本期所得税费用的大小直接与递延所得税费用有关，从第二类递延所得税资产（DTA_{II}）角度来看，本期递延所得税资产（DTA_{II}）确认的越多，假定其他因素不变的情况下，则本期所得税费用也就越少，反映在利润表就是增加企业当期的净利润，进一步而言，企业确认该类递延所得税资产（DTA_{II}）对企业的利润没有影响，然而却增加了企业的净利润，影响投资者对该公司未来经营业绩的判断与决策，降低了财务报告会计信息质量的可靠性、相关性。

下面将以上海威尔泰工业自动化股份有限公司（证券代码：002058，以下简称威尔泰公司）2007—2012年度的财务报告①为

① 威尔泰公司2007—2012年度的财务报告数据来自深圳证券交易所网站。

例进行举例说明。威尔泰公司成立于 1988 年 11 月，主要生产 PET 瓶及瓶坯等包装容器、瓶盖、标签、涂装材料和其他新型包装材料。威尔泰公司 2007—2012 年递延所得税资产及相关明细如表 4 - 1 所示。

表 4 - 1　　威尔泰公司 2007—2012 年递延所得税资产明细表

单位：元

年份	已确认的递延所得税资产	项目	可抵扣暂时性差异明细	
			项目	金额
2007	287887.32	坏账准备	无	
2008	288374.33	坏账准备	无	
2009	390797.24	资产减值准备	应收账款坏账准备	2527154.18
			其他应收款坏账准备	78160.75
2010	386996.90	资产减值准备	应收账款坏账准备	2498126.83
			其他应收款坏账准备	81852.53
2011	565119.38	资产减值准备	应收账款坏账准备	2861855.83
			其他应收款坏账准备	37006.77
			存货跌价准备	54281.32
2012	580155.65	资产减值准备	应收账款坏账准备	3144632.60
			其他应收款坏账准备	25704.89
			存货跌价准备	54281.32

注：上表的信息均来自威尔泰公司的财务报表与附注；上表中递延所得税资产来自合并报表中的数据。

从表 4 - 1 中可看到，除了 2010 年威尔泰公司的递延所得税资产（DTA）略微低于 2009 年的数额，其他年份自 2007 年新准则实施伊始至 2012 年一直呈现递增扩大趋势。并且威尔泰公司的递延所得税资产（DTA）均由资产减值准备形成，在 2007 年和 2008 年构成威尔泰公司的递延所得税资产（DTA）的项目为坏账准备，2009—2012 年构成威尔泰公司的可抵扣暂时性差异的项目为：应收账款坏账准备、其他应收款坏账准备和存货跌价准备。

更进一步分析该公司的财务报告，可知其 2007 年应收账款坏账准备中有 31.18% 的项目为“单项金额不重大但按信用风险特征组合后该组合的风险较大的应收账款”，且该项目中账龄在 3 年以上的坏账准备约占 50.71%；2008 年应收账款坏账准备中有 23.19% 的项目为“单项金额不重大但按信用风险特征组合后该组合的风险较大的应收账款”，且该项目中账龄在 3 年以上的坏账准备约占 47.26%；2009 年应收账款坏账准备中有 77.58% 的项目为“单项金额不重大但按信用风险特征组合后该组合的风险较大的应收账款”，且该项目中账龄在 3 年以上的坏账准备约占 56.58%；2010 年按账龄分析法计提坏账准备的应收账款，其中 3 年以上的应收账款坏账准备约占 55.61%；2011 年按账龄分析法计提坏账准备的应收账款，其中 3 年以上的应收账款坏账准备约占 52.39%；2012 年按账龄分析法计提坏账准备的应收账款，其中 3 年以上的应收账款坏账准备约占 57.39%，并且 2012 年与 2011 年计提的存货跌价准备相等。以上种种均表明了该公司应收账款的质量不高，存货跌价准备没有发生转回的迹象。依据前文对第二类递延所得税资产（DTA_{II}）的分析可知，在会计分期与持续性经营的假设前提下，该公司的递延所得税资产（DTA）将可能会一直增加，这些资产减值准备会一直挂账，而可抵扣暂时性差异转回期遥遥无期，这将成为公司进行虚增利润可操纵的手段之一。

（2）由可弥补亏损引起的递延所得税资产（DTA_{II}）确认的案例。

所得税会计准则规定：“对于依据税法可以结转以后年度的

未弥补亏损和税款抵减，视同可抵扣暂时性差异的处理。”（财政部会计司，2010），下面将对此举例说明。

某公司甲于2012年1月1日成立，在2012年期间该公司因刚开始经营，年末利润总额亏损了4000万元，且其企业所得税税率为25%。假设没有其他的纳税调整事项，该企业预计未来五年内很可能盈利，能够弥补该年的亏损。则根据所得税会计准则，2012年的亏损应确认为可抵扣暂时性差异，即4000万元，递延所得税资产等于1000万元（4000×25%），所得税费用为-1000万元，税后净利润为-3000万元。具体的资产负债表如表4-2所示。

表 4-2　　甲公司 2012 年资产负债表

2012 年 12 月 31 日

编制单位：甲公司　　　　单位：万元 币种：人民币

资产	期末数	负债和所有者权益	期末数
流动资产合计	10000	负债合计	7000
非流动资产：		所有者权益：	
递延所得税资产	1000	实收资本	10000
其他非流动资产	3000	未分配利润	-3000
非流动资产合计	4000	所有者权益合计	7000
资产合计	14000	负债和所有者权益合计	14000

2013年3月，甲公司被认定为高新技术企业，2013—2015年企业应纳所得税享受15%的优惠税率，由于此时甲公司2012年度财务报告尚未对外披露，根据所得税会计准则第十七条的规定：“对于递延所得税资产和递延所得税负债，应当根据税法规定，按照预期收回该资产或清偿该负债期间的适用税率计量。适用税率发生变化的，应对已确认的递延所得税资产和递延所得税负债进行重新计量，除直接在所有者权益中确认的交易或者事项

产生的递延所得税资产和递延所得税负债以外，应当将其影响数计入变化当期的所得税费用[①]。”适用税率发生改变，需对相关项目进行调整，首先调减递延所得税资产400万元［4000×（25%－15%）］，其次调增所得税费用400万元，最后调减净利润400万元。这样从资产负债表来看，所有者权益合计骤然自7000万元减至6600万元。甲公司能够被认定为高新技术企业，说明其未来具有很强的发展潜力与较高的企业价值，然其净资产不升反降，该结果不得不使人为之咋舌。

2013年12月31日，甲公司通过孜孜不倦的努力扭转了亏损，2013年度的利润总额为0，资产负债表的其他项目没有发生变化，假设依旧没有其他纳税调整项目，可抵扣暂时性差异仍为4000万元，预计未来年度可以弥补2012年度的亏损。2014年3月，经有关部门的联合审查发现甲公司并不符合高新技术企业的认定标准，从而将其享受的企业所得税税率由15%调回为25%。此时甲公司2013年度财务报告尚未对外披露，根据所得税会计准则第十七条的规定调整财务报告中的相关项目，首先调增递延所得税资产400万元［4000×（25%－15%）］，其次调减所得税费用400万元，最后调增净利润400万元。甲公司没有达到标准接受了处罚，其净资产不降反增加了400万元，这样的结果违背了常识和认知。

以上连续的案例清晰地呈现了，由于现有所得税会计准则中规定不清，使得企业可以利用第二类递延所得税资产（DTA_{II}）虚增资产，降低了递延所得税资产（DTA）的价值相关性，这样违反了财务报告会计信息质量的相关性、可靠性、谨慎性原则，不能为投资者提供确实反映企业经营状况的高质量财务报

① 财会字〔2006〕3号文件，《企业会计准则第18号——所得税》。

告。像本案例中甲公司这样的公司，在实务中存在很多，比如 * ST 鞍钢（证券代码：000898），查阅其 2012 年年度报告可知，该公司 2012 年递延所得税调整高达 -11.16 亿元，而当年的税前利润总额为 -54.96 亿元，经过此项递延所得税调整顿时可使亏损减少至 43.80 亿元的净利润。并且公司的递延所得税资产（DTA）由 2011 年末的 23.91 亿元上升到 2012 年末的 34.94 元，递延所得税资产（DTA）增加达 46% 之多，其主要原因为可抵扣亏损额的增加，该公司视同可抵扣暂时性差异的可抵扣亏损由 2011 年的 77.91 亿元增加至 2012 年末的 124.53 亿元，而对应的递延所得税资产（DTA_{II}）由年初的 19.48 亿元增加至 2012 年末的 31.13 亿元。如此巨额的递延所得税资产（DTA_{II}）根据所得税会计准则可抵扣未来年度公司盈利时的应纳税所得额。继续查阅该公司财务报告，可发现 2013 年第一季度季报，该公司的税前利润总额达 5.19 亿元，但公司的所得税费用为 -700 万元，导致其净利润为 5.26 亿元，半年报中 * ST 鞍钢扭亏为盈，其中第二类递延所得税资产（DTA_{II}）起了很关键的作用。这类由可弥补亏损引起的巨额第二类递延所得税资产（DTA_{II}）不仅削弱了会计信息质量，而且还暗藏“杀机”，如果 * ST 鞍钢所在的钢铁业持续低迷，公司则未来盈利不足，会导致递延所得税资产（DTA）无法有效地转回抵扣，这样会导致递延所得税资产（DTA）巨额减值，届时对当期的利润产生巨大冲击和不可预测的风险。此外，还有诸如恒天海龙股份有限公司、新疆百花村股份有限公司（田娟，2012）等上市公司均出现利用未弥补亏损确认大额的递延所得税资产（DTA_{II}），增加企业净利润，进而增加净资产的行为。

4.3 递延所得税负债的价值相关性

4.3.1 递延所得税负债确认的一般原则

根据会计准则的规定，“负债是指企业过去的交易或者事项形成的，预期会导致经济利益流出企业的现时义务”[①]。显然，从该项定义可以看出，预期会导致经济利益流出企业是负债的本质特征。由应纳税暂时性差异形成的递延所得税负债（DTL），除所得税会计准则明确规定可不确认的情况外，企业应该将所有的应纳税暂时性差异均确认为相关的递延所得税负债（DTL）。较之递延所得税资产（DTA）确定的一般原则而言，递延所得税负债（DTL）确认的一般原则就没有过多的限制。但是对比负债的定义，将递延所得税负债（DTL）归为非流动负债并不是很合适，因为递延所得税负债（DTL）与其他负债相比，并没有特定的债权人，并且递延所得税负债（DTL）与递延所得税资产（DTA）相似，具有递延的特性，导致其最终实际支付的时间与金额均不确定（Chandra 和 Ro，1997）。

比如构成递延所得税负债（DTL）最重要的因素是固定资产累计折旧所引起的应纳税暂时性差异，随着公司不断获得可进行折旧的固定资产，公司的递延所得税负债（DTL）也将会随之增加，因该类递延所得税负债（DTL）唯有在未来固定资产发生处

① 中华人民共和国财政部令第 76 号，《企业会计准则——基本准则》第四章。

置时，才进行税收的支付（发生实际税收现金流的流出），从而大多数企业愿意一直持有这些固定资产，以此达到节税目的。在该种情形下，与其称之为“递延所得税负债（DTL）”，不如谓之为“或有权益”更为恰当，因可将其视同政府对公司股东价值的转让，所以称之“或有权益”更为贴切。此外，递延所得税负债（DTL）支付时间很不确定，且依据所得税会计准则规定，不管应纳税暂时性差异的转回期间如何，与之相关的递延所得税负债（DTL）均不要求折现。依据常理，大多数公司均尽可能地延长递延所得税负债（DTL）支付的时间，若考虑到时间价值等不确定性因素，则递延所得税负债（DTL）自身价值的相关性发人深省。

4.3.2　递延所得税负债的重新分类

递延所得税负债（DTL）产生于应纳税暂时性差异，当企业资产（负债）的账面价值大于（小于）计税基础时，即表明资产在未来会计期间产生的经济利益不可全部税前扣除，或者意味着该项负债在未来期间可进行税前抵扣的金额是负数，这样两者的差异将会产生应纳税暂时性差异，进一步可将之确认为递延所得税负债（DTL）。事实上，以能否为企业提供具有价值相关性会计信息为标准，本章进一步将由应纳税暂时性差异形成并确认的递延所得税负债（DTL）重新进行分类，具体分类如下所示：

第一类递延所得税负债（DTL）为价值相关的递延所得税负债（DTL），将之可记为 DTL_I。这类递延所得税负债（DTL_I）产生于收入和利得计入会计收益后，再将其计入应税收益。其中最典型的例子即为具有融资性质的分期收款销售商品。从会计准则的角度来看，当销售完成之时即可确认收入；从税法的角度来看，只有在收到现金时才确认收入。更进一步而言，会计准则的角度是当期一次性确认收入，而税法角度则是需要分期确认收入，这样就形成了应纳税暂时性差异，当期需要确认相应的递延所得税负债（$DTL_{Ⅰ}$），等到未来合同规定的收款日，有税收现金流的流入，才转回已确认的递延所得税负债（$DTL_{Ⅰ}$）。显然该类递延所得税负债（$DTL_{Ⅰ}$）是有价值的，因为它代表了未来现金流的流出，从而该类递延所得税负债（$DTL_{Ⅰ}$）需要一个折现率，以之来反映未来税收流的时间因素与发生的可能性。

第二类递延所得税负债（DTL）为价值无关的递延所得税负债（DTL），将之可记为 $DTL_{Ⅱ}$。这类递延所得税负债（$DTL_{Ⅱ}$）产生于费用和亏损先从应税收益扣减后，再从会计收益中扣减的项目。其中很具有代表性的例子为加速折旧，具体而言，计算会计收益时采用直线法折旧（会计折旧），计算应税收益时采用加速折旧（税收折旧）。因固定资产折旧核算税会采用的方法不同，这就导致了资产的账面价值大于计税基础，从而形成应纳税暂时性差异，确认当期的递延所得税负债（$DTL_{Ⅱ}$）。实际上，对于任何一个会计期间，只要加速折旧法下的折旧金额大于直线法下的折旧金额，该暂时性差异将会一直存在。在将来的任一年度，当直线法下的折旧金额大于加速法下的折旧金额时，该类递延所得税负债（$DTL_{Ⅱ}$）才会发生转回。对比第一类递延所得税负债（$DTL_{Ⅰ}$），可知第一类递延所得税负债（$DTL_{Ⅰ}$）的转回是由税收确认（比如，未来支付税收的现金流）所引起的，而第二类递延所得税负债（$DTL_{Ⅱ}$）的转回往往是由实现的税收费用或税收收益的会计确认所引起的。第二类递延所得税负债（$DTL_{Ⅱ}$）的转回并未引起任何与税收有关的现金流变动，从而该类递延所得税负债（$DTL_{Ⅱ}$）将不会为未来所得税支付提供增量会计信息（Laux，2013）。研究此类与折旧有关的递延所得税负债（DTL_{II}）的价值非常关键，因为其通常是公司递延所得税负债（DTL）最大的构成要素（Amir et al.，1997）。

4.4 递延所得税资产与负债包含的具体项目——以上海市为例

4.4.1 样本的选取

本书以2010—2013年沪深两市所有A股上市公司为初始样本①，选择注册地为上海市的上市公司，且剔除满足下述条件之一的公司：（1）金融、保险类上市公司；（2）2009年12月31日之后上市的公司。

选取上海市的上市公司作为研究样本，主要是因为上海市是我国经济较为发达的地区，在该地上市的公司涉及行业广、资产规模大，具有较强的代表性。而剔除样本的原因主要为，金融、保险类上市公司适用的所得税会计核算方法，以及会计制度与其他非金融类的公司不同；本章研究的区间为2010—2013年，需要这四年完整的财务数据。根据以上标准，得出了本书分析的有效样本，样本具体的分布与筛选情况如表4-3所示。其中所涉

① 将研究区间选取为2010—2013年，其原因主要为：新《企业会计准则》于2006年2月15日发布，自2007年1月1日起施行；同时新《中华人民共和国企业所得税法》也于2008年1月1日起实施；由于2008年末金融危机的影响，2009年市场的经济状况有大幅度波动。本书研究对象为《企业会计准则第18号——所得税》，其制定理念与会计处理方法同旧会计准则发生较大幅度的改变，且文中部分所涉数据需要上市公司所得税税率，为了保证所得税税率的一致性以及数据的平稳性，从而本书选取数据起始时间为2010年。

数据均来自手工收集上市公司年度财务报告附注所披露的数据，以及同花顺 iFinD 金融数据终端和国泰安 CSMAR 数据库中的数据。

表 4－3　　样本的选取

Panel A：样本的剔除	
样本选取的步骤	样本数
初选样本（注册地为上海的上市公司）	201
金融、保险类上市公司（依据证监会行业标准确定）	(7)
2009 年 12 月 31 日之后上市的公司	(50)
有效样本合计	144
Panel B：样本的年份分布	
2010	144
2011	144
2012	144
2013	144
有效样本合计	576
Panel C：分行业统计样本	
行业	样本数
A 农、林、牧、渔业	1
B 采掘业	2
C 制造业	64
C0 食品、饮料	4

续表

Panel C：分行业统计样本	
C1 纺织、服装、皮毛	5
C2 木材、家具	0
C3 造纸、印刷	1
C4 石油、化学、塑胶、塑料	8
C5 电子	4
C6 金属、非金属	6
C7 机械、设备、仪表	26
C8 医疗、生物制品	8
C9 其他	2
D 电力、煤气及水的生产和供应业	2
E 建筑业	3
F 交通运输、仓储业	9
G 信息技术业	10
H 批发和零售贸易	11
J 房地产业	20
K 社会服务业	7
L 传播与文化产业	2
M 综合类	13
小计	144

从 Panel A 和 Panel B 可知本书的有效样本为 144 家上市公司，从 2010 年到 2013 年则共有 576（144 × 4）个样本。Panel C 呈现了分行业的统计，从行业分布来看，可知本书选取的样本分布范围广，除了金融、保险业，证监会行业分类标准中的 13 个行业都有所涉及，说明本书的样本具有较强的代表性。此外，从具体的行业统计结果可得，本书选取的样本中主要为制造业

（64 个样本）公司，在制造业中机械、设备、仪表类的上市公司分布最多（26 个样本）。

4.4.2 上海市上市公司递延所得税资产与负债披露情况

（1）整体趋势与描述性统计。

图 4-3、图 4-4 与图 4-5 分别描述了上海市的上市公司 2010—2013 年递延所得税资产（DTA）与递延所得税负债（DTL）变化的总体趋势，以及具体每年递延所得税资产（DTA）与递延所得税负债（DTL）分别所占非流动资产与非流动负债的比例。从图 4-3可知，较之递延所得税负债（DTL），递延所得税资产（DTA）在 2010—2013 年期间，无论从数额还是波动的幅度均有较大的变化，尤其是 2013 年递延所得税资产总额接近 350 亿元。而递延所得税负债（DTL）波动的幅度较为缓和，但总体变化的趋势与递延所得税资产（DTA）一致，均呈扩大之势。

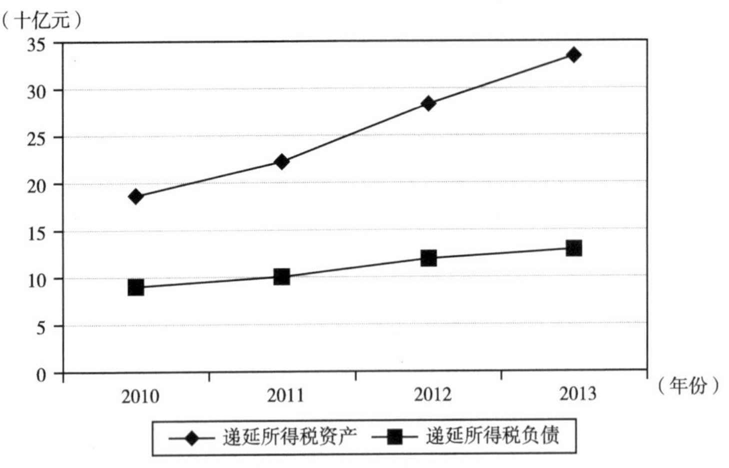

图 4-3 2010—2013 年上海市的上市公司递延所得税资产（DTA）与递延所得税负债（DTL）变化的总体趋势

图4－4与图4－5描述了上海市的上市公司2010—2013年期间具体每年递延所得税资产（DTA）与递延所得税负债（DTL）分别所占非流动资产合计额与非流动负债合计额的比例。从这两张图可知，尽管递延所得税资产（DTA）整体数额较大，但是就内部所占比例而言，上海市的上市公司中递延所得税负债（DTL）所占非流动负债合计额的比例较大，且逐年呈上升之态。说明在样本公司非流动负债之中，递延所得税负债（DTL）占有一席之地，其总体数额不容小觑。

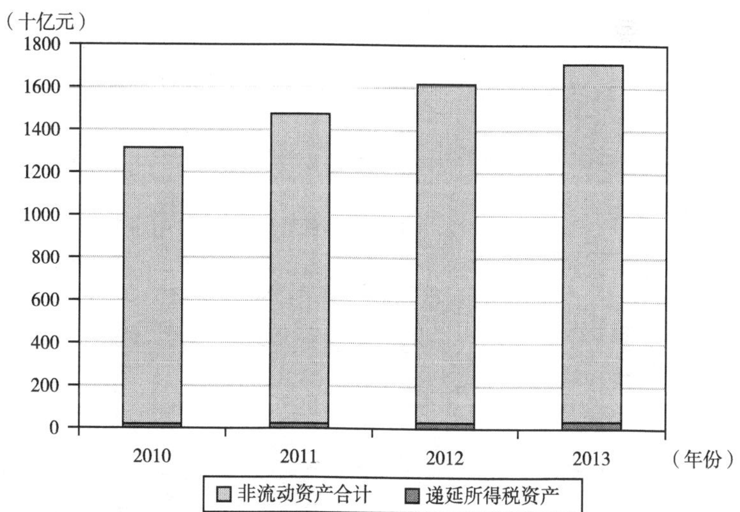

图4－4　2010—2013年上海市的上市公司递延所得税资产（DTA）与非流动资产合计额的柱状图

上海市的上市公司2010—2013年递延所得税资产（DTA）与递延所得税负债（DTL）的描述统计如表4－4和表4－5所示。从样本的描述性统计结果来看，可知递延所得税资产

（DTA）的均值由2010年的129568860.34元增加至2013年的232069399.09元，将近翻了一番，说明公司内部的递延所得税资产（DTA）上升幅度很大；递延所得税负债（DTL）的均值由2010年的62616686.50元增加至2013年的89382371.47元，增长比例为42.74%，且其标准差较递延所得税资产（DTA）相比，数值较小，说明各上市公司间递延所得税资产（DTA）数额相差较大，递延所得税负债（DTL）数额相差较小，这与各公司形成递延所得税资产（DTA）与递延所得税负债（DTL）的项目不无关系，具体内容将会在下文分析。

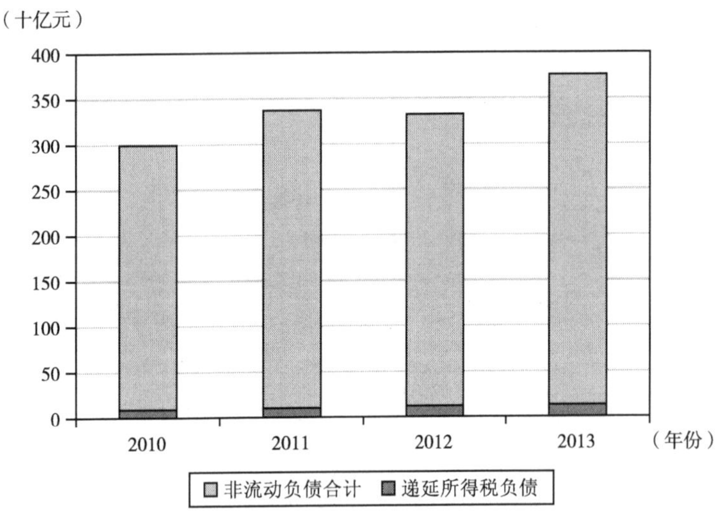

图4-5　2010—2013年上海市的上市公司递延所得税负债（DTL）与非流动负债合计额的柱状图

表4-4　　递延所得税资产的描述性统计　　单位：元

年份	观测值	均值	中位数	标准差	最小值	最大值
2010	144	129568860.34	8362729.23	621446108.39	0	6276170581.89
2011	144	154290269.63	12451437	767423879.17	0	8231601934.06
2012	144	196656948.62	12644825.83	864528169.83	0	8626461184.40
2013	144	232069399.09	14174218.93	1090600852.49	0	11692712759.09

表4-5　　递延所得税负债的描述性统计　　单位：元

年份	观测值	均值	中位数	标准差	最小值	最大值
2010	144	62616686.50	772903.64	154700349.13	0	1029750703.27
2011	144	69538663.57	348503.94	218936761.62	0	1595764669.37
2012	144	82560757.11	1041960.12	235921824.19	0	1766180893.50
2013	144	89382371.47	784057.59	265255375.47	0	1949994207.59

（2）具体披露的项目。

图4-6中（a）-（d）反映了上海市上市公司递延所得税资产具体项目的构成。从图中可知，首先，这四年间上海市上市公司递延所得税资产具体所包含项目的构成基本没有变化；其次，根据统计的频数结果可知，上市公司中形成递延所得税资产出现频数最高的项目，即为资产减值准备与可抵扣亏损，尤其资产减值准备几乎是每家上市公司中构成递延所得税资产的最主要项目。据前文分析可知，资产减值准备与可抵扣亏损均属于第二类递延所得税资产（DTA_{II}）。从而，该项统计结果进一步阐明了上海市上市公司的总递延所得税资产中，第二类递延所得税资产（DTA_{II}）占大部分比重，而第二类递延所得税资产（DTA_{II}）恰恰是价值无关的那一类递延所得税资产。因此，将此结论推至沪深两市所有的A股上市公司进行思考，其递延所得税资产的

具体构成项目是否也同上海市上市公司一样，大多为第二类递延所得税资产，以及其价值究竟为几许，确实需引起广大报表利益相关者对之进行关注。

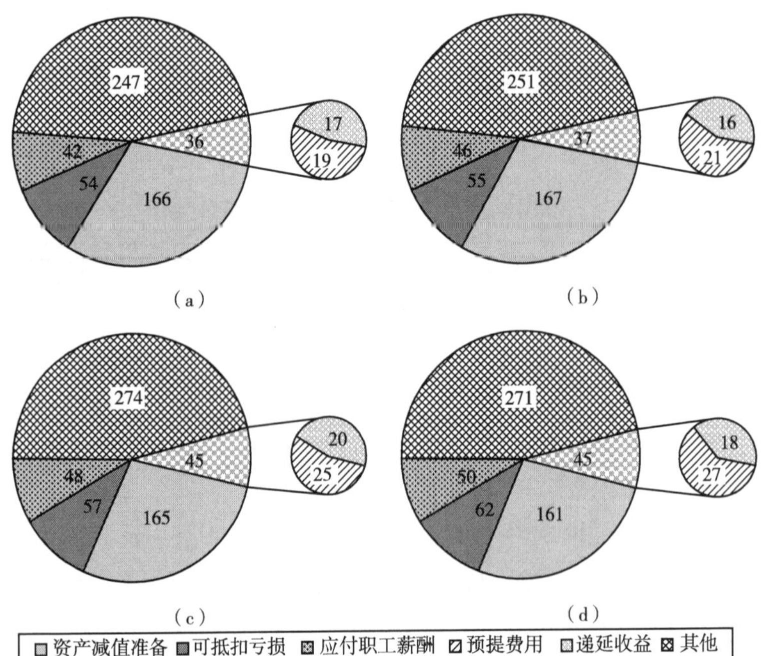

图 4-6　2010—2013 年上海市上市公司递延所得税资产具体包含的项目

图 4-7 中（a）-（d）反映了上海市上市公司递延所得税负债具体所包含的项目。从图中可知，首先，这四年间上海市上市公司递延所得税负债具体所包含项目的构成基本没有发生变化；其次，根据统计的频数结果可知，上市公司中形成递延所得税负债出现频数最高的项目，即为公允价值变动、固定资产折旧、资产评估增值和递延所得税资产与递延所得税负债互抵的金额四大项目。据前文分析可知，这四个构成递延所得税负债最主

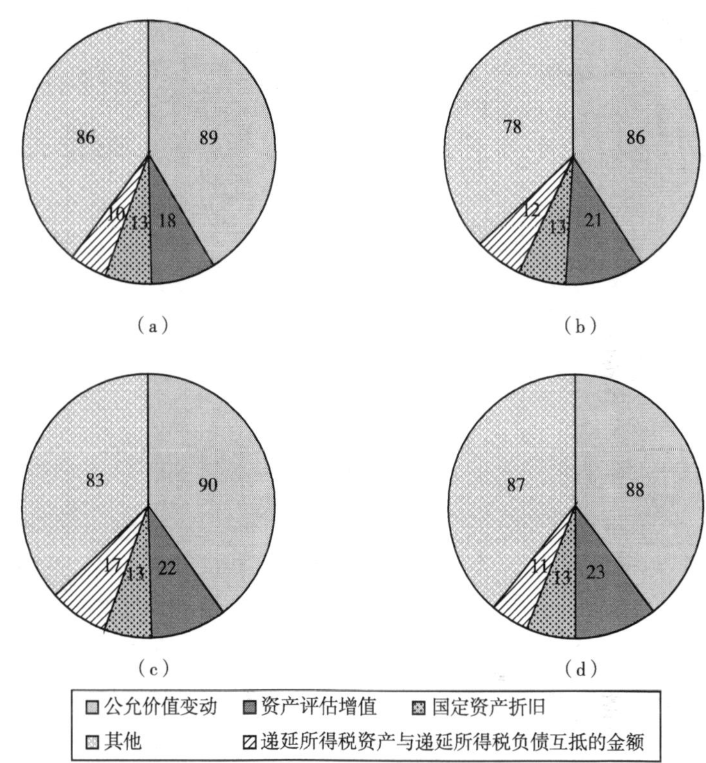

图 4－7　2010—2013 年上海市上市公司递延所得税负债具体包含的项目

要的项目中的大部分与未来现金流无关，属于会计政策选择与税收规定的不同所产生的，因此大部分属于第二类递延所得税负债（$DTL_{Ⅱ}$）。从而，该项统计结果进一步阐明了上海市上市公司的总递延所得税负债中，第二类递延所得税负债（$DTL_{Ⅱ}$）占大部分比重，而第二类递延所得税负债（$DTL_{Ⅱ}$）恰恰是价值无关的那一类递延所得税负债。

综上可知，上海市上市公司构成递延所得税资产和递延所得税负债中最主要的项目，均为第二类递延所得税资产（DTA_{II}）和第二类递延所得税负债（DTL_{II}），即属于价值无关的递延所得税资产和递延所得税负债，这与所得税会计处理方法——资产负债表债务法的设定不无关系。中国上市公司偏爱于确认价值不相关的递延所得税资产（负债）的现象值得关注。

4.5　小结

本章从会计准则质量特征中的相关性出发，重点研究在所得税会计准则制定层面中，所涉及有关递延所得税价值相关性的内容。因所得税会计准则的核心是解决如何对所得税费用进行分摊的问题，换言之，即为选取怎样的所得税会计处理方法，纵观历史可知，世界上关于所得税会计方法选取的变革，历经了应付税款法—递延法与债务法—资产负债表债务法三大阶段。而资产负债表债务法涉及的最主要科目是递延所得税资产（DTA）与递延所得税负债（DTL），本章对递延所得税资产（DTA）与递延所得税负债（DTL）重新分类，发现第二类递延所得税资产（DTA_{II}）与递延所得税负债（DTL_{II}）的价值均很低，尤其是第二类递延所得税负债（DTL_{II}）其并不是一项真正的负债，更准确地应将之称为“未获得的税收收益”。本章选取 2010—2013 年上海市的上市公司为研究样本，通过手工收集数据，研究发现上海市的上市公司其形成递延所得税资产（DTA）与递延所得税负债（DTL）的项目中出现频率最高的项目分别属于第二类递延所得税资产（DTA_{II}）与第二类递延所得税负债（DTL_{II}），这也就意味着实际上，在上海市的上市公司中大规模存在的是价值无关的递延所得税资产（DTA）与递延所得税负债（DTL）。综上，本章研究表明，从所得税会计准则制定层面，资产负债表债务法确有不完善处，从而导致第二类递延所得税资产（DTA_{II}）与第二类递延所得税负债（DTL_{II}）价值相关性很低，且大量存在。

第5章 所得税会计准则的执行研究：会计信息供给者的视角

基于前文分析可知，一个“好”的所得税会计准则需提供有用的会计信息。针对会计信息质量特征，会计信息使用者不仅可以此来评价其所接收信息的质量，会计信息供给者还可以之来评价他们所提供的会计信息。不同的使用者对不同的会计信息质量特征有不同的要求，尤其是所得税会计准则，与其他具体会计准则相比其更为复杂，且专业性更强，从而对于所得税会计准则制定与执行而言，当不同的会计信息质量特征发生冲突时，其所提供的会计信息的可理解性、相关性和可靠性三大质量特征占主导地位。从会计信息生成主体来看，会计信息的供给方为会计人员，其主要职能为基于委托—代理的关系，选择适当的会计处理方法，记录并真实描述发生的每一项经济业务，充分反映与披露管理层的经营业绩。面对日益复杂的会计环境，会计准则作为企业会计人员的行动圭臬，应为会计人员提供一个便于理解、簿记成本较低的会计核算方法，并使得会计人员应对环境变化之时可作出迅速反应。本章将依据会计信息供给者的视角，以会计信息质量的可理解性为切入点，通过调查问卷的研究方法，分析所得税会计准则执行的现状。

5.1　理论分析与相关背景

会计准则的制定与执行应当并举，一方面，会计准则初始制定之时应经过完全博弈，从各个方面达到应有的标准；另一方面，会计准则的执行也很关键，因为一个制定得再完美、再标准、再与国际接轨的会计准则，如果得不到有效执行，准则的效力也将无法充分发挥。大量理论研究也证明了会计准则的深入实施和应用很重要（郭道扬，2002a；郭道扬，2002b；刘玉廷，2004；刘玉廷等，2010；姜英兵，2004，2012）。

根据查特菲尔德教授（1989）的研究，除却美国之外的其他国家，在制定会计准则之时由于其重要性，导致会计师并不能参与其中，基本准则的制定几乎总是政府的特权，而且这似乎是必然的事情。该项结论在中国也适用，会计准则的政治化程序性在中国表现得较为明显。在中国，企业会计准则的制定过程中存在浓郁的政治色彩，会计准则制定目的更多的是为国家宏观经济调控和决策服务（何存花，姚晓民，2003；耿菲等，2010）。同时，比对美国对此的研究可知，会计人员（包括外部审计师）常被看作是管理层的一员，现代企业经营管理的复杂性也给管理层带来了一些只有会计专业人员才能解决的问题，尤其是在会计准则制定过程中，企业中广大会计人员将起到不可或缺的作用，推动会计准则的发展。无疑，在我国会计准则制定过程中，管理层（包括会计人员）的意见却未得到重视，长期处于缺失状态。杜兴强（2003）研究发现，我国上市公司的管理层几乎不参与我国会计准则的制定。并且，葛家澍和刘峰（2003）在查阅财政部会计准则委员会（CASC）所保存的第一批与第二批具体会计准则征求意见稿时，发现竟没有上市公司（包括国企改制的上市公司）的反馈意见，主要反馈意见来自高校、部委以及各地财政局所组织的座谈记录。

此外，之前虽然根据我国财政部1994年颁布的《企业所得税会计处理的暂行规定》，企业所得税会计核算方法可从“应付税款法”或“纳税影响会计法”中自由选择，但是大多数企业普遍采用的还是应付税款法，即使是会计核算水平要求较高的上市公司，也只有极少数公司明确采用纳税影响会计法（刘运国、曾富全，2007；刘斌，2005）。在这种会计环境下，新准则颠覆性地规定了一种在我国从未使用过的所得税会计核算方法——资产负债表债务法，时至今日，新准则实施了12年多，已经历经了过渡、转型阶段，进入平稳实施阶段。那么，所得税会计准则具体实施的情况究竟如何？在会计实务操作中的认可度、遵循度、应用前景如何？对以上问题有必要进行大范围的调查，以便了解我国所得税会计准则的执行现状。

目前，有关中国企业会计准则执行调查报告较为权威的是，财政部会计司于2011年发布的《我国上市公司2010年执行企业会计准则情况分析报告》。此报告采用逐日盯市、逐户分析的方法，是在监控了2129家上市公司2010年的年报基础上完成的，以评价各项会计准则过渡的“平稳性”为调查目的。而该报告对准则执行结果的细节描述较为简单，对“平稳性”的调查没有进行前后对比，对上市公司和投资者针对于准则的态度没有深入调查，对影响准则实施的因素以及执行准则后会计信息质量情况变化没有进行分析。关于所得税会计准则的调查，仅对各大上市公司发生永久性差异的数量及相关项目进行了简单统计，没有更深入和更实质的调查内容。因此，基于以上种种开展了本章的研究。

5.2　研究设计

5.2.1　调查目的与对象

通过对多类型、多数量企业问卷调查的方式，本章欲了解我国所得税会计准则的应用状况、企业会计从业人员对该项准则的基本观点，以及被调查者对我国所得税会计准则应用前景的态度。从实务视角了解所得税会计准则执行现状，试图以该项调查结果为基础，为我国所得税会计准则的进一步完善提供现实依据。

以陕西省省市两级地税、国税分管企业，会计师事务所服务客户，以及西北大学 MBA 班部分学员作为本项研究的调查对象；调查范围涉及制造业、服务业、金融业、建筑业、批发零售业、餐饮业、农林牧副渔业等多个行业；调查对象主要为各企业的财务会计人员，主要考虑这些人员在企业中主要从事会计核算工作，他们的会计专业知识大多比较扎实，且对所得税会计准则、企业所得税税法等相关法律法规以及所得税会计核算知识比较掌握。

5.2.2 样本特征

（1）问卷设计。

问卷内容分为四大部分：一是被调查者及其所在公司的基本情况；二是被调查者对所得税会计准则的基本看法；三是被调查者所在单位应用所得税会计准则的现状；四是被调查者对未来应用所得税会计准则的看法。问卷四大部分共设计了26个问题，题型有封闭式单选题、多选题，其中表明被调查者态度的题项均采用里克特（R. Likert）五分量表进行设计，按照对题项的赞成程度由强至弱，以5至1分予以赋值。

（2）问卷回收情况。

问卷的发放形式有三种：一是通过电子邮件发送；二是通过信函发送；三是直接发放。问卷设计从2012年10月份开始，实际发放从企业完成所得税纳税申报的2013年2月开始，历时2个月的时间，共发出650份调查问卷①，收回487份，其中92份内容填写不完整。剔除无效问卷，本次调查共收回395份有效问卷，符合社会调查技术方法的规范要求。

（3）信度分析。

关于被调查者对所得税会计准则基本看法的内容，进行了信度分析，以测量问卷是否具有稳定性，以及结果是否具有区别力。本项研究采用了内部一致性信度（Internal Consistency）检验法，按照 $\alpha = [1 - \sum S_i^2/S_x^2]/(n-1)$（n为题目数，$S_i^2$ 为所有

① 使用Excel正态分布函数功能，建立一个必要样本量计算模型，求出总体比例 $p=0.5$，置信水平 $=0.95$，可容忍误差 $=0.05$ 情况下，样本量大小为385，而本次研究回收有效问卷数为395份，已经超过必要样本量，说明该项研究具有很强的代表性。

被调查者第i个问题答案的方差，S_x^2为所有问题答案的方差）的公式计算，本书问卷调查的克朗巴哈α系数①（Cronbach's Alpha）为0.698，处于信度较好的区间。表明本项调查研究的可靠性能够保证，问卷在该层面的内部一致性较高。

（4）被调查企业的基本情况。

从被调查者的单位职务特征来看，属于总账会计有267人，占67.59%；其次是财务部门主管为46人，占11.65%；一般核算会计有54人，占13.67%；属于审计部门和公司管理层人员较少，分别为11人和9人，占2.78%和2.28%；出纳人员有8人，占2.03%。由此可以看出，绝大部分被调查对象都是该企业的总账会计人员，负责该企业财务报表的编制，具有很强的针对性。从被调查者的工作年限来看②，32.2%的被调查者工作年限为3~8年，30.6%的被调查者在目前的企业工作1~3年，工作年限在8年以上的被调查者有19%，而1年以内的被调查者只有18.2%，这些结果均表明本次被调查者从事财务会计核算的工作年限都比较长，对所在企业的会计准则与制度比较熟悉，实践经验丰富。

从被调查企业信息来看，按所有制性质进行分类，国有企业有92家，占总样本的23.3%；民营企业有139家，占总样本的35.2%；外资企业和合资企业分别有39家和51家，占总样本的9.9%和12.9%；其他有74家，占总样本的18.7%。按所属行业进行分类，工业企业（含采矿业、制造业、电力、燃气及水的生产和供应业）所占比重为13.9%（55家），其余按所占比

① 一般而言，社会科学研究中克朗巴哈α系数的值大于0.7，可靠性非常强；处于0.5~0.7之间，可靠性比较强；在0.25~0.5之间，信度比较差；在0~0.25之间，信度非常差。

② 工作年限指的是服务本企业的工作时间。

重排序依次为金融业24.1%（95家）、其他16.5%（65家）、建筑业13.9%（55家）、批发零售业11.1%（44家）、计算机服务及信息业10.1%（40家）、餐饮业7.1%（28家）、农林牧渔业3.3%（13家）。按资产规模进行分类，本次被调查企业总资产在1000万元以下的企业占37.2%（147家），总资产在1000万元~5000万元的企业占22.8%（90家），总资产1亿元以上的企业占20.8%（82家），总资产处于5000万元~1亿元的企业最少，占19.2%（76家）。可见，被调查企业资产规模跨度大，行业涉及面广，会计核算规范性较强，会计管理人员素质较高，且样本有一定的差异性。另外，按是否为上市公司进行分类，上市公司有37家①，非上市公司有358家，因此，从所有制性质、行业、资产规模和上市情况等来看，本次问卷涉及样本比较广泛，调查结论应该具备较好的代表性。

5.3 调研结果及分析

除第一部分有关企业基本情况的问题外，调查问卷主体有三部分内容，分别为“被调查者对所得税会计准则的基本看法”“被调查者所在单位应用所得税会计准则的现状”和“被调查者对未来应用所得税会计准则的看法”。下面分析具体调研结果。

5.3.1 被调查者对所得税会计准则基本看法

为了了解被调查者对所得税会计准则的基本看法，本项研究

① 根据陕西省上市公司协会发布的声明，目前陕西上市公司共有39家，而本次问卷调查统计结果显示被调查者中共有37家上市公司，只有2家未涉及。再次说明本项研究样本涵盖面宽广，具有很强的代表性。

设计了“被调查者对所得税会计准则总体了解情况”与“资产负债表债务法的掌握程度”两大类问题，每一个问题都有具体的题目与之对应。

（1）被调查者对所得税会计准则的总体了解情况。

从图 5 - 1 可以看出，有关所得税会计准则总体认知度，62.3% 的被调查者选择“不太了解”，有 14.7% 和 3.5% 的被调查分别选择“没关注过”和“完全不了解”，仅有 19.5% 的被调查者选择“比较了解”和“非常了解”，因此从所占百分比结果可看出，绝大多数的被调查者对该项准则的认知程度较低，其主要原因一方面所得税会计准则会计核算方法较为复杂、难懂，另一方面说明所得税会计准则的普及程度有待提高。

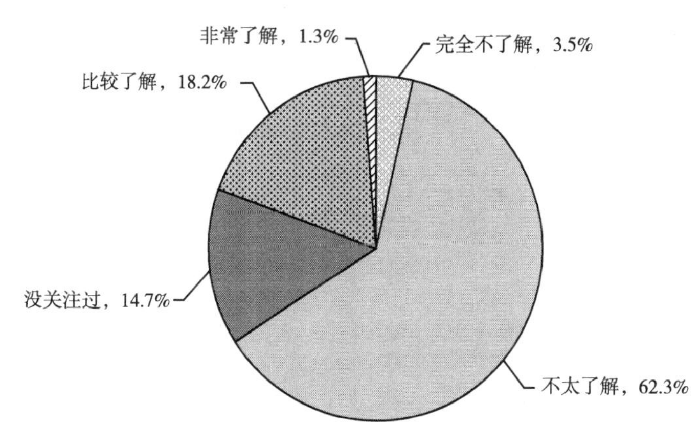

图 5 - 1　被调查者对所得税会计准则的基本认知程度

就被调查者对所得税会计准则改革结果满意度来看（图 5 - 2），超过六成的被调查者选择“不太满意”，有 20.8% 的被调查者选择“无所谓”，而“比较满意”和“非常满意”选择者可谓寥寥，这表明所得税会计准则的改革结果，并非如预期一般被广大企业会计人员所接受，企业会计从业人员对所得税会计准则的满意度较低，具体原因和影响因素将会在后文详细解析。

图 5 －3 表明，在执行所得税会计准则后，被调查者认为处于核心报表的排序结果。根据资产负债观，资产负债表应处于核心地位，并基于资产和负债的变动来计量收益；收入费用观则将利润表作为财务报表的核心，通过收入与费用的直接配比来计量企业收益。但是调查结果却显示了利润表处于核心的绝对地位，这明显与资产负债观出发点相左，与会计准则初始制定观念并不相符，即实务偏离了理论设计。

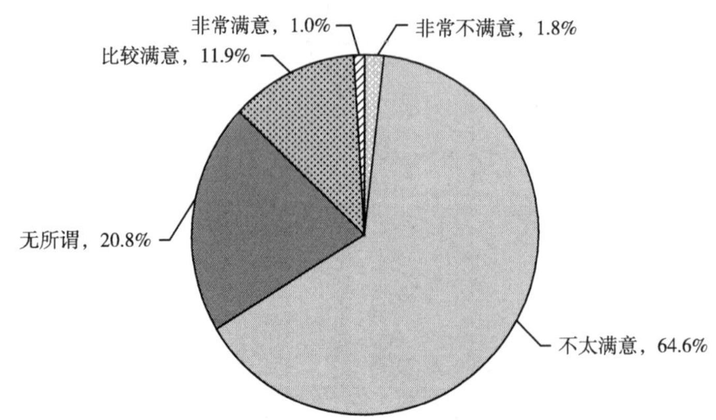

图 5 －2　被调查者对所得税会计准则改革结果的满意度

（2）被调查者对资产负债表债务法的掌握程度。

资产负债表债务法作为所得税会计准则中规定的所得税会计核算方法，被调查者是否如预计一般能够熟练掌握呢？调查结果（图 5 －4）显示，66. 3% 的被调查者选择“不太理解”，16. 2% 的被调查者选择“不清楚”，而选择“基本掌握理解”和“熟练掌握理解”的调查者只占 13. 9% 和 1. 3%，这再次表明尽管此项准则已实行了 12 年之久，但是广大企业应用者对这种方法并不是很认可，且不能熟练掌握。这种方法执行力度与预期相

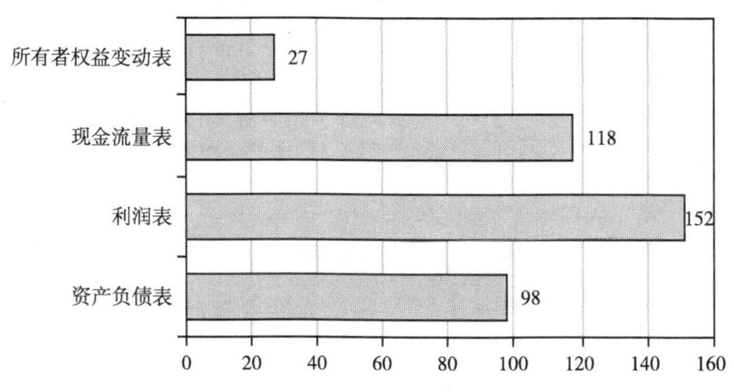

图 5－3　被调查者认为处于核心报表的排序

去甚远，其深层次原因一方面在于该种方法比较晦涩、不易操作与理解；另一方面在于资产负债表债务法与之前的应付税款法差异太大，即会计准则设计理念发生了重大变化；还有一种可能性在于我国这片独特的会计土壤并不适于该方法的应用。

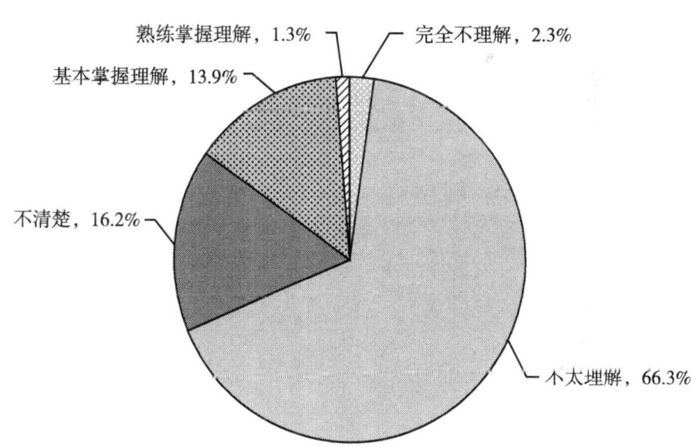

图 5－4　被调查者对资产负债表债务法的掌握程度

为了进一步验证资产负债表债务法在我国是否具备相应的环

境和条件，本项研究设计了两个对应题目，据图 5－5 的统计结果可知，绝大多数的被调查者认为，我国并不具备使用资产负债表债务法的环境和条件。此外，图 5－6 表明与国际会计准则相比，我国在执行所得税会计准则时存在差距的原因，被调查者认为“财务人员素质”是造成差距的首要原因，“所得税会计理论发展程度”与“市场的完善和活跃度”次之，分别占有 19.4% 和 19.0% 的比例，同时“相关监管环境的健全性和有效性”也是我国执行所得税会计准则与国际环境相比存在差距的原因，占有 17.6%，“税法等相关法律的完善程度”和“企业组织结构和制度的规范化”的选项结果分布较低，分别占有 12.5% 与 11.4%。由此可见，执行所得税会计准则，并使之被企业会计从业人员认可和广泛使用，需要一定环境条件作为保证，只有对基础的环境设施条件进行改善，才能使准则的执行发挥其应有的效果。

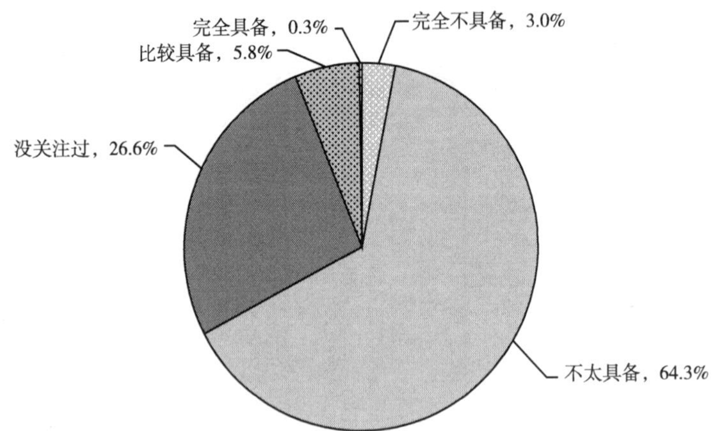

图 5－5　被调查者对我国使用资产负债表债务法环境和条件的态度

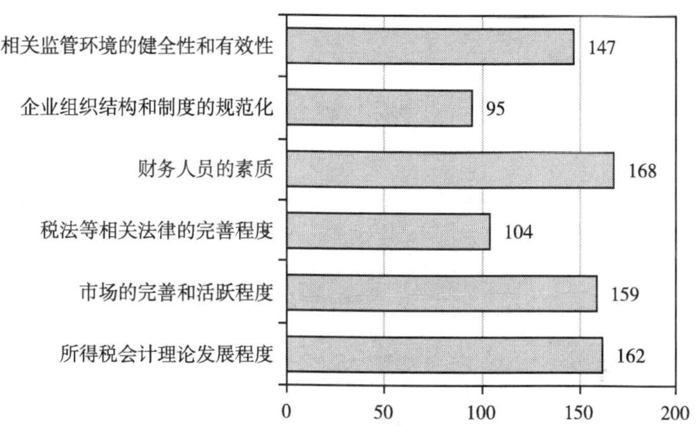

图5－6 我国执行所得税会计准则在环境方面与国际会计准则的差距

5.3.2 被调查企业执行所得税会计准则的现状

自"安然事件"爆发之后，SEC在其公布的针对性报告中指出："资产负债观为经济实质提供了最有力的描述，从而成为准则制定过程中最合适的基础。"就美国和国际会计准则发展现状来看，FASB和IASB正在不遗余力地推广和在准则制定中贯彻资产负债观。我国也紧随国际会计准则变革的步伐，在新准则制定中同样采用了资产负债观，并以所得税会计准则作为其中的典型和范例。但是该项准则在实务操作中运用情况怎样呢？对此本项研究有必要仔细了解其在企业中具体的应用状况。

（1）被调查者对所得税会计准则易用性的认知度。

正如罗伯特·卡普兰教授所持观点一样，"会计是一门实践性很强的学科"，《企业会计准则第18号——所得税》虽与国际会计准则接轨，但其完全颠覆之前的核算方法，缺乏企业实践，难逃"以其昏昏，使人昭昭"的境地。调查结果（图5－7）也恰恰印证了上述观点，有 60.3% 和 15.2% 的被调查者分别认为，在其所在的企业中“不太容易”和“非常不容易”理解与执行所得税会计准则，换言之即有超过七成的被调查者认为，所得税会计准则在实务操作中不易理解与执行。只有不到 10% 的被调查者认为所得税会计准则“非常容易”和“比较容易”理解与执行，所得税会计准则在实务操作中的易用性受到质疑。

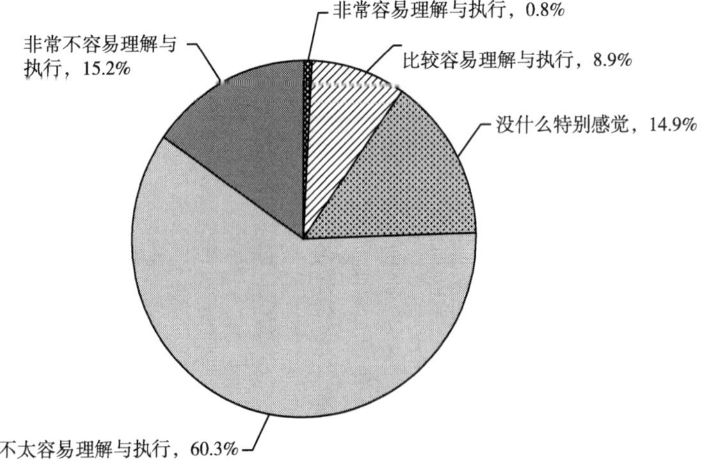

图 5－7　被调查者对所在企业执行所得税会计准则难易程度的认知度

（2）被调查者对所得税会计核算方法的选择。

对税前会计利润与应税所得之间差异处理，所采用的会计核算方法，直观地体现了会计准则制定理念。如图 5－8 所示，若只能采用一种所得税会计核算方法，有 27.8% 的被调查者选择“利润表债务法”，27.3% 的被调查者选择“资产负债表债务法”，25.6% 的被调查者选择“应付税款法”。如果把除资产负债表债务法以外的其他所有方法归为收入费用观的应用，可知有 64.3% 的被调查者依旧倾向于收入费用观，这与新准则制定所依据的资产负债观相悖。

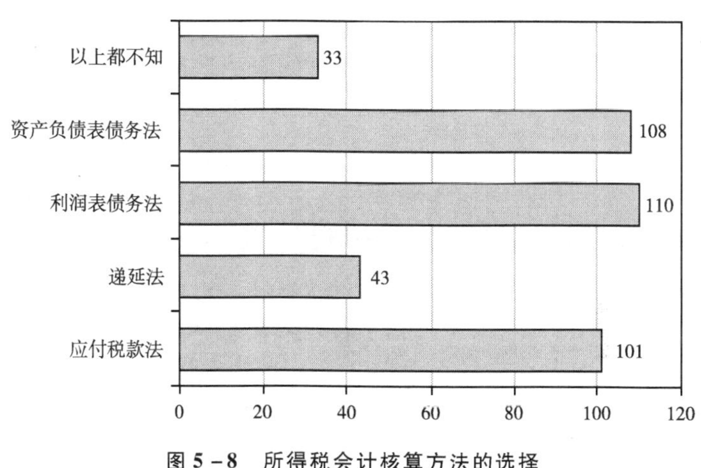

图 5－8　所得税会计核算方法的选择

为了进一步了解企业资产规模、上市与否两项因素，是否影响企业对所得税会计处理方法选择的偏好程度，本章在此对其作深入分析。

图 5－9 所示，公司上市与否与所得税会计处理方法的选择有很大的关系。虽整体被调查者倾向于选择“利润表债务法”，但如若把公司上市与否作为一个影响因素进一步剖析，可知 12 家上市公司选择“资产负债表法”，101 家非上市公司选择利润表债务法，这与 2006 年 2 月 15 日发布的新会计准则和审计准则体系不无关系。由于《企业会计准则第 18 号——所得税》明确规定了公司应当采用资产负债表债务法进行所得税会计的核算，而新准则要求自 2007 年 1 月 1 日起在上市公司中执行，其他企业鼓励执行，因此大多数的上市公司倾向于资产负债表法，而非上市公司则选择利润表债务法；然而，由于截止到 2013 年陕西省内一共有 39 家上市公司，而本书的调查对象中有 37 家上市公

司，也就是说仅有32.4%的上市公司倾向选择“资产负债表债务法”，即大多数的上市公司虽依照规定采用“资产负债表债务法”，但是公司的会计核算人员却更倾向于选择其他的所得税会计处理方法。

企业的资产规模也与所得税会计处理方法显著相关，按照资产规模大小，可将被调查企业划分为大企业和中小企业[①]两档。根据统计结果（图5－10），30.4%的大企业选择“资产负债表债务法”，而29.1%的中小企业则选择了更简单明了的“应付税款法”，表明资产负债表债务法的使用具有极强的限制性，只有大企业才可为其提供必备的条件与环境。

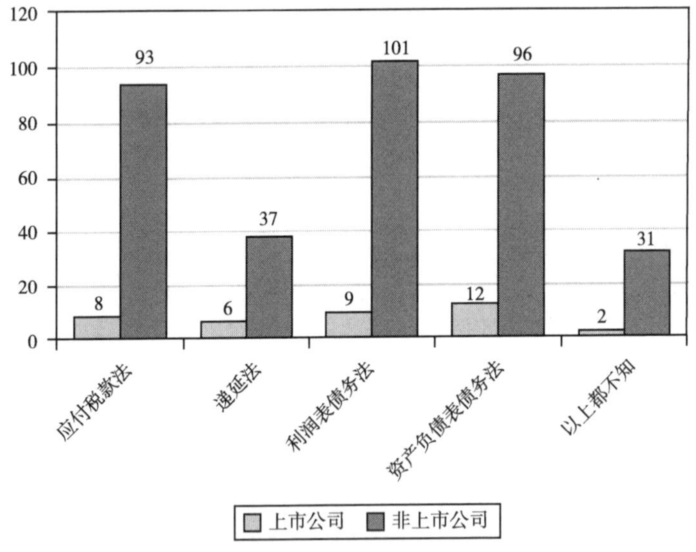

图5－9　公司上市与否对所得税会计处理方法的影响

① 大企业是指资产规模为1亿元以上，以及1亿元～5000万元的企业，而中小企业是指资产规模为3000万元～1000万元，以及1000万元以下的企业。

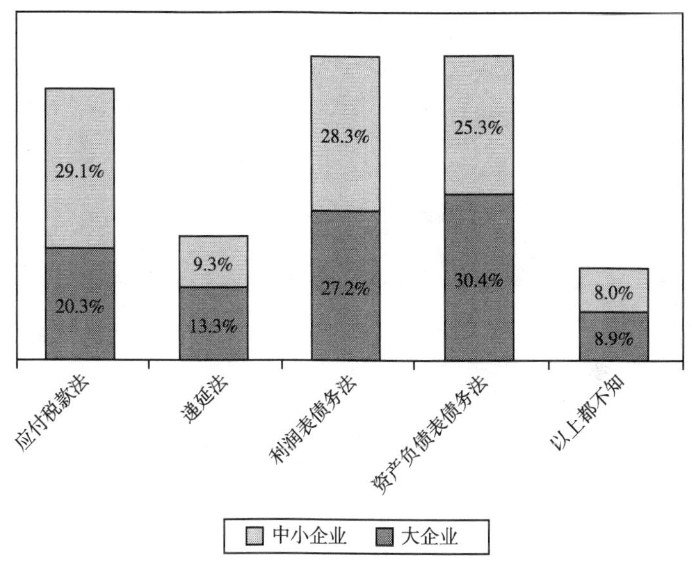

图 5－10　公司资产规模对所得税会计处理方法的影响

(3) 被调查企业执行所得税会计准则所遇障碍。

如图 5－11 所示，大企业与中小企业在执行所得税会计准则中均遇到了障碍，其中大企业所遇障碍主要为“运用现行所得税会计准则进行会计核算的簿记成本大于收益”，其次为“对所得税会计准则本身不理解”与“财务人员素质难以满足要求”，最后为“相关软硬件设施不配套”；而中小企业在执行所得税会计准则时，遇到最多的障碍为“对所得税会计准则本身不理解”，其次为“财务人员素质难以满足要求”。统计结果表明，新所得税会计准则较之旧准则，显然无论核算方法，还是制定理念均有很大的跨越，从而对准则理解的准确度和会计从业人员的专业素养成为企业执行准则中，共同所遇的较大障碍。

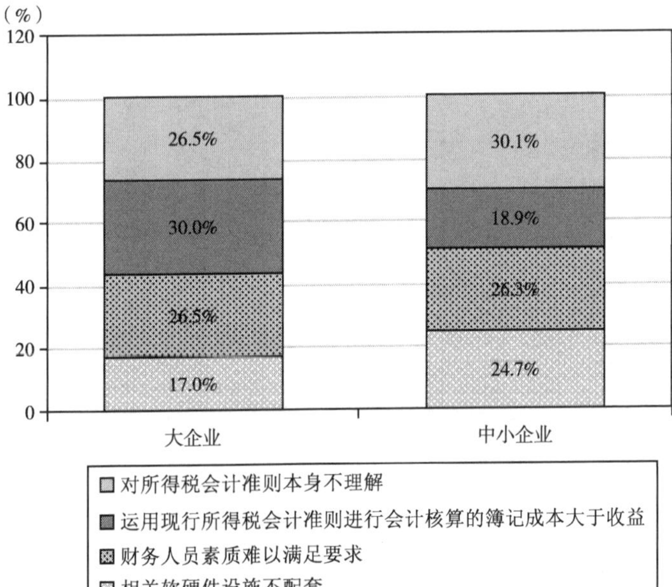

图 5－11　被调查者所在企业执行所得税会计准则所遇障碍

（4）被调查企业中会计利润与应纳税所得额差异事项。

据调查结果显示，395 家公司中有 364 家企业存在永久性差异，占比为 92.2%，还有 31 家企业表示对此没有关注过。基本上所有被调查企业均存在递延所得税资产（DTA）和递延所得税负债（DTL）余额，这说明被调查企业大多执行了所得税会计准则，即采用了资产负债表债务法，因而也间接佐证了本书研究的可信性与代表性，然前文调查结果显示被调查者实际上对所得税会计准则仍处于大多不了解的情况，这两者相矛盾的结果令人深思，所得税会计准则虽得到广泛执行，但准则使用者对其中原理的理解和对准则本身的认可度却无法与使用情况相匹配。

根据调查结果，递延所得税资产（DTA）具体包括的项目为：税前弥补亏损（39.2%）、资产减值准备（29.4%）、预计负债（25.7%）、其他（5.7%）；递延所得税负债（DTL）具体包括的项目有：固定资产累计折旧（22.9%）、非同一控制企业合并取得的可辨认资产账面价值（公允价值）大于计税基础（20.2%）、交易性金融资产等金融工具的公允价值变动（14.7%）、固定资产与无形资产及其他资产评估增值（14.7%）、其他（12.3%）、计入其他综合收益的可供出售金融资产公允价值变动（10.3%）、投资性房地产公允价值变动（5%）。

所得税会计准则从资产负债观出发，仅规定了资产或负债的账面价值和其计税基础之间的差异，即应纳税暂时性差异和可抵扣暂时性差异，对于永久性差异却只字未提，然国际会计准则委员会发布的第 33 号《所得税会计》征求意见稿与美国会计准则委员会第 11 号意见书（APB No. 11）均对“永久性差异”作出了解释和说明。显然根据调查结果，绝大多数企业存在的是永久性差异，暂时性差异只占很小的比例，然而准则却花费大量的笔墨用较为复杂的会计核算方法处理实务中占企业内部很小比例的差异，这样不符合成本收益原则；此外，在会计实务的操作方面会产生递延所得税资产（DTA）、递延所得税负债（DTL）长期挂账的现象，尤其是递延所得税资产项目大多产生于资产减值准备，若资产不出售，递延所得税资产（DTA）便无法转回。

（5）所得税会计准则应用产生的经济后果。

财政部会计司发布的 2008、2009、2010 年我国上市公司执行企业会计准则情况分析报告中均指出，这三年来企业会计准则在上市公司得到了持续平稳有效实施。然而实际调查结果却显示（图 5－12），就所得税会计准则对企业盈利结果的影响度而言，50.4% 的被调查者认为其所在企业盈利有所提高，39.5% 的被调查者认为所在企业的盈利结果有所降低，约有 8.4% 的被调查者认为没什么变化，这说明实施新所得税会计准则后，可能加大了盈余管理的空间，此观点需要实证研究进一步的检验与证实。

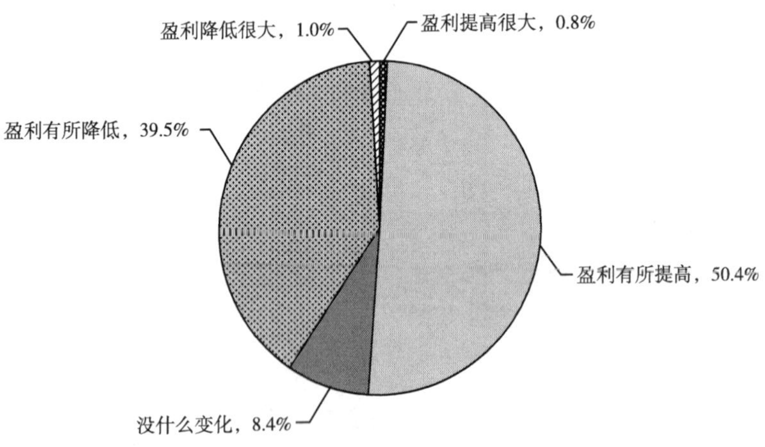

图 5－12　实施所得税会计准则后对被调查企业盈利结果的影响程度

同时，所得税会计准则对企业财务体系原有的运作方式所带来的冲击和影响也是本次调查重点之一。其中，有 67.1% 的被调查者认为，所得税会计准则增加了财务工作的复杂程度，仅有 3.8% 的被调查者认为，所得税会计准则降低了财务工作的复杂程度（图 5－13）。此外，从图 5－14 可以看出，47.6% 的被调查者觉得所得税会计准则的实施，加大了会计与税法之间的核算差异，这为企业提供了操纵盈余、节约税收成本的可能性，从而有可能带来会计信息的扭曲和会计舞弊事件的频发。

5.3.3　被调查者对未来应用所得税会计准则的看法

分析了我国企业应用所得税会计准则方面的情况之后，有必要进一步了解实务界对我国所得税会计准则应用前景的看法。总

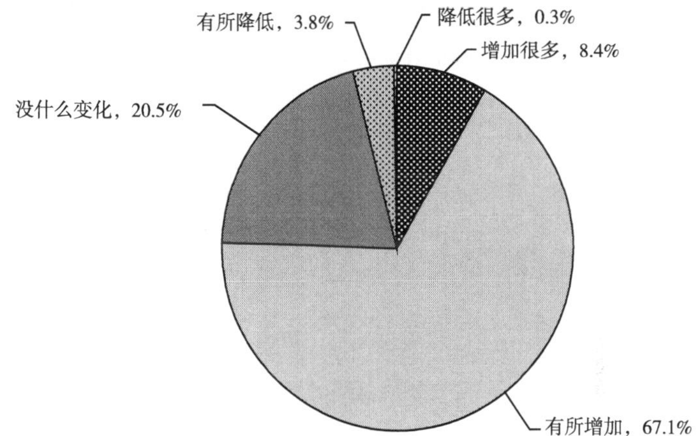

图 5－13　所得税会计准则对财务工作复杂度的影响程度

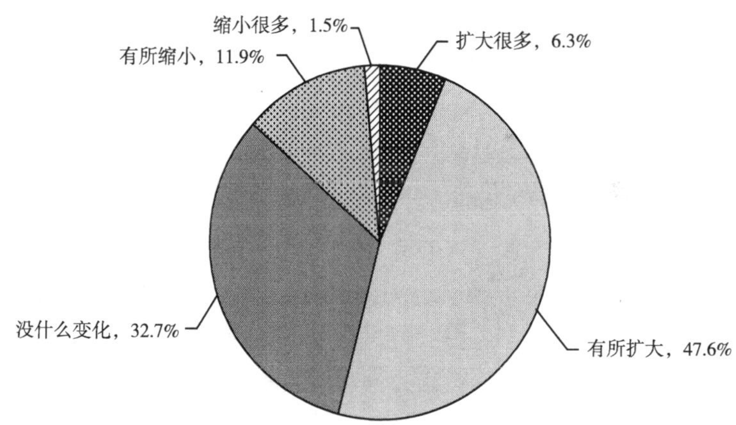

图 5－14　所得税会计准则实施对会计与税法间核算差异的影响度

体来看，50.6% 的被调查者认为所得税会计准则会一直被采用，但具体的核算方法会改革，26.1% 的被调查者选择了“说不准”。这个数据表明我国企业会计准则已得到企业会计从业人员的一定认可，然而在具体的实务操作中，所得税会计核算方法的应用却遇见一些困难。所得税会计准则未来发展方向将会有怎样的变化？分别有 64.6% 和 17.2% 的被调查者认为，我国现行所得税会计准则“较为有必要”和“非常有必要”进行修改，仅有 6.3% 的被调查者觉得并无修改需要。由此可看出，所得税会计准则在我国未来的应用中，应不断修改、完善，以提高其对实务工作指引与规范的效用。

5.4 调研结论

5.4.1 总体认识方面

（1）会计准则制定理念与现实不符。

目前，世界存在两种会计准则制定理念：资产负债观和收入费用观。我国新颁布的企业会计准则选择依据前者制定，即基于资产和负债的变动来计量收益，突出资产负债表的基础性地位，然而现实是大多数的被调查者认为，在企业中利润表和现金流量表处于核心地位，且各利益主体均十分重视利润指标。从监管方来看，公司上市、停、退市等市场监管行为，均以盈利为主要指标；从投资方来看，对一个公司投资的意愿也仅停留在盈利考察为主；从管理层来看，其业绩评价与激励机制设计，均建立在公司盈利增长的前提下。这些实务结果与准则制定的理念相悖，如何协调该矛盾将是未来所得税会计准则改革的应有之义。

（2）所得税会计准则的执行力度应加强。

我国金融市场已全面开放，并与国际会计准则实现了实质性趋同，且于 2010 年 4 月 2 日，我国财政部发布了《中国企业会计准则与国际财务报告准则持续趋同路线图》，以及自 2010 年起香港市场直接接受 H 股公司采用内地准则编制的财务报表。财政部这些举措无不加强了我国会计准则与国际的趋同，但是这种一味的“走出去”“趋同”与我国现实之间却存在着巨大矛盾。上述反馈结果，均凸显了目前所得税会计准则在执行过程中所产生的问题：大多数被调查者对所得税会计准则并不了解，对准则的改革结果也不甚满意，且绝大多数被调查者认为该项准则不易执行，所得税会计准则增加了财务工作的复杂程度，对企业财务体系原有的运作方式带来了冲击。因而未来则应加强所得税会计准则的执行力度与普及度。

5.4.2　具体认识方面

（1）所得税会计准则的应用逻辑需反思。

自美国会计程序委员会（CAP）发布第 43 号会计研究公报，将企业所得税分摊付诸于实施以来，有关所得税分摊及其余额的讨论不绝于耳。尤其是现今我国会计准则中回避了永久性差异，提出了暂时性差异，从操作层面如何执行暂时性差异跨期摊配的问题成为本次研究的重要对象。

通过调研，可知资产减值准备是形成递延所得税资产的最主要来源，由于受制于资产减值准备准则中“已计提的绝大部分长期资产减值准备不允许转回”等规定，导致很多资产在计提资产减值准备时借方余额发生，而只有资产处置时才会从贷方转出，这些均使得递延所得税资产科目可能长期挂账、抵消无望。此外，包括本书在内的大量经验证据也表明了递延税款科目确实随时间的推移而增加[1]。具体举例如下，通过查阅西安达刚路面机械股份有限公司的年度报告，可知该公司在2010年度，递延所得税资产为543591.58元，完全由资产减值准备组成；2011年度，递延所得税资产为873841.42元，同样也是由资产减值准备构成；2012年度，递延所得税资产为1023468.77元，也由资产减值准备形成。以上数据表明，该公司的递延所得税资产逐年呈递增态势，由于资产存在的周期过长，只能在资产处置时才能完全转出资产减值准备的数额，递延所得税原有摊配暂时性差异的初衷受到质疑。

还有一个问题值得注意，据调查结果显示，造成递延所得税资产的主要项目为资产减值准备，而资产减值准备项目中所占比例较大的为坏账准备、存货减值准备，这两个项目分别为应收账款与存货的备抵账户，在资产负债表中它们属于流动性资产，然而递延所得税资产在我国资产负债表中被划分为非流动性资产，因此，如何对递延所得税的披露与列报也应成为未来改革的重要内容。

（2）我国尚不具备大范围使用资产负债表债务法的条件。

从理论角度，IAS 12 与 SFAS 19 均规定只能采用资产负债表债务法核算所得税费用，旨在真实、公允地反映企业资产和负债未来将为企业带来的实际现金流。可是这种将经济学收益概念引入会计准则，增加了对未来不确定性估计，彻底颠覆了传统会计对历史、确定性计量的行为，能否真实反映企业实际经营状况有待商榷；同时这种国际前沿的所得税会计核算方法——资产负债

① 见利文斯通（Livingstone，1967a、1967b 和 1969），普华会计师事务所（Price Waterhouse 和 Co.，1967）及 Poterba，J.，Rao，N.，Seidman，J.，2011. Deferred tax positions and incentives for corporate behavior around corporate tax changes. National Tax Journal 64（1），27 - 58。

表债务法，本身也存在一些理论缺陷，比如 ASB（英国会计准则委员会）就不认同暂时性差异的前提假设，即资产的账面价值表示了资产将产生的最少的现金流量。此外，一些暂时性差异往往在旧差异转回时又产生新的差异，两者抵消的结果使得差异的转回遥遥无期，并且把所有暂时性差异的纳税影响确认为资产和负债也不是很合理。

从应用角度，据调查结果可知，大多数的被调查者并不理解资产负债表债务法，且被调查的绝大部分企业存在永久性差异，然所得税会计准则对其却置若罔闻，事实上永久性差异仍是造成税会差异的主要因素，不能因之没有在资产负债表中体现，而简单地认为它不存在，所以现如今所得税会计准则对之的处理很值得深思；与国际会计准则相比，我国执行所得税会计准则在环境方面存在较大差距，尤其是在对准则的理解程度、财务人员素质两个方面比较欠缺。这说明为了使所得税会计准则发挥其应有的效用，宏观层面（如准则的理论发展、市场发育）和微观层面（如企业会计从业人员素质提升、企业组织结构规范化）均应着重关注，并在未来之路中不断修正、完善、提高。

5.4.3　未来改革认识方面

目前，我国是“税会分离”的模式，其执行成本远远大于可能带来的效益，而本次调查结果也同样证明了该观点。正是这种税法与企业所得税会计准则规定的不一致，使得企业会计人员增加了所得税费用核算的簿记成本，同时也使得企业的管理者有极强的动机粉饰报表，扩大报表中递延所得税资产项目，少列报甚至是不列报递延所得税负债项目。

美国颁布的《中小企业税务会计准则》中规定，中小企业可以编制和纳税申报表编制基础一致的会计报表。依照该规定，所得税的会计核算可以采用应付税款法和利润表债务法进行，在减少了会计职业判断保证了财务信息的可靠性的同时，也降低了编制财务报表的成本，提高了企业的经济效益，此种处理方法值得我国参考与应用。因此在未来改革之中，我国可有针对性地对一些企业采用税会一致的核算方法，对所得税费用进行确认和计量，这样一方面将会提高所得税会计准则的适用性，另一方面也节约了所得税会计准则的执行成本。

如今，我国尚处在过渡时期，实行资产负债表债务法不能一蹴而就，需结合我国国情，对现有的所得税会计准则进行修正，选取适合我国实务操作现状的核算方法。但是就与国际会计准则趋同，掀起本土企业金融全面变革，使之逐渐走向以“资本”为主的时代这个意义来讲，新企业会计准则尤其是其中的所得税会计准则，所作的尝试还是非常有益的。

5.5 小结

从会计信息生成主体来看，会计信息的供给方为会计人员，其主要职能为基于委托—代理的关系，选择适当的会计处理方法，记录并真实描述发生的每一项经济业务，充分反映与披露管理层的经营业绩。面对日益复杂的会计环境，会计准则作为企业会计人员的行动圭臬，应为会计人员提供一个便于理解、簿记成本较低的会计核算方法，且使得会计人员应对环境变化之时可作出迅速反应。本章依据会计信息供给者的视角，以会计信息质量的可理解性为切入点，通过对多类型、多数量企业问卷调查的方式，以陕西省省市两级地税、国税分管企业，会计师事务所服务客户，以及西北大学 MBA 班部分学员作为本次研究的调查对象，对被调查者就所得税会计准则的应用状况、企业会计从业人员对该项准则的基本观点，以及被调查者对我国所得税会计准则应用前景的态度三大方面的主题进行了调研。调查结果表明，大多数被调查者对所得税会计准则并不了解，对准则的改革结果也不甚满意，且绝大多数被调查者认为该项准则不易执行，所得税会计准则增加了财务工作的复杂程度，对企业财务体系原有的运作方式带来了冲击。这些均说明，事实上从会计信息供给方的角度来看，所得税会计准则的执行并没有达到预期的效果。一方面，调查结果显示所得税会计准则的执行并没有提高会计信息的质量，即可理解性与可靠性并没有得到提升；另一方面，从被调查者的态度可知，在会计准则制定之时并没有征询广大会计从业人员的意见，会计人员也就无法对新的所得税会计处理方法——资产负债表债务法提出自己的看法，因此准则在制定之时也就无法进行充分博弈。

第6章 所得税会计准则的执行研究：会计信息需求者的视角

前文从会计准则的内涵和本质属性出发，构建了所得税会计准则制定与执行的分析框架，并从理论角度研究了递延所得税资产（DTA）与递延所得税负债（DTL）的价值相关性。之后又通过实地研究方法——问卷调查法，分析了从会计信息供给者的角度，我国所得税会计会计准则执行的现状，而本章在此前研究的基础上，从会计信息需求者的角度，分析我国所得税会计准则的执行效果。由于盈余是上市公司在一定会计期间内经营成果的表现形式，与利益相关者息息相关，从而其具有较高的会计信息含量，且盈余质量可用以甄别和判断公司的会计舞弊与利润操纵行为。同时，税收法规与会计准则相比，具有相对刚性，不易被管理当局所操控，我国税会差异（BTD）逐步的扩大成为所得税会计准则执行之后最明显的表征。因此，本章依据会计信息需求者的角度，从税会差异（BTD）出发，考察其与盈余管理行为的关系，以之来判断我国所得税会计准则执行效果。首先，本章探讨了先前有关税会差异（BTD）的研究及我国特殊的制度背景；其次，对我国总税会差异（BTD）与操纵性税会差异（ABTD）进行了度量，并分析了我国2008—2013年A股上市公司税会差异（BTD）的总体趋势；最后，分别检验了总税会差异（BTD）、操纵性税会差异（ABTD）与盈余管理行为（EM）之间的关系，试图从会计信息质量四大维度中的可靠性与盈余质量，来判断我国所得税会计准则的实施效果。

6.1　理论分析与相关制度背景

6.1.1　理论分析

税会差异通常可认为是应纳税所得额与会计利润之间的差异，包括因计税基础与账面价值不同形成的暂时性差异。由于会计准则和税法间相互矛盾的目标、对象与经济关系，形成了两者天然的差异（Smith 和 Butters，1949；Beresford，1983）。而在实务操作中往往面临复杂而多变的经济活动，会计准则与税法将无法规定每一笔业务具体的会计和税务处理。比如，为了实现和达到各种社会、经济与政治目标的要求，税法往往会随着时间、行业和公司的类别而改变；会计准则却一直保持稳定发展的姿态，逐渐与国际会计准则趋同，而不会像税法一样具有较强的实效性。

会计准则本质上是允许会计从业人员自开始记录经济业务至

最后报表的制作过程中，有一定的空间和自由作出自己的职业判断，并进行相应会计政策选择的行为（Fields et al.，2001；Watts 和 Zimmerman，1986；Manzon 和 Plesko，2002）。比如，美国公认会计原则（GAAP）会计信息质量要求中的相关性、可靠性和一致性原则，就允许会计从业人员可就某个会计周期内收入、费用的确定，因自我职业判断不同而有所差别。这些准则还允许在进行会计核算和编制会计报表时对具体会计政策的选择具有灵活性，比如折旧的计算方法、成本费用的分配方法，以及资产计量的属性。然而，当企业的管理层有较强的动机来粉饰企业的财务报表，通过利润操纵扭曲公司实际经营状况时，他们就可利用会计准则与税法前述的特性来进行盈余管理，从而就产生了操纵非应税项目损益，即非正常的税会差异（ABTD）的盈余管理行为。

借鉴美国的相关数据，Mills 和 Newberry（2001）通过采用私下收集纳税申报数据，辨析了税务与非税务成本影响公司税会差异的机理，研究发现有较强盈余管理动机的公司，其有较大的税会差异（BTD）。Phillips 等人（2003）则利用有利的税会差异（BTD）信息，来研究公司当期的盈余管理行为与非应税项目损益之间的相关关系。假定公司的应纳税所得额不变时，总的税会差异（BTD）中的暂时性差异将会导致递延费用的增加，因而可根据递延费用的高低来识别公司的盈余管理行为。Hanlon（2005）研究表明，当一个公司有较大的暂时性差异时，其公司的应计利润预期低于未来一年的利润，并且这些暂时性差异也表明了该公司有较低的税前盈余质量。

事实上，越来越多的美国学者研究表明税会差异与公司的盈余管理、税务筹划行为有很强的联系。这些文献的基本思想均为由于会计准则与企业所得税法间的先天不一致性，将会导致税务筹划行为，公司管理当局会利用该种特性来减少公司的应纳税额，如果操纵部分应纳税所得额，且不会影响公司的会计利润，那么税会差异（BTD）的变化额就成为避税行为的最好证据[①]（Shevlin，2001；Desai 和 Dharmapala，2006；Plesko，2004；McGill 和 Outslay，2004）。一些美国学者研究发现（Manzon 和 Plesko，2002；Mills et al.，2003；Plesko，2004），自20世纪90年代开始，美国总的税会差异（BTD）有扩大之势，然该种扩大之势并不能简单归结于制度的变迁。在这些不能被解释的税会差异（BTD）之中，有部分认为是因不断增加的避税行为所导致的。Wilson（2009）与 Frank 等人（2009）的研究均发现有确切的证据表明，税会差异（BTD）与确定了避税行为的公司呈正相关关系。Mills（1998）研究认为当公司税会差异（BTD）扩大时，公司报表的审计调整事项也随之增加，这就意味着大数额的税会差异（BTD）与非合规的税收行为有潜在的联系。Cho 等人（2006）的研究以新西兰上市公司的数据得出相似结果。

然而，无论公司的管理者采用哪种方法、策略，其最终目的均为通过盈余管理行为来调节公司的会计利润与应纳税所得额。税会差异（BTD）实际为会计利润与应纳税所得额的函数，因此这些行为将会扩大公司的税会差异（BTD）。同时，这些改变将会帮助研究者量化该种机会主义倾向行为的程度，从而公司的税会差异（BTD）不仅简单呈现了会计准则与税法之间差异程度，更是体现了公司管理当局进行盈余管理和税务筹划的行为和策略，成为所得税会计准则实施效果考察的重要指标。

---

① 比如，美国财政部就曾发布一个报告，报告内容显示公司避税的标志为，在不改变公司会计利润的前提下，减少公司的应纳税所得额（McGill 和 Outslay，2004）。

6.1.2 相关制度背景

不同于拥有较长税收与会计分离历史的美国和其他发展中国家，我国税会差异（BTD）的逐步形成始于1984年。我国于1984年9月16日颁布了新中国第一部所得税法规《中华人民共和国国营企业所得税条例（草案）》和《国营企业调节税征收办法》，在该条例中规定把计划经济时期国家参与企业利润分配的形式，由利润上缴改为缴纳所得税方式，对国营企业开征所得税，这是我国所得税走向规范化的起点；次年5月1日开始实施我国第一部会计法《中华人民共和国会计法》。会计领域与税收领域颁布的法规，标志着税会差异（BTD）开始产生，在此之前我国的会计利润计算方法同应纳税所得额计算方法一致，我国境内不存在所谓的税会差异（BTD）（Tang et al.，2003；Davidson 和 Gelardi，1996）。之后我国的经济形式与体制面临了很大幅度的改革，比如我国的会计准则不断与国际财务报告准则（IFRS）趋同，并引入很多与国际税收法规与实务相关的元素，自此我国会计准则与企业所得税法分离之势业已形成，且导致了大量的税会差异（BTD）（Tang，2006）。我国会计准则与国际财务报告准则（IFRS）的趋同宛若硬币的两面，将会导致两方面的影响：一方面，在目前快速发展的全球化经济中，增加了我国上市公司与世界其他公司财务报表的相关性与可比性；另一方面，它加大了会计从业人员进行会计政策选择的自由度，也就意味着管理层有更多的机会进行相关管理方面的操纵，尤其该项行为在政府监管较为薄弱的国家时有发生。此外，税会分离的模式将会带给企业大量粉饰报表的契机，即同时达到多报利润，少报甚至使企业的应纳税所得额额度不变的目标（Desai，2005）。

一系列上市公司披露的财务报表数据也从各方面佐证了，我国上市公司的管理者利用现有企业会计准则中较为灵活的会计政策选择空间，进行很多具有投机倾向的行为。比如，Eccher和Healy（2000）研究发现，在中国《企业会计准则》（CAS）规定内，我国管理层尤为喜好通过计提存货减值准备与应收账款坏账准备来改变财务报表披露的应计项目。而对于我国B股股票市场欲首次公开发行股票（IPO）的上市企业而言，企业管理层则偏好采用大量商业信用买卖的方式来进行盈余管理（Aharony et al.，2000）。Haw等人（2005）与Chen和Yuan（2004）也同样采用我国上市公司的数据进行验证，发现企业管理层往往通过盈余管理的手段以获得股票增发的权利。有一些研究将上述现象产生的缘由，归结于我国的资本市场缺乏有效的监管与控制，特别是中国证监会（CSRC）没有尽到其应有的监督与审查的责任，以及缺少独立审计和相关保护中小投资者的法律法规（DeFond et al.，1999；Abdel-khalik et al.，1999；Eccher和Healy，2000；Lin和Chan，2000；Aharony et al.，2000）。另外，在具体实务操作过程中，我国上市公司时常通过以下方法（并不局限于）进行盈余管理：应计项目（陆建桥，1999）、非经营性盈利或调节性交易项目（Chen和Yuan，2004；Haw et al.，2005）、关联交易（Jian和Wong，2010；Lo et al.，2010a；Lo et al.，2010b）、政府财政补贴（Chen et al.，2008）。

Tang（2006）认为我国税收制度主要特点为多层级税收法规和大量的税收优惠。在税收汇算清缴实务中，为了达到预计的经济与政治目标，我国政府在5个经济特区、32个经济技术开发区、13个自由贸易区以及52个高新开发区内，对于我国公司实施有利的税收优惠政策（Wu et al.，2007），因此这些享受税收优惠政策的公司其实际税率可能为24%、15%、7.5%，甚至是0，这样远远低于正常的企业所得税税率（25%）。从而，在我国这样一个国内税负变化巨大，且税收征收率较低的国家内，企业将会有很强的动机进行税务筹划（Chan和Mo，2000；Mo，2003）。上市公司通常会选择在低税率区注册（Wu et al.，2007），或是在同一集团的内部，上市公司将销售收入从高税率的子公司转移到低税率的子公司（Shevlin et al.，2012），以此来达到节税的目的。此外，Chan等人（2010）研究发现，当税会一致性降低时，即税会差异（BTD）呈扩大趋势时，税收违法的案件将会增加。在本章的研究中，将会把以上我国特殊的制度背景等内容考虑在内。

6.2 研究设计

本章主要检验我国所得税会计准则实施的效果，而对于准则实施效果的检验，先前的文献主要集中于准则趋同性的度量，然目前我国新会计准则已与IFRS实现了实质趋同，则由准则衍生出的会计信息质量高低将成为准则应用效果检验的重要方面。事实上，税法以法律的形式对税收等内容进行了强制性的规范，而我国企业会计准则与国际会计准则趋同，属于以原则导向型理念制定会计准则，从而给予管理层有较大的选择与职业判断的空间。如若他们操纵会计盈余，则应税收益与会计收益之间将会呈现出较大的差异，以此将可判断、识别企业的盈余管理行为。在本章，从会计信息需求者的角度，以税会差异作为表征变量，以盈余管理水平作为会计信息质量可靠性的衡量指标，判断两者的相关性，对所得税会计准则执行效果作出评价。

6.2.1　我国税会差异的度量

为了研究所得税会计准则的实施效果，首先需度量我国上市公司的税会差异（BTD），即会计利润与应纳税所得额之间的差额。钱春杰（2007）对税收—会计差异的计量方法作出较为全面的梳理，他认为目前国际上主要存在三种计量方法：一是以纳税申报数据为基础，美国财政部（1999）、Plesko（2002，2004）、Desai（2003）、Mills 等（2002）等均采用公司纳税申报表格附表 M－1 进行相关研究；二是以财务报告数据为基础；三是以纳税申报的数据与财务报告数据共同数据为基础。由于我国的纳税申报相关数据不属于财务报告的内容，无须公开披露，从而在会计实证研究中，如要获取相关数据将会有极大的难度，因此通常采用以财务报告数据为基础进行估算的方法。

根据我国现行的所得税会计准则，上市公司需依据资产负债表债务法核算税会差异对企业所得税会计的影响。目前数据库中并未有应纳税所得额的直接数据，从而本书采取前文确定的公式（2－1）～公式（2－4）推算应纳税所得额。

由于我国上市公司并不直接披露应纳税所得额的数据，因此需推算上市公司的应纳税所得税额。叶康涛（2006）在文中就曾指出上市公司应纳税所得额的测算方法主要有两种：一种为基于合并报表披露的所得税费用与所得税税率进行推算，另一种为基于个别会计报表披露的所得税费用与所得税税率，分别推算母子公司的应纳税所得额，最后进行求和加总。然而在具体实际操作中，第二种方法存在其自身的难题，即在数据库中无法直接获得每个子公司所得税费用的数据。公开披露的财务报告中，许多上市公司也不披露每个子公司具体的所得税费用，尤其是所得税税率的数据更难获取，即便是数据库中提供上市公司的税率数据，有很多也是残缺的、不完整的，从而难以根据第二种方法推断上市公司的应纳税所得额。为此，本书选用第一种方法进行应纳税所得额的估算。

6.2.2 正常的税会差异与操纵性税会差异的度量

前文仅仅着眼于广义的税会差异，根据叶康涛（2006）研究的结论：在非应税项目损益（BTD）[①] 的总额里，有一部分属于正常非应税损益（NBTD），还有一部分属于操纵性非应税损益（ABTD），并且该结论在其设计的敏感性测试得以验证。Tang（2006）也在文中指出，由于会计准则与税法的先天差异，将会产生正常的税会差异（NBTD）。影响正常的税会差异（NBTD）的因素主要有以下四个方面：（1）经济因素的变化。比如，收入的增长，很可能使得应收类账户派生大量的坏账准备，而且它还会导致广告、宣传费用的增加。这些费用的确认、计量均需要会计从业人员的职业判断，即会计从业人员有较大的自由裁定权，然而根据所得税税法，这些费用都有相关抵扣比例限制的规定，所以这将会引起利润总额小于应纳税所得额，产生出负的税会差异；（2）公司中的固定资产与无形资产所占比例。比如，若一个公司拥有大量的固定资产与无形资产，则由固定资产与无形资产分别产生的累计折旧与累计摊销将会造成大量的递延所得税费用，事实上在这个过程中会计准则、所得税税法的相

① 叶康涛（2006）在文中将会计利润与应纳所得差异定义为非应税项目损益，与本文定义的税会差异其内涵一致，但由于新旧会计准则之异，其包括的具体项目有些许细微差别。

关规定并未发生任何改变[①]；（3）会计准则与税法相关规定随着时间发生改变；（4）赋税亏损和利用税收补亏。由于会计准则与税法对费用等项目确认的规定不同，在赋税亏损发生时会低估正常的税会差异（NBTD），在利用税收补亏时则会夸大正常的税会差异（NBTD）（Wilkie，1992）。因此，正常的税会差异（NBTD）并不是一个恒定的数值，它与固定资产、无形资产投资规模、经济因素、赋税亏损状况以及政策的变化等因素息息相关。从而，本书意于在控制这些不确定因素下，从纳税申报表出发，根据纳税影响驱动因子，进一步从税会差异总额（BTD）中将正常的税会差异（NBTD），以及操纵性税会差异（ABTD）区分开来。

本书将采用Stata软件，利用如下回归方程，推算出我国上市公司正常的税会差异（NBTD）与操纵性税会差异（ABTD）：

$$\begin{aligned} BTD_{it} = {} & \beta_0 + \beta_1 IMPAIR\_ASSEETS_{it} + \beta_2 AR_{it} + \beta_3 DEP_{it} \\ & + \beta_4 RETURN_{it} + \beta_5 INTAN\_AMORT_{it} + \beta_6 \Delta WAGES\_ \\ & PAY_{it} + \beta_7 \Delta CAPITAL\_RESR_{it} + \beta_8 NB\_EXPE_{it} + \beta_9 NB\_ \\ & REVE_{it} + \beta_{10} OPE\_EXPE_{it} + \beta_{11} MAN\_EXPE_{it} \\ & + \beta_{12} FIN\_EXPE_{it} + \beta_{13} FVC_{it} + \beta_{14} \Delta TAX\_EXPE_{it} + \varepsilon_{it} \end{aligned} \tag{6-1}$$

式中相关变量及其定义如表6-1所示。

上述所有变量的选取，均基于我国上市公司所得税纳税申报表中纳税调整项目的影响因素，为了消除公司规模带来的异方差干扰，

① Manzon和Plesko（2002）提出了影响税会差异（BTD）因素的综合分析。然而，与美国不同的是中国税法规定的折旧年限通常长于会计准则规定的折旧年限。因此，在一项资产使用早期其应纳税所得额大于其利润总额，而在该资产的使用晚期其应纳税所得额小于其利润总额。假设一个公司，无论是税法还是会计准则的规定，其折旧（摊销）年限均不变，则越多的固定资产（PPE）和无形资产，将会带来越多的递延所得税费用，这最终会使得应纳税所得额大于利润总额。

所有变量均除以期初总资产，以此达到标准化；且所有数据均进行了上下1%的Winsorize处理，以消除极端值的影响。正常的税会差异（NBTD）为上述模型（6-1）估计的拟合值，t是样本选取区间的年份，操纵性税会差异（ABTD）为上述模型的残差。

表6-1　　相关变量及其定义

变量名称	变量定义
BTD_{it}	第i公司在第t年总税会差异（利润总额-应纳税所得额）
$IMPAIR\_ASSEETS_{it}$	第i公司在第t年的资产减值准备
AR_{it}	第i公司在第t年的应收账款
DEP_{it}	第i公司在第t年的固定资产的折旧费用
$RETURN_{it}$	第i公司在第t年的投资收益
$INTAN\_AMORT_{it}$	第i公司在第t年的无形资产的累计摊销
$\Delta WAGES\_PAY_{it}$	第i公司从第t-1年到第t年应付职工薪酬的变动额
$\Delta CAPITAL\_RESR_{it}$	第i公司从第t-1年到第t年资本公积的变动额
NB_EXPE_{it}	第i公司在第t年的营业外支出
NB_REVE_{it}	第i公司在第t年的营业外收入
OPE_EXPE_{it}	第i公司在第t年的销售费用
MAN_EXPE_{it}	第i公司在第t年的管理费用
FIN_EXPE_{it}	第i公司在第t年的财务费用
FVC_{it}	第i公司在第t年的公允价值变动损益
ΔTAX_EXPE_{it}	第i公司从第t-1年到第t年所得税费用的变动额

6.2.3　操纵性应计利润的度量

本书采用修正的Jones模型（Dechow et al., 1995）估算操纵性应计利润（DA），而对于总应计利润的测算，一种方法是基于资产负债表（Richardson et al., 2005）测算，即采用如下公式计算：

$$TACC = \Delta ASSET - \Delta CASH - \Delta LIAB \qquad (6-2)$$

其中，TACC 为公司的总应计利润；ΔASSET 为公司年度总资产变化额；ΔCASH 为公司年度总货币资金变化额；ΔLIAB 为公司年度总负债变化额。

另一种方法基于现金流量表（Hribar 和 Collins，2002）测算，即采用如下公式计算：

$$TACC = EARN - OCF \qquad (6-3)$$

其中，TACC 为公司的总应计利润；EARN 为公司的年度净利润；OCF 为公司的年度经营现金净流量。

为了提高本书实证研究的有效性，首先以 Phillips 等（2003）在文中提出的方法，对上述两类方法在识别公司盈余管理行为的有效性方面进行了预检验。本书采用如下方法进行检验：

$$LOGIT(EM) = \alpha_0 + \alpha_1 \times DA + \varepsilon \qquad (6-4)$$

其中，EM 为盈余管理行为的虚拟变量，当 EM = 1 时，上市公司的净资产收益率（ROE）处于（0，0.01）、（0.06，0.07）、（0.09，0.11）三个区间之内，即当 ROE ∈（0，0.01），（0.06，0.07），（0.09，0.11），EM = 1，否则 EM = 0；DA 为分别依据资产负债表和现金流量表计算出的操纵性应计利润。系数 α_1 若显著，则说明操纵性应计利润（DA）可有效识别出上市公司的盈余管理行为；系数 α_1 若为正，则说明操纵性应计利润（DA）与盈余管理行为正相关。

通过测算，结果显示基于资产负债表法可有效识别上市公司的盈余管理行为，而依据现金流量表法计算出的操纵性应计利润（DA）无法有效识别上市公司的盈余管理行为（参见附录）。叶康涛（2006）也对此两种方法进行了预检验，其结果与本书一致。Greene（2008）曾指出无效的代理变量可能会降低实证检验的有效性，从而本书也采用方法一，即基于资产负债表估算企业的总应计利润。

接着，使用估计期的数据估计以下模型：

$$TACC_t/A_{t-1} = \alpha_1(1/A_{t-1}) + \alpha_2(\Delta REV_t/A_{t-1}) + \alpha_3 (PPE_t/A_{t-1}) + \varepsilon_t \quad (6-5)$$

其中，$TACC_t$ 代表的是公司在第 t 年的总应计利润；A_{t-1} 代表的是公司在第 t 1 年的期末总资产；ΔREV 代表的是公司从第 t 年到第 t－1 年主营业务收入的变化额；PPE_t 代表的是公司在第 t 年期末的厂房、设备等固定资产价值。

根据修正的 Jones 模型，使用如下模型估计非操纵性应计利润（NDA）：

$$\hat{TACC}_t/A_{t-1} = \hat{\alpha}_1(1/A_{t-1}) + \hat{\alpha}_2[(\Delta REV_t\text{-}\Delta REC_t)/A_{t-1}] + \hat{\alpha}_3(PPE_t/A_{t-1}) \quad (6-6)$$

其中，ΔREC_t 代表的是公司从第 t 年到第 t－1 年应收账款的变化额；PPE_t 代表的是公司在第 t 年期末的厂房、设备等固定资产价值。

利用下式估计操纵性应计利润（DA）：

$$DA_t = TACC_t/A_{t-1} - \hat{TACC}_t/A_{t-1} \quad (6-7)$$

6.2.4 总的税会差异、操纵性税会差异与盈余管理行为关系的计量

（1）变量的选取。

Burgstahler 和 Dichev（1997）曾提出假设认为管理层有很强

的动机操纵报告盈余，以此来避免报告利润的下降和亏损，并且与预期中全年大规模盈余变动的横截面分布相比，他们通过记录业务，提供实际证据表明，盈余为零和微利发生的频率在盈余管理中极高，同时他们也发现盈余管理水平也呈现出相同情况。此外，Degeorge等（1999）、Mills和Newberry（2001）、Phillips等（2003）均提出一系列证据以此来证明，在实务中上市公司确有通过盈余管理行为刚刚达到或是小幅高于之前预设的三大盈余目标，即维持上年度的盈利业绩、零盈余和迎合分析师的预期。

根据《证券法》及2012年上海和深圳证券交易所分别修改的《股票上市规则》的规定，只要上市公司满足最近两个会计年度经审计的净利润连续为负值的条件，即上市公司连续亏损两年，将会对该公司进行退市风险警示（在公司股票简称前冠以“*ST”的字样）。若此公司在被实施退市风险警示后，其披露的最近一个会计年度经审计后的净利润继续为负，则该上市公司将会被暂停上市。如果此公司持续亏损，最终将会终止上市；同时上市公司向不特定对象公开募集股份的条件，除却符合一般条件之外，还应当满足最近三个会计年度加权平均净资产收益率平均不低于6%的条件；对于配股条件，证监会对上市公司的财务状况有更加严格的规定，要求超过三个完整会计年度上市的上市公司，其连续三年的净资产收益率平均要在10%以上，而属于农业、能源、原材料等行业的上市公司，其净资产收益率可以略低于10%，但不得低于9%。这些法律条文规定无不对上市公司的净利润、净资产收益率提出很高的标准，并且有大量实证研究也共同佐证了那些有强烈动机进行盈余管理的上市公司财务特征，即其净资产收益率多集中在0%、6%、10%附近（Barth et al.，1999；Myers和Skinner，2001；Bartov et al.，2002；Phillips et al.，2003）。

本书遵循Burgstahler和Dichev（1997）研究思路，对我国A

股所有上市公司（除金融、保险业）2013 年净资产收益率的分布情况进行了统计。2013 年我国 A 股上市公司（除金融、保险业）共有 2424 家，在这些公司中净资产收益率最大为 215.59%，最小为 -372.37%，为了排除极端值的影响，对所有的样本进行了处理，其具体结果如图 6-1 所示。从图中可知，净资产收益率平均为 7.03%，标准差为 8.994，同时该分布图清晰地呈现出净资产收益率频数分布的状况，可观察到此分布呈正态分布，且在超过 0%、6%、10% 的附近出现峰值，这恰恰验证了文献中所提上市公司净资产收益率分布的规律性，即"0%、6%、10% 现象"。因此在本书中将净资产收益率处于 (0, 1%)、(6%, 7%)、(9, 11%) 区间的上市公司视为存在盈余管理行为的上市公司。

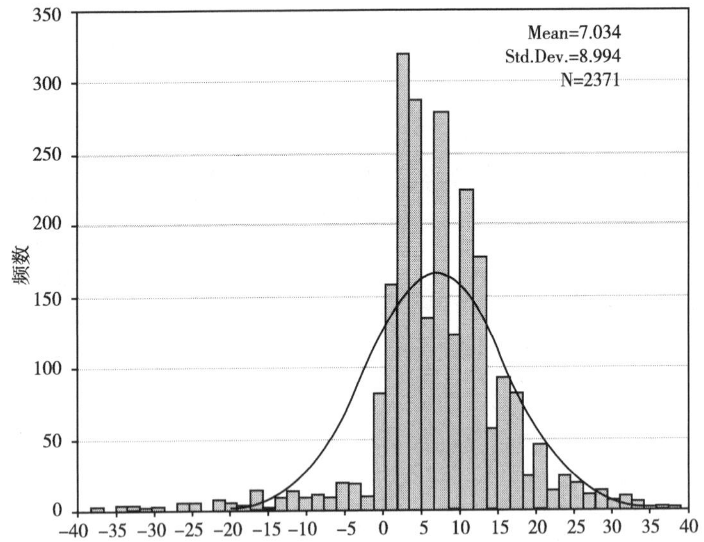

图 6-1　2013 年我国 A 股上市公司净资产收益率（除金融、保险业）分布

此外，为了进一步检验所得税会计准则实施的效果，了解从会计信息需求者的角度，所得税会计准则中所呈现出的会计信息质量，该部分将着重衡量总的税会差异（BTD）、操纵性税会差异（ABTD）分别与盈余管理行为（EM）的关系，即若证明了两者之间具有很强的相关性，则表明随着总的税会差异（BTD）的增加，也可进一步可表述为随着操纵性税会差异（ABTD）的增加，企业更容易实施盈余管理行为（EM），从而影响财务报告所反映会计信息的质量，影响会计信息需求者对会计信息的判断与使用。

为了将研究细化，基于以往的研究，本书进一步将总的税会差异（BTD）与操纵性税会差异（ABTD）划分为正的税会差异（BTD^{+}）、负的税会差异（BTD^{-}）、正的操纵性税会差异（$ABTD^{+}$）、负的操纵性税会差异（$ABTD^{-}$）。除此之外，由于本书所涉及的净资产收益率（ROE）属于不同的区间范围，代表了不同动机的盈余管理行为（EM），从而可将之进一步划分为：当上市公司的净资产收益率（ROE）处于（0，0.01），$EM_1=1$，其他 $EM_1=0$，说明上市公司为避免亏损进行盈余管理；当上市公司的净资产收益率（ROE）处于（0.06，0.07），$EM_2=1$，其他 $EM_2=0$，说明上市公司为防止利润下滑进行盈余管理；当上市公司的净资产收益率（ROE）处于（0.09，0.11），$EM_3=1$，其他 $EM_3=0$，说明上市公司为再融资而进行盈余管理。

（2）模型的构建。

本书借鉴 Phillips 等（2003）提出的模型，利用上市公司公开的财务数据，来研究总的税会差异（BTD）、操纵性税会差异（ABTD）分别与盈余管理行为（EM）之间的关系。

该模型具体为：

$$EM_{4it} = \alpha + \beta_1 BTD_{it}^{-} + \beta_2 DA_{it} + \beta_3 \Delta OCF_{it} + \beta_4 \sum_j Ind_{it} + \beta_5 LEV_{it} + \beta_6 LNSIZE_{it} + \varepsilon_{it} \quad (6-8)$$

$$EM_{4it} = \alpha + \beta_1 BTD_{it}^{+} + \beta_2 DA_{it} + \beta_3 \Delta OCF_{it} + \beta_4 \sum_j Ind_{it} + \beta_5 LEV_{it} + \beta_6 LNSIZE_{it} + \varepsilon_{it} \quad (6-9)$$

$$EM_{1it} = \alpha + \beta_1 ABTD_{it}^{-} + \beta_2 DA_{it} + \beta_3 \Delta OCF_{it} + \beta_4 \sum_j Ind_{it} + \beta_5 LEV_{it} + \beta_6 LNSIZE_{it} + \varepsilon_{it} \quad (6-10)$$

$$EM_{1it} = \alpha + \beta_1 ABTD_{it}^{+} + \beta_2 DA_{it} + \beta_3 \Delta OCF_{it} + \beta_4 \sum_j Ind_{it} + \beta_5 LEV_{it} + \beta_6 LNSIZE_{it} + \varepsilon_{it} \quad (6-11)$$

$$EM_{2it} = \alpha + \beta_1 ABTD_{it}^{-} + \beta_2 DA_{it} + \beta_3 \Delta OCF_{it} + \beta_4 \sum_j Ind_{it} + \beta_5 LEV_{it} + \beta_6 LNSIZE_{it} + \varepsilon_{it} \quad (6-12)$$

$$EM_{2it} = \alpha + \beta_1 ABTD_{it}^{+} + \beta_2 DA_{it} + \beta_3 \Delta OCF_{it} + \beta_4 \sum_j Ind_{it} + \beta_5 LEV_{it} + \beta_6 LNSIZE_{it} + \varepsilon_{it} \quad (6-13)$$

$$EM_{3it} = \alpha + \beta_1 ABTD_{it}^{-} + \beta_2 DA_{it} + \beta_3 \Delta OCF_{it} + \beta_4 \sum_j Ind_{it} + \beta_5 LEV_{it} + \beta_6 LNSIZE_{it} + \varepsilon_{it} \quad (6-14)$$

$$EM_{3it} = \alpha + \beta_1 ABTD_{it}^{+} + \beta_2 DA_{it} + \beta_3 \Delta OCF_{it} + \beta_4 \sum_j Ind_{it} + \beta_5 LEV_{it} + \beta_6 LNSIZE_{it} + \varepsilon_{it} \quad (6-15)$$

上式中相关变量及其定义见表 6－2。

表 6－2　　相关变量及其定义

变量名称	变量定义
EM_{4it}	总盈余管理行为的虚拟变量，当 $EM_{4it}=1$ 时，第 i 上市公司第 t 年的净资产收益率处于 0～1%、6%～7% 和 9%～11% 期间，否则 $EM_{4it}=0$

续表

变量名称	变量定义
EM_{3it}	以再融资为动机的盈余管理行为虚拟变量，当 $EM_{3it}=1$ 时，第i上市公司第t年的净资产收益率处于9%～11%期间，否则 $EM_{3it}=0$
EM_{2it}	以防止利润下滑为动机的盈余管理行为虚拟变量，当 $EM_{2it}=1$ 时，第i上市公司第t年的净资产收益率处于6%～7%期间，否则 $EM_{2it}=0$
EM_{1it}	以避免亏损为动机的盈余管理行为虚拟变量，当 $EM_{1it}=1$ 时，第i上市公司第t年的净资产收益率处于0～1%期间，否则 $EM_{1it}=0$
BTD_{it}^{-}	第i公司在第t年负的总税会差异（利润总额－应纳税所得额）
BTD_{it}^{+}	第i公司在第t年正的总税会差异（利润总额－应纳税所得额）
$ABTD_{it}^{-}$	第i公司在第t年负的操纵性税会差异［由模型（6－1）所得］
$ABTD_{it}^{+}$	第i公司在第t年正的操纵性税会差异［由模型（6－1）所得］
DA_{it}	第i上市公司第t年的操纵性应计利润［由模型（6－7）所得］
ΔOCF_{it}	第i上市公司第t－1年到t年的经营现金流量的差额，对现金流的变化所带来的影响进行控制
Ind_{it}	行业虚拟变量，用以控制行业带来的影响
LEV_{it}	第i公司在第t年的资产负债率，资本结构指标（%）
$LNSIZE_{it}$	第i公司在第t年的企业规模，用年末资产总额自然对数来表示

上述所有变量，除虚拟变量、资产负债率、企业规模外，其他所有变量均除以期初总资产，达到标准化，以消除异方差对之的影响；且对所有数据均进行了上下1%的Winsorize处理，以消除极端值对之的影响。

6.3 样本选择与描述性统计

6.3.1 税会差异总体趋势的分析

（1）样本的选取。

本书以中国2008—2013年沪深两市所有A股上市公司为初始样本[①]，剔除满足下述条件之一的公司：（1）金融、保险类上市公司；（2）2007年12月31日之后上市的公司；（3）所得税税率未知，或为0的公司；（4）利润总额非正的公司；（5）所得税费用非正的公司。剔除的原因主要为，金融、保险类上市公司适用的所得税会计核算方法以及会计制度与其他非金融类的公司不同；本书研究的区间为2008—2013年，需要这6年完整的财务数据；所得税税率未知的公司是指在数据库中所得税税率缺失的公司，所得税税率为0将使本书无法估算应纳税所得额；利润总额非正的公司是指其实际税负与正常公司不同，无法反映其

① 将研究区间选取为2008—2013年，其原因主要为一方面新《企业会计准则》于2006年2月15日发布，自2007年1月1日起施行；同时新《中华人民共和国企业所得税法》于2008年1月1日起实施。而本书研究对象为《企业会计准则第18号——所得税》，其制定理念与会计处理方法同旧会计准则发生较大幅度的改变，且文中部分所涉数据需要上市公司所得税税率，为了保证所得税税率的一致性，从而本书选取数据起始时间为2008年。

实际税负；所得税费用非正将无法估计公司正常的应纳税所得额。根据以上标准，得出了本书分析的有效样本，样本具体的分布与筛选情况如表 6－3 所示。其中所涉数据均来自同花顺 iFinD 金融数据终端和国泰安 CSMAR 数据库。

从 Panel A 和 Panel B 可知本书的有效样本为 638 家上市公司，从 2008 年到 2013 年则共有 3828（638×6）个样本。Panel C 呈现了分行业的统计，从行业分布来看，可知本书选取的样本分布范围广，除了金融、保险业，证监会行业分类标准中的 13 个行业都有所涉及，说明本书的样本具有较强的代表性。此外，从具体的行业统计结果可得，本书选取的样本中主要为制造业（311 个样本）公司，在制造业中机械、设备、仪表类的上市公司分布最多（95 个样本）。

表 6－3　样本的选取

Panel A：样本的剔除	
样本选取的步骤	样本数
初选样本（全部 A 股上市公司）	2408
金融、保险类上市公司（依据证监会行业标准确定）	（43）
2007 年 12 月 31 日之后上市的公司	（1160）
所得税税率未知，或为 0 的公司	（53）
利润总额非正的公司	（435）
所得税费用非正的公司	（79）
有效样本合计	638
Panel B：样本的年份分布	
2008	638
2009	638

续表

Panel B：样本的年份分布	
2010	638
2011	638
2012	638
2013	638
有效样本合计	3828
Panel C：分行业统计样本	
行业	样本数
A 农、林、牧、渔业	3
B 采掘业	22
C 制造业	311
C0 食品、饮料	24
C1 纺织、服装、皮毛	20
C2 木材、家具	3
C3 造纸、印刷	4
C4 石油、化学、塑胶、塑料	39
C5 电子	21
C6 金属、非金属	40
C7 机械、设备、仪表	95
C8 医疗、生物制品	57
C9 其他	8
D 电力、煤气、及水的生产和供应业	29
E 建筑业	16
F 交通运输、仓储业	43
G 信息技术业	33
H 批发和零售贸易	70
J 房地产业	59

续表

PanelC：分行业统计样本	
K 社会服务业	21
L 传播与文化产业	5
M 综合类	26
小计	638

（2）税会差异的总体趋势。

表6-4列示了我国A股上市公司2008—2013年总税会差异（BTD）的描述性统计情况。从总体的描述性统计来看，我国上市公司的应纳税所得额在逐渐超过利润总额，至2013年总税会差异（BTD）的均值达到-334121412.8元，同时依据年度序列来看，除2009年总税会差异（BTD）的均值略微下降以外，之后每年均值都逐渐变大。

表6-4　2008—2013年税会差异总体的描述性统计　（单位：元）

年度	N	均值	最大值	最小值	标准差	偏度	峰度
2008	638	-13311365.4	6322285626.0	-16463310769.0	870604874.3	-9.6	210.5
2009	638	-3431147.5	10183175950.4	-14305266918.0	978024527.6	-2.5	98.2
2010	638	-68061795.7	6426830129.1	-13763868557.0	1007266288.4	-4.9	75.1
2011	638	-163269504.6	6675537229.7	-14955847284.0	1144333431.4	-5.7	68.6
2012	638	-240503900.3	6301800380.0	-20635500878.0	1535573608.8	-7.0	83.6
2013	638	-334121412.8	8760055914.4	-35840335358.3	2075254783.1	-9.8	151.3

图6-2、图6-3分别描述了我国上市公司2008—2013年税会差异（BTD）的总体趋势，以及具体每年的暂时性差异与永久性差异的数额。将之与1993—2008年美国上市公司税会差异总额对比（图6-4），可知我国上市公司总的税会差异趋势与美国一致，尤其自2011年开始显现出一种逐步扩大之势，

且总的利润总额是总应纳税所得额的0.83倍，这与美国16年的数据中总会计利润占总应纳税所得额达到94%结果相接近。然而该结果与钱春杰（2007）统计的我国上市公司1999—2004年税会差异趋势图不一致（图6－5），在该文中钱春杰认为，税会差异在时间序列上并未呈现出这样稳定扩大或是缩小的态势。

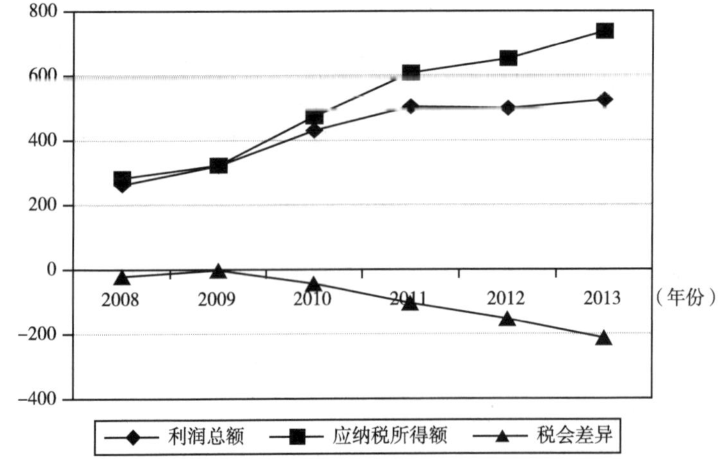

图6－2　2008—2013年税会差异（BTD）的总体趋势（单位：十亿元）

事实上，这样的趋势与我国2007年正式实施新所得税会计准则、2008年我国所得税税法进行改革，以及2008年爆发的金融危机不无关系。新所得税会计准则的实施，将可能导致上市公司有相对一部分自由的空间操纵税会差异，以规避进行盈余管理中的所得税成本，从而影响财务报告中披露的会计信息质量，这也是本章着重要探讨和解决的问题。

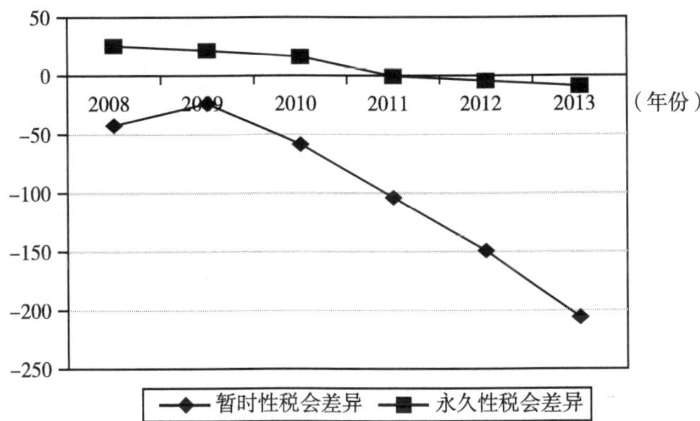

图 6－3　2008—2013 年暂时性差异与永久性差异的比较（单位：十亿元）

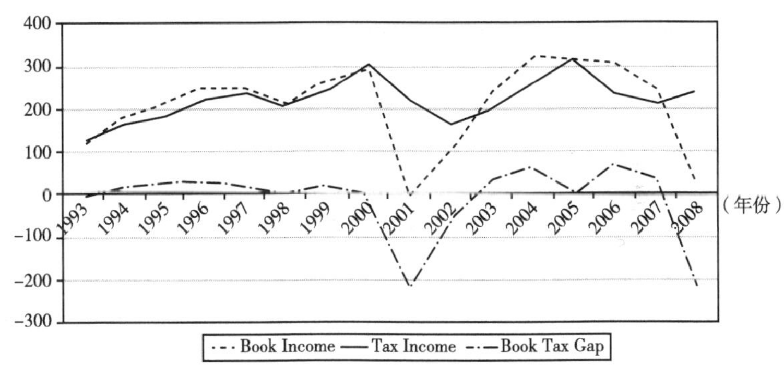

图 6－4　1993—2008 年美国上市公司税会差异总额（单位：十万美元）[①]

① 资料来源：Graham J R, Raedy J S, Shackelford D A. Research in accounting for income taxes [J]. Journal of Accounting and Economics, 2012, 53 (1): 412－434.

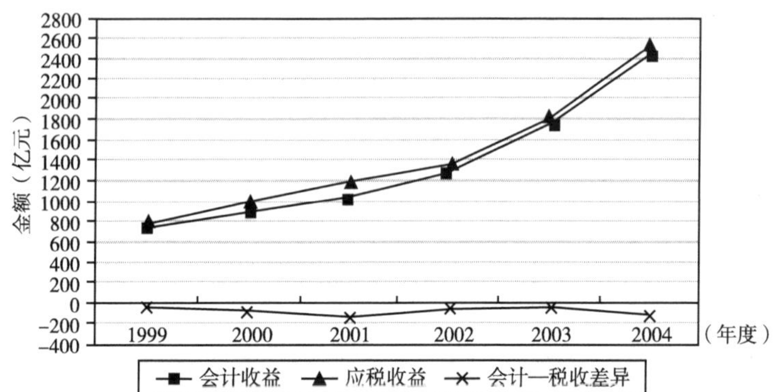

图 6－5　1999—2004 年会计收益、应税收益和会计—税收差异总额折线图（单位：亿元）[①]

6.3.2　主要变量的描述性统计

（1）操纵性税会差异模型中主要变量的描述性统计。

有关操纵性税会差异（ABTD）模型中的样本描述统计见表 6－5。为了减少样本数据中异常值对本书研究结果的影响，对所有的变量均进行了上下 1% 的 Winsorize 处理。从样本描述性统计结果来看，可知平均总税会差异（BTD）的绝对值占期初总资产的比例为 1.33%，说明总税会差异（BTD）数额比较高，再次表明了税会差异逐渐呈分离扩大的趋势，且标准差达到了 7.90%，说明各上市公司间税会差异相差较大，可能会造成正负相抵的结果，为此之后的分析，将总的税会差异（BTD）进一步划分为正的税会差异（BTD^+）与负的税会差异（BTD^-）。总税会差异（BTD）的均值与中位数分别为 －0.0133252 和

① 资料来源：钱春杰．基于会计税收差异的盈余持续性研究［D］．厦门大学博士论文，2007：54.

-0.0175123，均为负数，说明上市公司普遍存在会计收益小于应税收益的现象，这与中国 B 股上市公司的情况相一致（Tang 和 Firth，2011）。

表 6-5　样本描述性统计

变量	观测值	均值	中位数	标准差	最小值	最大值
BTD	3828	-0.0133252	-0.0175123	0.070989	-0.2049442	0.2906661
IMPAIR_ASS~S	3828	0.0253883	0.0155827	0.0337563	0	0.2269952
AR	3828	0.0957674	0.0589223	0.1088838	4.68E-07	0.5358662
DEP	3828	0.1502201	0.1199925	0.1226801	0.0014832	0.5942405
RETURN	3828	0.0109185	0.0020673	0.0223941	-0.0067666	0.1378115
INTAN_AMORT	3828	0.0128222	0.0065634	0.0196856	0	0.1354152
DWAGES_PAY	3828	0.0016042	0.0004513	0.005009	-0.0111038	0.0260539
DCAPITAL_R~R	3828	0.0171894	0	0.0926482	-0.1536056	0.5113367
NB_EXPE	3828	0.0020205	0.0009282	0.0034387	1.76E-06	0.0234023
NB_REVE	3828	0.0088304	0.0045058	0.0133237	0.0000244	0.0895965
OPE_EXPE	3828	0.0518769	0.0269896	0.0718377	0	0.3910996
MAN_EXPE	3828	0.0541204	0.0463356	0.0393221	0.0049302	0.2120679
FIN_EXPE	3828	0.0106807	0.0094579	0.0116871	-0.0144557	0.0452424
FVC	3828	0.0000108	0	0.0018581	-0.0100976	0.0103157
DTAX_EXPE	3828	0.0018912	0.0011974	0.0104189	-0.030311	0.0476631

注 a：表中的每一个变量均除以期初总资产，以此达到标准化；

注 b：已对数据进行了上下 1% 的 Winsorize 处理；

注 c：所有的变量定义同表 6-1。

表 6-6 为该模型变量的相关系数矩阵。本书采用的是 Pearson 相关系数，并进行双侧检验，发现除无形资产的累计摊销、营业外支出与营业外收入在 10% 的水平上不与因变量总税会差

表 6-6 变量相关系数矩阵

	BTD	IMPAIR_ASS~S	AR	DEP	RETURN	INTAN_AMORT	DWAGES_PAY	DCAPITAL_R~R	NB_EXPE	NB_REVE	OPE_EXPE	MAN_EXPE	FIN_EXPE	FVC	DTAX_EXPE
BTD	1.000														
IMPAIR_ASS~S	-0.142***	1.000													
AR	-0.118***	0.219***	1.000												
DEP	-0.044***	0.049***	-0.061***	1.000											
RETURN	0.319***	0.050***	-0.063***	-0.110***	1.000										
INTAN_AMORT	0.014	0.140***	0.044***	0.110***	0.018	1.000									
DWAGES_PAY	-0.061***	0.096***	0.179***	0.138***	0.016	0.067***	1.000								
DCAPITAL_R~R	0.048***	0.065***	0.139***	0.126***	-0.003	0.061***	0.150***	1.000							
NB_EXPE	-0.016	0.134***	0.013	0.095***	0.027*	0.118***	0.134***	0.058***	1.000						
NB_REVE	-0.009	0.209***	0.151***	0.082***	0.012	0.091***	0.070***	0.102***	0.282***	1.000					
OPE_EXPE	-0.159***	0.132***	0.148***	0.019	-0.015	0.127***	0.215***	0.056***	0.141***	0.128***	1.000				

续表

	BTD	IMPAIR_ASS~S	AR	DEP	RETURN	INTAN_AMORT	DWAGES_PAY	DCAPITAL_R~R	NB_EXPE	NB_REVE	OPE_EXPE	MAN_EXPE	FIN_EXPE	FVC	DTAX_EXPE
MAN_EXPE	-0.139***	0.203***	0.291***	0.257***	-0.016	0.149***	0.322***	0.128***	0.205***	0.234***	0.434***	1.000			
FIN_EXPE	0.068***	0.003	0.105***	0.155***	-0.022	0.062***	-0.019	0.096***	0.066***	0.097***	-0.156***	-0.073***	1.000		
FVC	0.052***	-0.005	0.003	-0.018	-0.041**	-0.021	0.058***	0.044***	-0.026	-0.035**	-0.011	-0.004	0.018	1.000	
DTAX_EXPE	-0.053***	0.018	0.082***	0.046***	0.126***	0.040**	0.279***	0.150***	0.134***	0.084***	0.119***	0.170***	0.012	0.103***	1.000

注 a：本书采用的是 Pearson 相关系数；

注 b：*、**、*** 代表在 10%、5%、1% 水平上显著；

注 c：所有的变量定义同表 6－1。

异（BTD）显著相关外，其他自变量均在10%、5%、1%的水平上与之显著相关。这说明自变量与因变量两两之间存在着显著的相关关系。

（2）总税会差异、操纵性税会差异与盈余管理行为模型中主要变量的描述性统计

有关总税会差异（BTD）、操纵性税会差异（ABTD）与盈余管理行为（EM）模型中的样本描述统计见表6－7。为了减少样本数据中异常值对本书研究结果的影响，对所有的变量均进行了上下1%的Winsorize处理。从样本描述性统计结果来看，可知总应计利润（TACC）占期初总资产的比例平均为5.37%，这与叶康涛（2006）文中结果相近，说明中国的上市公司并不全部通过操纵应计项目来达到盈余管理的目的，而是更多地采用操纵非应税收益，即本书所言的操纵性税会差异（ABTD）来进行盈余管理，规避该项行为所带来的所得税成本，降低了财务报告的信息质量。

另外值得注意的是，虽平均操纵性税会差异（ABTD）所占期初总资产的比例很低，但是其均值与中位数均为负数，且其标准差很大，达到6.46%，这很有可能是各公司操纵性税会差异（ABTD）正负相抵的结果。在本书的样本中有2085个样本（占总样本的54.47%）的操纵性税会差异（ABTD）小于0，即会计收益小于应税收益，这也间接反映了负的操纵性税会差异（$ABTD^-$）更能代表上市公司的主要情况。

根据上市公司净资产收益率（ROE）划分的区间，盈余管理行为（EM）的均值依次为0.0274295、0.0637409、0.1175549和0.2087252，即表明当净资产收益率（ROE）处于0～1%区间时，约有2.74%的上市公司可能存在以避免亏损为动机的盈余管理行为；当净资产收益率（ROE）处于6%～7%区间时，约有6.37%的上市公司可能存在以防止利润下滑为动

机的盈余管理行为；当净资产收益率（ROE）处于9%～11%区间时，约有11.76%的上市公司可能存在以再融资为动机的盈余管理行为；综合三个区间综合来看，可知约有20.87%的上市公司可能存在盈余管理行为。

表6-7　　　　样本描述性统计

变量	观测值	均值	中位数	标准差	最小值	最大值
TACC	3828	0.0537383	0.038159	0.1207502	-0.2246389	0.6645536
DREV-DREC	3828	0.1257761	0.0758196	0.2458059	-0.3937428	1.395483
PPE	3828	0.2772583	0.2300595	0.2088883	0.0032271	0.9250484
EM_1	3828	0.0274295	0	0.1633526	0	1
EM_2	3828	0.0637409	0	0.2443226	0	1
EM_3	3828	0.1175549	0	0.3221224	0	1
EM_4	3828	0.2087252	0	0.4064507	0	1
ABTD	3828	-4.16E-11	-0.0036928	0.0645715	-0.2686433	0.3831348
DA	3828	0.0035603	-0.0077267	0.1170236	-0.42401	0.65927
DOCF	3828	0.0077135	0.0053594	0.1042862	-0.3697488	0.3839444
LEV	3828	0.4948843	0.49802	0.1946758	0.00708	2.626998
LNSIZE	3828	22.25206	22.11222	1.188148	18.26586	26.99871

注a：除虚拟变量、资产负债率、企业规模外，上述每一个变量均除以期初总资产，以此达到标准化；

注b：已对数据（除虚拟变量）进行了上下1%的Winsorize处理；

注c：所有的变量定义同表6-2。

表6-8对总税会差异（BTD）、操纵性税会差异（ABTD）、操纵性应计利润（DA）以及盈余管理行为（EM）进行了相关系数分析。本书采用的是Pearson相关系数，并进行了双侧检验。发现负的总税会差异（BTD^-）在1%的置信水平上与总的盈余管理行为（EM_4）呈显著正相关关系；在5%的置信水平上与以

表 6-8　变量相关系数矩阵

	EM_1	EM_2	EM_3	EM_4	BTD^-	BTD^+	$ABTD^-$	$ABTD^+$	DA	DOCF	LEV	LNSIZE
EM_1	1.000											
EM_2	-0.044***	1.000										
EM_3	-0.061***	-0.095***	1.000									
EM_4	0.327***	0.508***	0.711***	1.000								
BTD^-	0.001	0.050**	0.037*	0.060***	1.000							
BTD^+	0.078***	-0.029	-0.037	-0.025		1.000						
$ABTD^-$	-0.016	0.048**	0.051**	0.061***	0.849***	-0.027	1.000					
$ABTD^+$	0.020	-0.040*	-0.015	-0.030	0.057	0.899***		1.000				
DA	-0.070***	-0.040**	-0.029*	-0.075***	-0.085***	0.232***	-0.102***	0.216***	1.000			
DOCF	-0.024	-0.013	-0.016	-0.031*	-0.048**	0.039	-0.004	0.029	-0.165***	1.000		
LEV	-0.032*	-0.002	0.012	-0.005	-0.001	-0.018	-0.030	0.009	-0.158***	-0.010	1.000	
LNSIZE	-0.055***	-0.014	0.021	-0.014	0.023	-0.016	0.021	0.003	0.066***	0.008	0.389***	1.000

注 a：本书采用的是 Pearson 相关系数；

注 b：*、**、*** 代表在 10%、5%、1% 水平上显著；

注 c：所有的变量定义同表 6-2。

防止利润下滑为动机的盈余管理行为（EM_2）呈显著正相关关系；在10%的置信水平上，与以再融资为动机的盈余管理行为（EM_3）呈显著正相关关系。而正的总税会差异（BTD^+）在1%的置信水平上与以避免亏损为动机的盈余管理行为（EM_1）呈显著正相关关系。同样负的操纵性税会差异（$ABTD^-$）在1%的置信水平上与总的盈余管理行为（EM_4）呈显著正相关关系；在5%的置信水平上，与以防止利润下滑为动机的盈余管理行为（EM_2）和以再融资为动机的盈余管理行为（EM_3）均呈显著正相关关系。以上种种表明，随着负的总税会差异（BTD^-）与负的操纵性税会差异（$ABTD^-$）的扩大，上市公司存在明显的盈余管理行为（EM），上市公司存在利用负的总税会差异（BTD^-）与负的操纵性税会差异（$ABTD^-$）来规避所得税成本的动机。

此外，根据修正的琼斯模型得出的操纵性应计利润（DA）在1%的置信水平上与总的盈余管理行为（EM_4）和以避免亏损为动机的盈余管理行为（EM_1）呈显著负相关关系；在5%的置信水平上与以防止利润下滑为动机的盈余管理行为（EM_2）呈显著负相关关系；在10%的置信水平上与以再融资为动机的盈余管理行为（EM_3）呈显著负相关关系。说明以应计项目来衡量我国上市公司的盈余管理水平，可能会存在一定的系统性偏误，这与Phillips等（2003）、Tang等（2006，2011）、刘文军等（2009），以及谭青与李薇（2011）研究的结论相似。

6.4　实证分析结果

6.4.1　操纵性税会差异模型推算结果

通过前文所示公式计算出上市公司的应纳税所得额，并根据税会差异的定义算出总的税会差异（BTD），即利润总额与应纳税所得额之差，之后利用相关数据，依据回归方程（6－1）推算出上市公司正常的税会差异（NBTD）与操纵性税会差异（ABTD）。回归结果如表6－9所示，从回归结果可知绝大多数的变量均通过了显著性检验，只有应付职工薪酬的变动额和营业外支出这两个变量没有通过显著性检验。

表6－9　　税会差异测算模型的回归结果

解释变量	回归系数	P值	VIF
IMPAIR_ASS～S	－0.300***	0.000	1.13
AR	－0.0341***	0.001	1.23
DEP	0.0231***	0.001	1.19
RETURN	1.060***	0.000	1.05
INTAN_AMORT	0.160***	0.003	1.06
DWAGES_PAY	0.00276	0.990	1.22
DCAPITAL_R～R	0.0593***	0.000	1.08
NB_EXPE	0.22	0.500	1.15
NB_REVE	0.217**	0.011	1.18
OPE_EXPE	－0.101***	0.000	1.30
MAN_EXPE	－0.0931***	0.006	1.60
FIN_EXPE	0.292***	0.002	1.11
FVC	2.737***	0.000	1.02
DTAX_EXPE	－0.636***	0.000	1.15
_cons	－0.0104***	0.000	
N	3828		
F	56.83		
adj. R－sq	0.17		

注a：*、**、***分别代表系数在10%、5%、1%水平上显著；

注b：所有的变量定义同表6－1。

具体而言，资产减值准备的回归系数为-0.300，在1%的水平上与总的税会差异（BTD）显著负相关，说明其是构成税会差异的重要因素之一；应收账款的回归系数为-0.0341，在1%的水平上与总的税会差异（BTD）显著负相关，说明其是构成税会差异的重要因素之一；固定资产折旧费用的回归系数为0.0231，在1%的水平上与总的税会差异（BTD）显著正相关，说明其是构成税会差异的重要因素之一；投资收益的回归系数为1.060，在1%的水平上与总的税会差异（BTD）显著正相关，说明其是构成税会差异的重要因素之一；无形资产累计摊销的回归系数为0.160，在1%的水平上与总的税会差异（BTD）显著正相关，说明其是构成税会差异的重要因素之一；资本公积的变动额的回归系数为0.0593，在1%的水平上与总的税会差异（BTD）显著正相关，说明其是构成税会差异的重要因素之一；营业外收入的回归系数为0.217，在5%的水平上与总的税会差异（BTD）显著正相关，说明其是构成税会差异的重要因素之一；销售费用的回归系数为-0.101，在1%的水平上与总的税会差异（BTD）显著负相关，说明其是构成税会差异的重要因素之一；管理费用的回归系数为-0.0931，在1%的水平上与总的税会差异（BTD）显著负相关，说明其是构成税会差异的重要因素之一；财务费用的回归系数为0.292，在1%的水平上与总的税会差异（BTD）显著正相关，说明其是构成税会差异的重要因素之一；公允价值变动损益的回归系数为2.737，在1%的水平上与总的税会差异（BTD）显著正相关，说明其是构成税会差异的重要因素之一；所得税费用的变动额的回归系数为-0.636，在1%的水平上与总的税会差异（BTD）显著正相关，说明其是构成税会差异的重要因素之一。另外，应付职工薪酬的变动额、营业外支出与总的税会差异（BTD）回归系数不显著，说明这两个项目对税会差异（BTD）没有显著的影响。

在这些因素中，由于公允价值变动损益的回归系数相对于其他变量而言最大且显著为正，说明该项目对所选样本公司的税会差异（BTD）影响最大。依据《企业会计准则第22号——金融工具确认和计量》，以公允价值计量且其变动计入当期损益的金融资产，其在某期期末的账面价值即为其公允价值。而税法对其规定则为，企业以公允价值计量的金融资产、金融负债以及投资性房地产等，在持有期间其发生的公允价值变动不计入应纳税所得额，只有在实际处置和结算时，才将其计入应纳税所得额。按照该项规定，以公允价值计量的金融资产在持有期间，随着市场价值波动带来的影响，税务部门对此并不认可，所以该项金融资产在某一会计期末的计税基础就为其开始的取得成本。由于这样的规定，从而导致在公允价值变动的情形下，这样的金融资产其账面价值与计税基础之间形成差异。而该项目对总的税会差异（BTD）的影响是最大的，说明了"公允价值"模式对会计准则与税法两大体系都造成了不小的冲击，因此现如今提倡的"全面公允价值"模式能否和值得进一步推广，值得商榷。

6.4.2 总税会差异、操纵性税会差异与盈余管理行为模型推算结果

(1) 总税会差异与盈余管理行为。

本书采用回归方程（6-2）、（6-6）、（6-7）推算出上市公司非操纵性应计利润（NDA）和操纵性应计利润（DA）。由

于总税会差异（BTD）的正负代表不同的经济含义[①]，从而根据回归方程（6－1）的结果，进一步将总税会差异（BTD）划分为正的总税会差异（BTD^+）和负的总税会差异（BTD^-），并将之连同操纵性应计利润（DA）带入回归方程（6－8）、（6－9）进行回归，考察正的总税会差异（BTD^+）、负的总税会差异（BTD^-）、操纵性应计利润（DA）与总盈余管理行为（EM_4）之间的关系。具体回归结果如表6－10所示。

表6－10　　Logit回归结果

	（Ⅰ）－	（Ⅱ）＋
	EM_4	EM_4
BTD	3.185** （2.43）	－0.428 （－0.37）
DA	－2.168*** （－4.12）	－1.655** （－2.41）
DOCF	－1.140** （－2.34）	－0.790 （－1.01）
LEV	－0.737** （－2.23）	－0.313 （－0.67）

① 总的税会差异（BTD）为利润总额与应纳税所得额之差，而正的总税会差异（BTD^+）是指利润总额大于应纳税所得额，而负的总税会差异（BTD^-）是指利润总额小于应纳税所得额。在本书的样本中有2664个样本（占总样本的69.59%）的总税会差异（BTD）小于0，即利润总额小于应纳税所得额，这也间接反映了总税会差异（BTD^-）更能代表上市公司的主要情况。造成利润总额小于应纳税所得额的原因很多，其中一项很重要的原因就是会计准则的理念为原则性导向，从而会计人员有较大的职业判断空间，而税法对此要求更为严苛。该现象说明了公司的税会差异（BTD）不仅简单呈现了会计准则与税法之间差异程度，更是体现了公司管理当局进行盈余管理和税务筹划的行为和策略，是所得税会计准则实施效果考察的重要指标。

续表

	（Ⅰ） -	（Ⅱ） +
LNSIZE	0.0100 (0.21)	-0.0266 (-0.35)
_cons	-0.876 (-0.85)	0.375 (0.22)
Ind	控制	控制
N	2659	1164
Log likelihood	-1343.6	-548.6
LR chi2	73.8	59.94
Pseudo R2	0.0267	0.0518

注 a：*、**、*** 分别代表系数在 10%、5%、1% 水平上显著；

注 b：括号中为 t 值；

注 c：所有的变量定义同表 6-2。

从回归结果（Ⅰ）、（Ⅱ）来看，负的总税会差异（BTD^-）的回归系数为正，且在5%的置信水平上显著，这表明随着上市公司负的总税会差异（BTD^-）增加，其总的盈余管理行为（EM_4）也随之增加，且进行盈余管理的上市公司，其负的总税会差异（BTD^-）较未进行盈余管理的上市公司而言，高达3.185倍。即负的总税会差异（BTD^-）越大，上市公司越可能存在以避免亏损、防止利润下滑和再融资为动机的盈余管理行为。然而，正的总税会差异（BTD^+）的回归系数却不显著，说明其无法识别出上市公司的盈余管理行为，这可能与之数额太小有关。同时，操纵性应计利润（DA）在回归方程（6-8）、(6-9)回归的结果均显示，其与总的盈余管理行为（EM_4）显著负相关，说明修正的琼斯模型在识别我国上市公司盈余管理行为上可能具有一定的系统性偏误。这与 Phillips 等（2003）、

Tang 等（2006，2011）、刘文军等（2009），以及谭青与李薇（2011）研究的结论相似。

以上结果与预期的结果一样，上市公司有足够强的动机进行盈余管理行为，所得税会计准则的实施效果得到了验证，上市公司负的总税会差异（BTD^-）逐渐呈扩大之势，并受之影响，总的盈余管理行为（EM_4）随之扩大而增加，上市公司公开披露财务报告中会计信息质量的可靠性、谨慎性受到了质疑。

（2）操纵性税会差异与盈余管理行为。

本书采用回归方程（6－2）、（6－6）、（6－7）推算出上市公司非操纵性应计利润（NDA）和操纵性应计利润（DA）。由于操纵税会差异（ABTD）的正负代表不同的经济含义，从而根据回归方程（6－1）的结果，进一步将操纵性税会差异（ABTD）划分为正的操纵性税会差异（$ABTD^+$）和负的操纵性总税会差异（$ABTD^-$），并将之连同操纵性应计利润（DA）带入回归方程（6－10）、（6－11）、（6－12）、（6－13）、（6－14）、（6－15）进行回归，考察正的操纵性税会差异（$ABTD^+$）、负的操纵性税会差异（$ABTD^-$）、操纵性应计利润（DA）与各个动机产生的盈余管理行为（EM_1、EM_2、EM_3）之间的关系。具体回归结果如表 6－11 所示。

从回归结果（Ⅰ）、（Ⅱ）可知，正的操纵性税会差异（$ABTD^+$）和负的操纵性税会差异（$ABTD^-$）的回归系数均不显著，说明操纵性税会差异（ABTD）无法识别出上市公司以避免亏损为动机的盈余管理行为，这与样本中以该项动机界定盈余管理行为的数量有一定的关系，从表 6－7 可得，EM_1 的均值为 0.0274295，即表明约有 2.74% 的上市公司可能存在以避免亏损为动机的盈余管理行为，较之其他动机的盈余管理行为，其所占比例较小。从回归结果（Ⅲ）、（Ⅳ）可知，在 5% 的置信水平上，负的操纵性税会差异（$ABTD^-$）与以防止利润下滑为动机的盈余管理行为（EM_2）显著正相关，这表明在上市公司中负的操纵性税会差异（$ABTD^-$）越大，上市公司越有可能出现以防止利润下滑为动机的盈余管理行为（EM_2）。平均而言，负的操纵性税会差异（$ABTD^-$）占期初总资产的比例每增加1元，则以防止利润下滑为动机的盈余管理行为（EM_2）将会增加6.030倍。从回归结果（Ⅴ）、（Ⅵ）可知，在10%的置信水平上，负的操纵性税会差异（$ABTD^-$）与以再融资为动机的盈余管理行为（EM_3）显著正相关，这表明在上市公司中负的操纵性税会差异（$ABTD^-$）越大，上市公司越有可能出现以再融资为动机的盈余管理行为（EM_3）。平均而言，负的操纵性税会差异（$ABTD^-$）占期初总资产的比例每增加1元，则以再融资为动机的盈余管理行为（EM_3）将会增加3.874倍。综上所得，负的操纵性税会差异（$ABTD^-$）将可以有效地识别出上市公司以防止利润下滑为动机的盈余管理行为（EM_2）和以再融资为动机的盈余管理行为（EM3）。这些无不说明了负的操纵性税会差异（$ABTD^-$）呈扩大之势的上市公司，其更有可能存在这两种动机的盈余管理行为，因此这些上市公司披露的盈余信息质量，将很可能并不符合会计信息质量的基本标准。

此外，从表6－11的回归结果还可知，在不同的置信水平上，操纵性应计利润（DA）的回归系数均为负，说明修正的琼斯模型在识别我国上市公司盈余管理行为上可能具有一定的系统性偏误。这与Phillips等（2003）、Tang等（2006，2011）、刘文军等（2009），以及谭青与李薇（2011）研究的结论相似。

表 6-11　　　　Logit 回归结果

	（Ⅰ）　-	（Ⅱ）　+	（Ⅲ）　-	（Ⅳ）　+	（Ⅴ）　-	（Ⅵ）　+
	EM_1	EM_1	EM_2	EM_2	EM_3	EM_3
ABTD	-2.047 (-0.66)	2.644 (0.80)	6.030** (2.04)	-3.084 (-1.48)	3.874* (1.83)	-0.0664 (-0.05)
DA	-4.561*** (-3.34)	-7.552*** (-3.50)	-1.168 (-1.22)	-1.812* (-1.86)	-1.465** (-2.07)	-0.353 (-0.49)
DOCF	-2.204* (-1.91)	-3.995* (-1.85)	-1.395 (-1.52)	0.0914 (0.09)	-0.240 (-0.36)	-1.187 (-1.48)
LEV	-1.532* (-1.88)	-3.209** (-2.29)	0.276 (0.49)	-0.787 (-1.15)	-0.437 (-0.95)	0.0468 (0.10)
LNSIZE	-0.181 (-1.38)	-0.287 (-1.23)	0.0180 (0.20)	-0.158 (-1.57)	0.0211 (0.32)	0.125* (1.68)
_cons	1.805 (0.66)	3.621 (0.72)	-3.364* (-1.71)	1.292 (0.55)	-2.215 (-1.54)	-3.489** (-2.12)
Ind	控制	控制	控制	控制	控制	控制
N	2056	1069	2081	1722	2071	1677
Log likelihood	-293.6	-115.2	-479.0	-392.2	-744.8	-594.3
LR chi2	36.86	64.14	25.49	44.37	36.16	37.02
Pseudo R2	0.0591	0.218	0.0259	0.0535	0.0237	0.0302

注 a：*、**、*** 分别代表系数在 10%、5%、1% 水平上显著；

注 b：括号中为 t 值；

注 c：所有的变量定义同表 6-2。

6.5　小结

本章选用我国 2008—2013 年沪深两市 A 股上市公司作为样

本进行了实证分析，首先研究了以时间序列作为参考的基础上，我国总税会差异（BTD）总的变动趋势；其次分析了形成总税会差异（BTD）的影响因素，之后从总的税会差异中剥离出正常的税会差异（NBTD）与操纵性税会差异（ABTD）；最后，分别检验了总的税会差异（BTD）、操纵性税会差异（ABTD）与盈余管理行为（EM）之间的关系。证实了随着新所得税会计准则的执行，我国的税会差异逐渐呈分离之势，而从会计信息需求者的角度而言，税会差异是识别上市公司盈余质量的一个可靠的指标。

查特菲尔德教授曾在他的著作《会计思想史》（1989）中指出，会计发展的动力主要来自两个方面，其一为外部社会经济环境的变化，其二为会计信息需求者需求的变化。在社会经济环境均发生较大变化的现今，如何向会计信息需求者提供高质量和数量的会计信息显得至关重要。同时在美国财务会计概念框架第一号公告（SFAC No. 1）中，美国财务会计准则委员会（FASB）也提到财务报告应为投资者、债权人和其他财务报告需求者提供对他们作出理性投资决策有用的信息。事实上，会计盈余被认为是财务报告的核心内容之一，具有决策有用性与预测企业未来现金流的特征和能力。从而本章为了检验所得税会计准则实施的效果，便以此作为突破口。在理论分析与文献回顾的基础上，检验了操纵性税会差异（ABTD）与盈余管理行为（EM）之间的关系，借鉴了 Phillips 等（2003）的模型，得出以下研究结论：

（1）自 2007 年在上市公司实施新所得税会计准则以来，2008—2013 年我国上市公司的应纳税所得额在逐渐超过利润总额，至 2013 年总税会差异（BTD）的均值达到 -334121412.8 元，同时依据年度序列来看，除 2009 年总税会差异（BTD）的均值略微下降以外，之后每年均值都逐渐变大。说明我国总的税会差异呈扩大之势。

（2）总的税会差异与资产减值准备、应收账款、固定资产折旧费、投资收益、无形资产累计摊销、资本公积的变动额、营业外收入、销售费用、管理费用、财务费用、公允价值变动损益、所得税费用的变动额均有关。尤其是公允价值变动损益对之影响最大。

（3）由于会计准则与税法遵循着不同的原则与目标，而所得税会计准则的实施表明两者的分离度更大，这给予了税会差异更多的信息含量，因企业管理层在进行盈余管理时可能会面临权衡所得税成本的选择，而现今这种分离之势可能会给管理层带来更大的操纵空间。本章研究结果表明，相对于操纵性应计利润（DA），总的税会差异（BTD）与操纵性税会差异（ABTD）更能识别企业的盈余管理行为。随着负的总税会差异（BTD^{-}）与负的操纵性税会差异（$ABTD^{-}$）的扩大，企业的盈余管理行为（EM）也随之增加。该结果说明了所得税会计准则的实施，影响了盈余质量以及会计信息的质量。对于会计信息需求者而言，其将无法从财务报告中获得可靠的会计信息，所得税会计准则实施的效果了然于中。

第7章 我国所得税会计准则改革的相关建议

基于前文的研究，从会计信息供需关系分析了所得税会计准则在制定与执行层面分别所遇问题，可知资产负债表债务法的核心会计科目——递延所得税资产（DTA）与递延所得税负债（DTL）中有一类递延所得税资产（DTA）与递延所得税负债（DTL）属于价值无关的资产与负债，并不符合资产与负债的概念与定义，并且在所得税会计准则具体执行之时，并未考虑会计信息供给者的态度，同时执行所得税会计准则之后最显著的特征即为税会差异的逐步扩大，与随之增加的盈余管理行为，这些均对我国未来所得税会计准则的改革指明了进一步方向。经济全球化、信息化和高科技化无不对我们传统的生活造成了冲击，这也同样影响了传统的会计核算，如何在现今宏观环境下作出迅速反应，并能更加准确地确认、计量与披露会计信息成为未来整个会计核算体系改革不得不思考的问题。目前，国家税务总局对企业原有的纳税申报表已进行了新一轮的修订，将纳税申报表的数量由原来的 16 张增加至 41 张，并要求企业披露一定的财务信息，然而与之息息相关的所得税会计准则并没有与时俱进地进行相应的修改与变动。因而，在前文分析的基础上，本章阐述了未来所得税会计准则的改革方向，首先确定了所得税会计准则改革的思想，分别从会计准则制定与执行的角度进行了分析；其次，确定了所得税会计准则改革的整体框架，只有构建适合我国的税会模式，才能进一步分析具体的改革措施；最后，考虑到资产负债表债务法的不合理性，从完全新设想和部分改良这两大方向，为我国所得税会计准则改革提出了切实可行的路径。本章试图从理论架构和实务操作层面分别为我国所得税会计准则的改革提出相应的政策建议。

7.1　改革的基本思想：我国会计准则制定与执行的相关建议

7.1.1　有关我国会计准则制定的相关建议

所得税会计准则一直被视为会计准则制定理念选择的一个显著例证（李勇，2006）。现有的会计准则制定理念主要包括资产负债观与收入费用观，而我国所得税会计准则中所得税会计处理方法，历经了应付税款法、利润表债务法，直至目前采用的资产负债表债务法，反映了我国会计准则制定理念由收入费用观向资产负债观的转变。然而，这种变革的动力主要来自国际协调与美国、国际会计准则的变动，相对于我国实际经济发展状况而言，该股驱动力显得略有被动。从我国现有会计环境出发，我国会计准则制定理念究竟为何值得思考与商榷。

(1) 会计准则标准确立的建议。

在对我国会计准则制定理念选择提出建议之前，需明确会计准则的标准，即何为高质量的会计准则？美国证券交易管理委员会（SEC）前任主席 Levitt 对此有过相关阐述，他认为高质量的会计准则能够产生可比、透明和充分披露的财务信息（葛家澍，2002）。显然该观点的出发点为财务报告，事实上高质量的会计准则不仅仅是可提供高质量会计信息的财务报告，它的范畴更为宽泛。因此，构建符合我国会计环境的会计准则标准显得十分有必要。

首先，对会计信息市场进行相关的经济学分析，可知在会计信息交易市场中，会计信息是该市场的客体，且被视为一种特殊的商品进行交易，而会计信息市场的主体分别为会计信息的需求者和会计信息的供给者。根据前文的分析，会计信息的需求者大多为企业的主要利益相关者，包括股东、债权人、供货方、销售方等。而会计信息的供给者为各类会计主体单位，而主要构成部分是企业单位。会计信息的供给者与需求者之间的相互作用，促进了会计准则的发展。

其次，根据阎达五和李勇（2002）所提出的观点，西蒙（Simon）有限理性学说也可应用到会计信息的分析之中。在信息时代，人们面临着大量、繁杂的会计信息，“人的理性是有限的”使得人们开始注意到成本效益原则，在会计改革中不能盲目地追求所谓的会计理论的先进性和最佳点。应该意识到我国会计信息的需求者、供给者，以及会计信息市场的完善度尚与国际水平存在一定的差距，应在分析我国会计准则制定目标的基础上，寻求使得各方均达到满意的“通解”，两者具体的相互作用如图 7-1 所示。

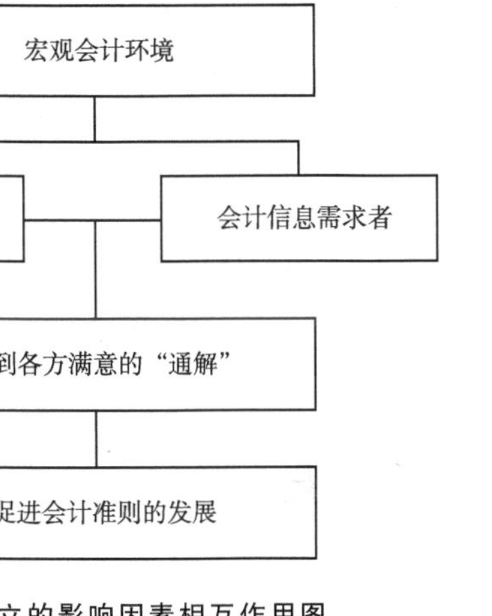

图 7－1　会计准则标准确立的影响因素相互作用图

在此，本书建议我国会计准则应明确自身的目标，提出将高质量会计准则的标准定为能使会计信息的供给者与需求者均满意的“通解”。也就是可以根据会计信息质量特征中的价值相关性、可靠性、可理解性以及盈余管理四个维度确立所得税会计准则判定标准，兼顾财务报告的多方相关者利益，为之提供决策有用的会计信息。

根据前文的分析可知，实践中我国所得税会计准则的实施并未达到会计信息供给者满意的“通解”，对于会计信息供给者而言，大多数会计人员对所得税会计准则并不十分了解，并且对准则的改革结果也不甚满意，同时绝大多数会计从业人员认为该项准则不易执行，所得税会计准则增加了财务工作的复杂程度；并且，从会计信息需求者的角度来看，所得税会计准则的实施也未达到会计信息需求者满意的“通解”。所得税会计准则的实施，加大了税会差异，从某种角度增加了企业管理层操纵盈余的空间，降低了会计信息的质量。因而，应根据上述构建所得税会计准则判定标准，进一步推动所得税会计准则改革，提高会计信息质量，最终达至推动企业所有具体会计准则进行有利的变革。

（2）会计准则制定理念选择的建议。

目前，世界上主要存在两种会计准则的制定理念，即资产负债观和收入费用观。我国新颁布的企业会计准则选择依据前者制定，即基于资产和负债的变动来计量收益，突出资产负债表的基础性地位，然而根据前文对会计信息供给者的问卷调查，显示从会计信息供给者视角而言，企业更关注的是利润表，且大多数会计从业人员认为我国尚不具备大范围使用资产负债表债务法的环境与条件。

井尻雄士（2005）认为，会计准则及其制定理念的转变不可能在一夜之间发生，因为大量的合约及其法律关系已经建立在依照前准则得出的会计数据之上。美国财务会计准则委员会（FASB）也强调了会计准则制定理念的转变的“逐步性”，虽整体方向并不曾改变[①]。冯巧根（2005）同样也指出，中国的会计标准体系变迁也是渐进式的变迁，即“先在旧制度的边缘衍生出一些新的制度安排，通过新制度的不断发展来逐渐缩小旧制度的空间，然后达到整个会计改革的目标”。以上这些结果无不都说明了我国会计准则制定理念的选取应徐徐图之，不可一蹴而就。

尽管目前我国所得税会计准则制定理念已选择了资产负债观，但是就资产负债观理论本身而言还有很多亟待探讨的问题。

---

① 美国财务会计准则委员会（FASB）在第五号财务会计概念公告（SFAC No. 5）（1984）中指出，“本公告中的各种确认标准和指南，一般与现行实务相符，并不隐含重大变动。但也并不排除将来实务变动的可能性。本委员会的意向是将来的变动逐步演进，一如既往”。同时在养老金会计准则（SFAC No. 87）重申了这一观点。

首先，关于资产负债观的理论内涵尚未有统一的结论。目前各个组织制定会计准则所依据的是财务概念框架，并未明确指出所依据的理论基础为“资产负债观”，有关资产负债观与财务概念框架之间的关系尚不清楚；其次，关于我国其他具体准则制定理念，我国企业会计准则中并未言明，从而导致我国关于会计准则制定理念不甚清晰，影响会计信息供给者与需求者的相关专业判断；最后，资产负债观下净资产的计量属性选择也直接影响着理论的一致性。因为根据资产负债观，应先确认资产与负债（即净资产），而企业的收益就是期内净资产的变动额。如若以公允价值计量净资产，这与现行财务概念框架和现行会计准则（所得税会计准则等）中以历史成本为主的混合计量属性并不一致。如若以历史成本计量净资产，则在计量资产、负债、收入、费用、利润的同时一起计量，而不是有先后顺序的。

这些有关资产负债观的理论问题都需要进一步的反思与研究。因此结合我国现实的会计环境和条件，不可直接照搬国际先进会计理论，一味追求国际趋同。而是应先从理论层面对资产负债观进行界定和解释，将以上亟待解决的问题都研究透彻，之后再一步步以试点的方式对会计准则制定理念谨慎选取，并保持所有具体准则制定理念的一致性。

（3）会计准则制定程序完善的建议。

除却会计准则标准的确立和制定理念的选择之外，会计准则制定程序是否科学也同样影响着会计信息的质量。魏林燕和李桂荣（2005）指出理想的会计准则制定程序应具备充分博弈、充分运用他人知识、低成本和高效率四大特征。从前文美国所得税会计准则与我国所得税会计准则的历史演进，即可窥探出两国关于会计准则制定程序之间的差异，以及我国会计准则执行程序需要完善的部分。

美国财务会计准则委员会（FASB）的会计准则是通过一个严格标准的程序制定的。这种程序是一个非常透明的过程。具体如表 7－1 所示。

表 7－1　　财务会计准则委员会的标准制定程序①

步骤	解释
1. 提出问题	向财务会计准则委员会提出的问题，将由他们的成员来进行评价。如果他们认定该问题是非常重要的，那么他们将进一步研究或予以公开
2. 组建工作组	代表不同利益群体的专家将研究该问题及其可能的解决方案
3. 编制讨论议程及邀请各方发表意见	通常在工作组的成员以及外部人员的支持下最终完成的文稿将作为该问题解决方案的基础依据。人们更希望独立的外部人士来参与讨论议程
4. 讨论议程的公开听证	对此感兴趣的人士和组织在讨论议程中发表了书面的意见后，这些不同的观点将在一个或多个公开的听证会上予以讨论
5. 发布征求意见稿	在委员会考虑了所有的意见后，会公布其暂时的处理意见。该解决方案及其原因将会在征求意见稿中公布
6. 草案的公开听证	不同的利益群体将发表的书面意见制定成草案。另外，在公开听证会上将进行各方意见交流
7. 准则的最终发布	会计准则将由委员会成员的简单多数通过，并在其规定的过渡时期内有法律效力

① 资料来源：本哈德·裴仁斯（Bernhard Pellens），鲁尔夫·乌沃·弗拜尔（Rolf Uwe Fübier），约哈姆·盖森（Joachim Gassen），托斯特·塞尔霍恩（Thorsten Sellhorn），王煦逸，林阳春．国际财务报告准则——阐释与运用（第二版）．上海：上海财经大学出版社，2013：33.

根据美国会计准则制定程序可发现，在一项会计准则最终发布之前，通过企业的各种利益相关者发表书面意见和参与公开听证会的方式对会计准则草案发表意见，从而对其施加影响，保证了会计准则的质量。比如纵观美国所得税会计准则历史变迁，可知其每一次变革都是通过利益各方的不断博弈形成的结果。美国财务会计准则公告第 96 号（SFAS No. 96）因为遭到专业人士和企业的反对，导致了美国财务会计准则委员会（FASB）对该项准则的发布推迟了三年，并持续广纳意见和修订，乃至最终发布了第 109 号财务会计准则公告（SFAS No. 109）替代之前的第 96 号财务会计准则公告（SFAS No. 96）。

将中国会计准则的制定程序（具体如表 7 – 2 所示），即由财政部 2003 年第 21 号文《会计准则制定程序》所规定，与美国会计准则制定程序和理想的会计准则制定程序特征相比较，可以看出我国会计准则具有较强的强制性，属于典型的政府模式。同时，也不难得出我国所得税会计准则实施将近 12 年，但是为何在广大会计从业人员中却没有得到比较满意的反响，这与我国会计准则的制定程序中浓重的“官方”特征不无关系。

因此，本书建议未来我国会计准则在制定之时，首先要扩大公开性，做到充分博弈。从我国目前会计准则制定程序的四个阶段来看，可以发现我国现行会计准则的公开性亟待扩大。公众对准则制定始末的信息知之甚少，从而便无法提供有益的意见；其次，要广泛征求公众的意见。尽管在会计准则制定程序中存在公开征求意见的阶段，但是由于征求意见的对象、范围等的限制，导致其并未发挥应有的作用。比如就征求意见的对象而言，从相关规定可知征求意见的方式主要采用公文传递的行政机关组织的行为，从而征求意见最主要的对象是业务部门主管（领导官员）和部分专家学者。然而，会计准则最主要的使用者与执行者是来自企事业单位的广大会计从业人员，而此步骤恰恰忽略了他们的意见。所得税会计准则执行现状的调研就清晰阐述了以上问题，从而在未来会计准则的制定之时应广泛接纳来自各方利益相关者及公众的意见；最后，合理安排征求意见的时间，切莫仓促而行。征求意见的时间直接制约着公众的参与程度，只有给予公众充裕的时间，才可让公众对准则进行深入而全面的了解，进而提出富有建设性的意见。

表 7－2　　会计准则制定程序

步骤	解释
1. 立项阶段	会计司根据我国经济发展的需要，提出会计准则立项意见，向会计准则委员会和有关方面征求意见。会计司根据会计准则委员会和有关方面的意见和建议，对会计准则立项意见作出修改调整，按规定程序报财政部领导批准后正式立项。会计准则委员会应根据需要，结合确定的会计准则项目和立项意见，成立项目研究组，开展课题研究，形成研究报告
2. 起草阶段	会计准则项目立项后，会计司立即组成项目起草组，并将项目起草组的成员及有关情况向会计准则委员会通报。项目起草组根据所承担的会计准则项目，及时提出工作计划和时间表，在有关研究报告和实际调查研究的基础上，起草完成讨论稿，由会计司提交会计准则委员会征求意见，修改后形成征求意见稿
3. 公开征求意见阶段	会计司应通过向各省、自治区、直辖市和计划单列市财政厅（局）以及国务院有关业务主管部门印发征求意见稿、在会计准则委员会网站和其他主要媒体上公布、召开座谈会、研讨会等形式，向社会广泛征求意见。项目起草组应对公开征求的意见进行汇总，并根据反馈意见对征求意见稿进行修改，形成草案，由会计司再次提交会计准则委员会征求意见

续表

步骤	解释
4. 发布阶段	项目起草组根据会计准则委员会的意见对草案进行修改，形成送审稿，会计司按规定程序报送财政部领导审定后，由财政部发布并组织实施

7.1.2　我国会计准则执行机构设立的相关建议

目前，很多国家具有专门的会计准则实施机构（见表 7-3），监管会计准则的执行。会计准则的实施机构通常有证券交易所、股票交易的监管机构、政府部门、代理机构或民间团体。由于每个国家的环境因素不同，从而这些机构运行的权力与程序也各不同。其中，美国的证券交易委员会是执行最为严格，且资源最丰富的会计准则执行机构。在美国，审计师是由公众公司会计监督委员会所监管。英国的会计准则执行机构肇始于 1991 年，由一个民间机构逐步蜕变而成，且采用了更为主动的工作方法。而欧盟没有一个统一的实施或监管机构，其成员国对于会计准则执行监管的机制较为薄弱。

我国主要由证券监督管理委员会（CSRC）肩负起监督上市公司财务报告的任务。该机构隶属于国务院，是经政府授权的法定监管部门。但是由于其对会计准则执行监管的职能不是很明确，导致其监督力度弱化。上市公司违反会计准则披露虚假信息，这样的违规成本相对于所获得的收益不成比例，在此过程中我国证券监督管理委员会（CSRC）通常仅通过证券交易所进行谴责，这种力度的惩罚显然不能起到威慑作用。因此，本书建议应加强监管，设立专门的会计准则执行机构，强化会计准则的实施机制。

表7－3　世界各国实施机构比较（2009年底）①

	美国 SEC	英国 FRRP	法国 AMF	德国 BaFin/FREP	澳大利亚 ASIC
种类	股票交易的监管机构	民间团体	股票交易的监管机构	政府机构/民间团体	股票交易的监管机构
成立年份	1934	1991	1967	2004	1998
程序					
被动调查	是	是	是	是	是
主动监管	是	是	是	是	是
预先清理	是	否	是	否	否
权力					
曝光	是	是	是	是	是
罚金	是	否	是	是	否
法庭诉讼	是	是	是	是	是
停市	是	否	否	否	否

（1）设立专门的会计准则执行机构，加大监管的力度。

一套使利益相关各方均满意的会计准则需要一个有效的执行机构。所以首先应设立会计准则执行的专门机构，它可在财政部会计司下设，也可成为我国证券监督管理委员会（CSRC）中一个单独的职能部门。树立会计准则的威信，提高制度的刚性，杜绝选择性执法，这样可使得对会计准则执行的监管具有针对性。

（2）与税务机关合作，建立会计信息监管系统，提高监管

① 资料来源：（英）克里斯托弗·诺比斯，罗伯特·帕克．比较国际会计（第十一版）．大连：东北财经大学出版社，2011：218.

手段。

为了适应现今经济全球化、科技化、信息化的趋势，会计准则执行机构应努力增加监管手段，提高监管技术，优化监管效率。此外，还应与国家税务机关合作，建立信息共享平台。诚如前文所述，会计与税收之间存在着密切关系，会计准则的执行机构可将企业的税务信息与企业的财务报告进行比对，建立拥有第三方参与的综合会计信息监管系统，本书对该系统的设想具体运转如图7－2所示，以此来判断企业对会计准则的遵从度。这样即可从不同角度，全方位对企业提供的会计信息进行监管。

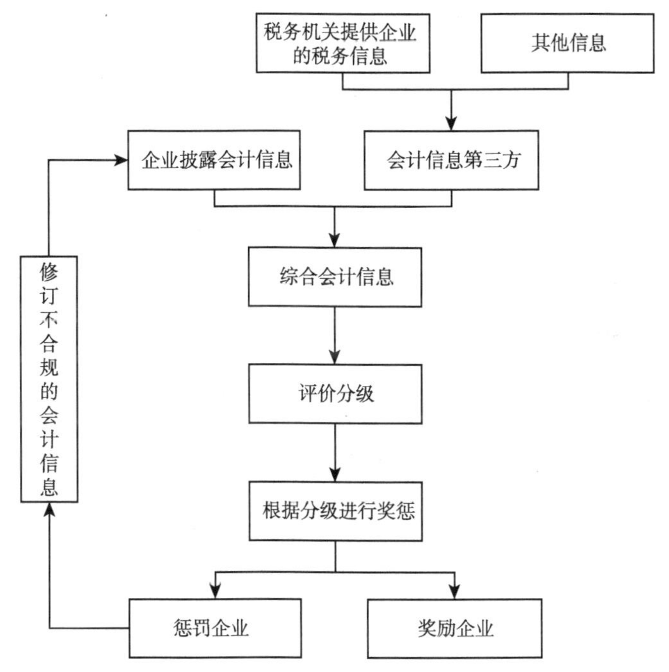

图7－2　综合会计信息监管系统

（3）增加对违反会计准则企业的惩罚力度。

美国安然事件、世通假账案之后，美国证券交易委员会（SEC）不仅对各个参与者施以重罚，而且美国国会迅速通过两项新的法律，其一为《2002年公众公司会计改革和投资者保护法案》，其二为《萨班斯—奥克斯利法案》，这一系列行为均对美国的大小公司产生了巨大影响。反观我国，我国会计准则的执行机构无论从惩罚的法律规定，还是惩罚的金额规定均很薄弱，不能对违反会计准则的企业起到威慑作用；同时，为了能够进一步在资本市场融资，中国的上市公司经常会与注册会计师合谋，购买审计意见，以规避其会计准则的遵从风险。因而，也应有相应的法律对注册会计师有强硬的惩罚规定，让注册会计师真正成为会计准则执行机构的帮手，而不是上市公司的帮凶。

7.2 改革的整体框架：我国税会模式构建与差异协调的相关建议

7.2.1 我国税会模式构建的相关建议

学者们一直在尝试依据税收与会计的关联程度对国家进行分类。Hoogendoorn（1996）以两个问题作为分类的基点，即税收与会计的关系、递延税款的处理。Lamb等（1998）试图将第一个问题单独分离出来，他们认为可将国家分为两类，一类为以英美为代表的税收和会计分离，另一类为以德国为代表的税收和会计紧密联系。事实上，这种税会模式的形成与法律体系和资金提供者的特征有很大联系。目前，从世界范围内看，典型的税会模式有三种类型：分离模式、统一模式、混合模式。三种模式具体的特征如表 7－4 所示。

表 7－4　　三种税会模式特征比较

	分离模式	统一模式	混合模式
代表国家	美国、英国	德国、法国	日本
法律体系	判例法	成文法	成文法
资金提供者特征	“股东”类居多	“银行/家族”类居多	“银行/家族”类居多
会计准则管理形式	民间组织	行政组织	立法和行政并行
会计职业团体力量	相当大	较弱	一般大
会计与税收关系	完全分离	税法影响会计	相互协调

进一步而言，这种分类背后最重要的驱动力为企业的利益相关者到底需要怎样的信息？英美的公司主要是依靠成千上万的民间股东来融资，股东无法获得内部信息，从而对信息披露、审计和“公允”的信息有更加迫切的需求。在这种分离的税会模式下，会计发挥着市场的调节作用，所以会计准则必须从税法中分离出来，形成“两套账”，即一种用于编制财务报告，另一种用于应纳税所得额的计算。而在法德这样的国家，传统的“外部”股东较少，欧洲大陆的上市公司基本上都被银行、政府或是家族所控制，那么他们对经审计的、公开的财务报告就没有那么强的需求。在这种统一的税会模式下，对外财务报告在很大程度上是为了保护债权人和作为征税者和发挥宏观调控作用的政府而编制的，会计完全成为公共税收利益的代理，因此形成的是“一套账”——税收和会计共同遵从一个准则，年度财务报告与应纳税所得额计算紧密相联。日本主要是政府主导型的市场经济体制，其会计规范主要由《商法》《证券交易法》以及税收法规和会计准则所构成。《商法》和《证券交易法》中对会计相关内容有详细的规定，会计准则实际为法规的补充，对比美国公认会计

原则（GAAP），日本的会计准则中原则性规定内容较多。日本的《商法》《证券交易法》以及税收法规和会计准则分别对相关内容进行规定，其财务报告体系具有多重性，因而属于税会混合模式。

将我国的具体情况与世界上典型税会模型代表国家的国情相比，可知我国和日本各方面均相似，比如都采用了成文法的商业法律体系，且都受到盎格鲁—撒克逊观念的影响。但是我国公司较之日本又有其独特的特点，因此单一的税会模式并不适于我国，我国应该采用基于收益属性的多元税会模式，如图7－3所示。

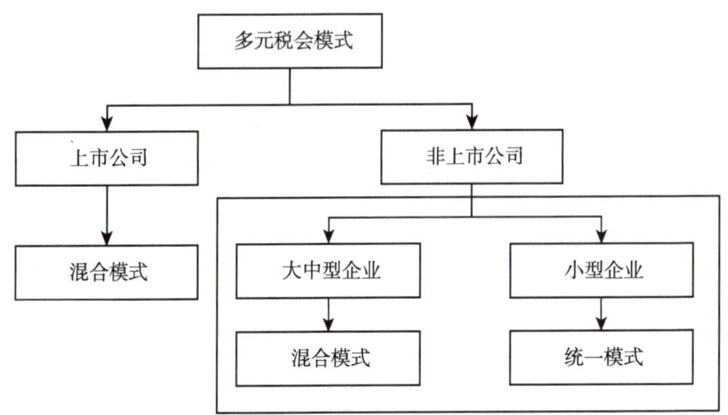

图7－3　我国多元税会模式的构建

具体而言，对于我国的上市公司，依据前文实证分析可知，所得税会计准则实施之后，上市公司的税会差异呈现逐步扩大之势，且影响公司的盈余质量和财务报告的会计信息质量。这说明现有的过度分离税会模式并不符合我国目前的会计环境，偏离了我国的财务报告目标。因此，我国上市公司应采用同日本相类似的“混合模式”，协调税会之间差异，对所得税会计准则不合理之处进行修订和改革；对于非上市公司中的大中型企业，由于其拥有较完善的会计账簿制度，并且该类公司的财务报告最主要使用者为税务部门，从而其拥有同上市公司相类似的财务报告目标，“混合”的税会模式有利于其财务报告的披露；对于小型企业，没有强烈披露公开信息的需求，而税务部门是其唯一重要的外部信息使用者，无疑“统一”的税会模式不仅可以提高效率，而且还可以降低不必要的簿记成本。因此，对于我国现有的会计环境，使用多元的税会模式更有利于不同类型企业对会计信息的披露，以及相关利益者对财务报告中会计信息的使用。

7.2.2 我国税会差异协调的相关建议

（1）我国税会差异项目协调建议——纵向视角。

Mills等（2002）对所有的税会差异项目进行重新分类，认为公司中存在两种差异，一种为“机械性差异”，主要因税法和会计准则规定不同而形成，类似于我国先前《企业会计制度》中所规定的永久性差异，比较典型的例子是折旧、股票期权与合并；另一种为“动机性差异”，主要由于税法和会计准则中都存在允许不同程度的职业判断空间，这将会导致管理层利用这种税会差异，以提供满足财务报告使用者的会计信息。第一类税会差异（机械性差异）具有客观性，第二类税会差异（动机性差异）具有主观性。

对于第一类“机械性差异”，应于税法和会计准则制度规定方面进行协调。根据前文构建的税会模式可知，我国主要的税会模式为“混合模式”，即税法与会计准则应相互靠拢，比如税法应向会计准则靠拢，适当降低纳税的遵从成本，并在保证国家税收利益的基础上，适当地采用会计准则所规定的方法，减轻了会计从业人员工作负担；对于会计准则而言，应在符合财务报告目标，且不影响会计信息质量的基础上，更多地改进会计信息对税费征收和管理的作用。并依据收入、费用、资产、负债四大项，对每一种“机械性差异”均进行细致分析，比如对于附有退货条件销售的收入确认、盘盈固定资产收入的确认、固定资产判断标准等内容相关会计准则进行补充规定，向税法靠拢、协调，以提高会计确认质量，减少企业会计纳税调整工作量，延长企业缴纳税收的时间，增加企业内部资金的运转速度。

自所得税会计准则实施以来，企业总的税会差异呈扩大之势，虽然税会差异扩大的原因比较复杂，但是无疑会计政策选择的空间增大是其中一个很重要的原因。随着会计职业判断的自由度加大，管理层进行税务筹划和盈余管理行为的空间也随之增大。因而，对于第二类“动机性差异”应从削弱管理层税务筹划和盈余管理力度来进行差异协调。税法方面，加强与会计部门合作，制定一个综合会计信息监管系统（图 7－2），对企业会计准则执行可实行有效监督；会计准则方面，应该控制准则本身的弹性和管理层的动机，并且加强资产市场的监督，改善公司的治理结构，提高公司的治理水平，以此来降低准则自身的弹性，和弱化管理层进行盈余管理行为的动机，达到将“动机性差异”协调的目标。

（2）国与国之间税会差异协调建议——横向视角。

随着阿里巴巴于 2014 年 9 月 19 日在美国上市，越来越多的中国企业走出国门，成为跨国公司的一员。但是各国会计准则与实际税负之间的差异，给会计准则实施监管部门和税收征管当局的工作均增加了很大的难度，而这些跨国公司自身也往往利用各国之间会计准则和税法的差异，通过在全球范围内转移资本和利润，达到税收筹划的目的。

国与国之间这种横向税会差异的协调显得至关重要。对于我国的会计准则，因其不断与国际会计准则趋同，且在国际上有很多国际协调计划和协调委员会的存在，从而其所带来的差异影响与税法相比较低，应从税法方面加大与国际的协调。事实上，欧盟一直在不竭余力地进行税收制度的协调，并且已通过有关增值税和其他形式间接税的许多协调指令。但是这一领域协调的速度与进程较之与会计准则的趋同而言非常缓慢，其根本原因在于政府不愿放弃对征收直接税收的任何控制。而我国作为世界贸易组织（WTO）中的一员，应积极参与税收协调的议程和会议，努力推动税收制度的协调，同时还应继续加强与国际会计准则的趋同度。

7.3 改革的具体路径：新设想与部分改良的相关建议

关于所得税会计准则改革的具体措施主要有两个方向的设想，其一为完全的新设想，即建立一整套区别于先前的概念框架体系，承认税收与会计是两个独立的体系，分开披露各自的会计信息，对税务系统中计量属性、计税基础、会计假设等内容重新界定；其二为在原有基础上的改良，即不改变原有所得税会计准则框架下，对准则的内容进一步完善、充实与细化，具体思路如图 7－4 所示。

7.3.1 我国所得税会计准则改革的新设想

（1）改革新设想的总体思路。

诚如查特菲尔德教授（1989）所言，会计人员为了实现税收规则与商业会计实务的和谐一致一直以来均作出了不懈努力。

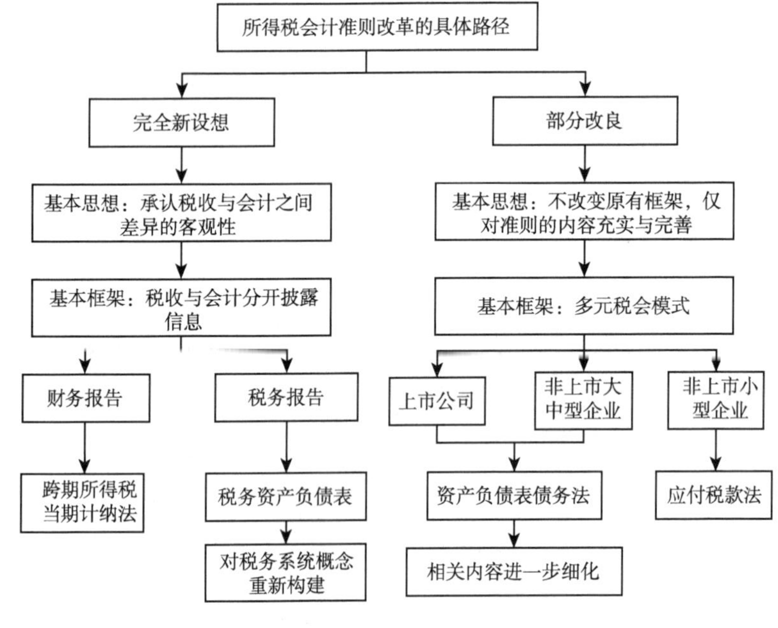

图 7－4　我国所得税会计准则改革的具体路径

在税收的初期这样的行为显得十分有必要，且十分有益，它促进了税法的不断改革，比如借鉴会计中可行的方法和思想，采用了更加先进的会计方法，促使现有理论的进一步发展。然而，由于税法和会计之间存在着根本的区别，而且有很多证据表明尝试协调两者的关系将会投入大量的成本，但是会引起少报收益的后果。因此，简化税法达到两者协调的方法均以失败告终；而对于会计，由于会计被税法影响，接受了一些税法的观念，导致会计理论的不一致性，并在实务中产生了一些毫无意义的替代方法。因此，有很多会计学家认为，若以会计概念作为制定税收政策的基础，那么对于所有利益相关者而言，这些会计概念应该反映企业实际的经营状况，而不是单纯的加以调整，以此来符合税收的结果。对此，查特菲尔德教授（1989）认为，“两者都应该停止相互仿效不适用的方法，会计职业界似乎应该反对那些试图规定会计方法的税收规则。会计应当超脱历史局限的束缚，针对诸如税金分配一类的问题，朝着减少税务对会计理论的影响的方向努力”。这无疑为所得税会计准则未来改革提出了方向。

事实上，除却理论方面为所得税会计准则未来改革提供了方向指引，我国实务也为之提供了考证。比如，前文调查问卷分析，395 家被调查的公司中有 364 家公司存在永久性差异，占比为 92.2%。此外，依据财政部会计司课题组 2011 年发布的《企业会计准则实现连续四年平稳有效实施——我国上市公司 2010 年执行企业会计准则情况分析报告》中有关所得税会计准则执行情况的说明，显示被调查的 2129 家上市公司中，有 1968 家上市公司存在永久性差异，占比为 92.44%，且涉及的金额达至 1206 亿元。目前所得税会计准则中采用的所得税会计处理方法为“资产负债表债务法”，即其为处理暂时性差异的方法，这与我国现有的实务境况并不相符。从实务角度所得税会计准则未来改革的方向，应选择或创造新的，并适合我国会计环境的所得税会计处理方法。

综上，秉承查特斯菲尔德教授的理念，以及考虑我国特有的会计环境，在此提出所得税会计准则改革的新设想。首先，承认税收与会计是两个独立的体系。因其目标、原则、服务的对象等不同，依据克拉尼斯基定律以及大量的实践，均证明了两者之间差异存在的客观性和必然性；其次，充分保证这种“独立性”。也就是税收法律法规的制定不影响会计准则，会计准则的修订同样也不影响税收政策；最后，在具体操作之时，即在年度终了，企业对外披露两项报告，其一是传统会计的财务报告，其二即为税务方面的税务报告。此处称之为税务报告，一方面与财务会计体系中的相关概念相对应，另一方面指在企业披露的税务报告中既包括税务资产负债表，又包括税务应税利润表，如图7－5所示。

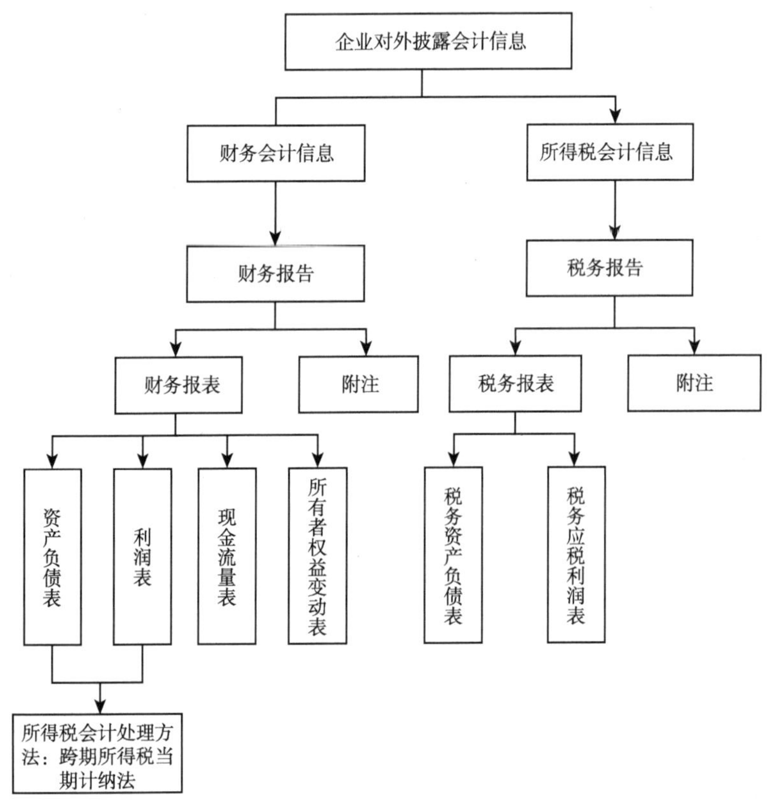

图7－5　所得税会计信息披露的新模式

进一步分解实施的方法，财务报表中关于所得税会计处理采用“跨期所得税当期计纳法”（Flow-Through Method），即把当期发生的应付税款直接抵减利润总额，在会计分录上增加“所得税费用”。而把当期新资产投资的金额作为取得资产当年所得税费用的抵减额，会计分录上直接减少当期“所得税费用”和“应交税费”两个科目，如果当期的所得税费用不足抵减，则将部分抵减额向后延期，最长不超过五年；对于资产或负债的计税基础与账面价值之间的差异，将不通过“调整”来符合配比原则，而是依据资产或负债的计税基础编制税务资产负债表，披露相关的所得税会计信息。有关资产或负债计税基础的详细界定将在后文阐述。

结合我国所得税会计准则的历史沿革和现有的会计环境可知，对于有我国上市公司存在大多数永久性差异的最好所得税会计处理方法为“应付税款法”，但是采用“应付税款法”就忽略了税会之间的差异，不符合配比原则；而目前使用的“资产负债表债务法”也有其一定的理论缺陷，比如过度分离的税会模式导致利润操纵空间增大，降低会计信息的质量。2014 年 12 月国家税务总局发布 63 号公告《关于发布〈中华人民共和国企业所得税年度纳税申报表（A 类，2014 年版)〉的公告》，对已实施六年的“企业所得税年度纳税申报表”进行了修订。尽管 2014 版新申报表增加了企业财务信息，即新申报表中既有会计信息，又有税会差异情况，还包括税收优惠、境外所得等信息，但是仍处于所谓的“税会相互仿效的阶段”，并不能根本解决两者之间的矛盾。

对此，若采用本书提出的新设想，可以使所得税会计准则的标准达到“满意”的通解，一方面降低了会计从业人员核算的工作负担，符合成本收益原则，另一方面还可采用“混合模式”保证会计信息的相关性、可靠性，使得税收与会计两大体系之间的矛盾得以化解。此外有关“跨期所得税当期计纳法”（Flow-Through Method)，Ron Colley 等（2011）利用 COMPUSTAT 数据库 20 年的数据分析，采用该方法显著降低了每年大多数公司的负债权益比，提高了它们的财务状况。在此方法下，递延所得税资产（DTA）与递延所得税负债（DTL）会被剔除，因为种种实证结果表明大多数的递延所得税费用并不会发生转回和未来的现金流出，它们与未来税收支付之间的关系并不显著[①]。

（2）改革新设想相关概念的构建。

①所得税会计的基本假设。将所得税会计从财务会计之中彻底分离，对企业单独披露税务报告进行相应的规范。与财务会计相对，首先需明确会计基本假设。在财务会计之中，会计基本假设包括会计主体、持续经营、会计分期与货币计量。所得税会计之中同样有之，但是又有其特殊含义。

第一，所得税会计主体，是指企业进行所得税会计确认、计量和报告的空间范围。通常而言所得税会计主体与财务会计主体一致，但是由于所得税会计遵循的是总体收益观（Aggregate Perspective），因此其会计主体通常是个整体，并不完全等同于财务会计主体。

第二，持续经营，与财务会计的内容相似，是指所得税会计主体在可以预见的将来，会按照当前的规模和状态持续下去，以完成其允诺的纳税义务。这样需增强所得税会计的内控，以保证税源的持续性和稳定性，这样有利于税务机关进行管理和控制。

第三，所得税会计纳税年度分期，即以年度会计核算为基础，向税务机关和企业的其他利益相关者披露所得税会计信息。事实上，所得税会计核算只确认经济业务在当期纳税期间发生的结果，而不考虑其在后续纳税期间可能产生的结果，后续可能产

① Ron Colley 等（2011）、Laux（2013），包括前文关于上海市上市公司的实证分析，大量的实证结果均指明了递延所得税资产（DTA）、递延所得税负债（DTL）与未来所得税支付之间存在一种不对称的关系。

生的结果应在实际发生的年度内确认，以此来说明所得税费用跨期分摊的意义。

第四，货币计量，是指企业所得税会计主体在对经济业务确认、计量和报告之时以货币加以衡量。财务会计之中虽然绝大部分的经济业务都已人民币为计量单位，但是还有企业由于其经济业务的特殊性，以其他外币币种作为记账的本位币。所得税会计在这一方面与之区别，因所得税会计主要反映的是当期应缴纳税费的计算、申报、缴纳和退税，从而必须以人民币作为记账本位币。且对于一些非货币资产，应对其估算，以货币对之度量。

②会计要素。编制税务报告的前提，需明确税务资产负债表披露项目的定义，即仿若财务会计的规定，所得税会计要素同样包括：资产、负债、所有者权益、收入、费用、利润，但是每一项的定义与财务会计的规定有所差别，其中最为主要的是关于资产和负债“计税基础”的规定。所得税会计准则中采用了计税基础的概念，暂时性差异就是由资产（负债）的账面价值与计税基础之间的差异所产生，从而计税基础成为暂时性差异确认的关键。而未来所得税会计准则改革的新设想，在税务资产负债表中资产、负债、所有者权益的价值即为其计税基础。

现有资产“计税基础”的相关定义来自企业会计准则，指在计算应纳税所得额时可自应税经济利益中抵扣的金额。事实上，资产的计税基础的相关定义和计量问题，应由税法对之规定。建议将之可重新定义为，税法中所确认资产的账面价值，即一项资产按照税法规定以后可以作为费用、损失列支的数字；关于负债的“计税基础”，建议也由税法对之规定，且采用同资产的“计税基础”相一致的定义，即税法中所确认负债的账面价值。

同时，为了满足资产负债日税务资产负债表的披露，建议在企业日常核算中，依据所得税会计中包括的会计要素，设立税务的相关科目，核算资产、负债、所有者权益、收入、费用和利润项目的计税基础，从而在资产负债日时，可编制符合税法要求的税务资产负债表和税务应税利润表，达到财务会计信息与所得税会计信息的分开披露。

7.3.2 基于原有框架下所得税会计准则内容改良的相关建议

前文已对所得税会计准则实施的效果进行了详尽的分析，可知尽管就理论角度而言，所得税会计准则的核心——资产负债表债务法比之前所有的所得税会计处理方法更为先进，符合配比原则，但是在实际操作中还存在各种问题，比如加大了会计实务处理的难度，扩大了税会之间的差异，降低了会计信息质量等。因此，关于所得税会计准则的改革，还有另一种思路，即在原有准则基础上对部分内容进行改良，即不改变原有所得税会计准则框架下，对准则的内容进一步完善、充实与细化。

（1）所得税会计目标的设立。

美国第 109 号财务会计准则公告（SFAS No. 109）对所得税会计处理目标进行了详细的规定，公告中说明所得税会计处理的目标在于：确认当年的应付所得税或应退所得税金额；为在企业财务报表或纳税申报表中已确认事项的未来纳税影响确认递延所得税资产或负债。英国财务报告准则第 19 号（FRS 19）中也对所得税会计准则的目标进行了规定：确保在财务报表中将过去交易或事项的未来纳税后果确认为负债或资产；确保财务报表披露一切可能影响未来税款费用的其他特殊情况。

而我国的所得税会计准则中并未规定所得税会计的目标。盖地（2014）曾指出，税务会计的目标是税务会计概念框架的逻辑起点。因而，结合我国实际的会计环境，借鉴美国、英国等国家关于所得税会计目标的规定，在此可将我国的所得税会计目标设立为三级，即总体目标、具体目标和特殊目标。其中总体目标为企业达到税收遵从和不违反税收法律；具体目标为向税务会计信息使用者提供有益的会计信息，确认当年的所得税费用，包括递延所得税费用和应付所得税，以及未来的纳税影响；特殊目标，是指根据不同的税务会计信息使用者，提供不同的税务会计信息。

（2）对现有所得税会计准则进一步补充。

①增加一些术语和概念。我国所得税会计准则大部分术语的定义与《国际会计准则第 12 号——所得税》（IAS 12）规定相一致。但是对比美国第 109 号财务会计准则公告（SFAS No. 109）可知还有一些重要的术语准则中并未阐明。建议我国所得税会计准则增加以下术语的表述：结转前期扣减（Carry Back），是指不能用于某一年度的纳税申报表，但可以用来结转前期扣减以前年度应税收益或应交税费的扣减项或减免项；结转后期扣减（Carry Forward），是指不能用于某一年度的纳税申报表，但可以用来结转后期扣减未来年度应税收益或应交税费的扣减项或减免项；税收筹划的策略（Tax Planning Strategy），是指一项满足某种标准，其执行会使营业亏损，或纳税获利，或税款抵减得以实现的举措；股价备抵（Valuation Allowance），是指一项递延所得税资产中的纳税收益很可能不能实现的部分；永久性差异，是指由于会计准则和税法在某些事项的处理原则上的不同所产生的差异，且这种差异在以后不可以转回。

②引入期内摊配理念和方法。我国所得税会计准则之中并未涉及期间内税金的摊配问题，建议之后应进一步与国际会计准则趋同，引入期间内税金的摊配理念和方法。《国际会计准则第 12 号——所得税》（IAS 12）要求将本期的所得税费用或收益分摊

至报表中相对应的项目，比如生产经营部门税前利润、非常收益和损失、停工部门收益和损失等。美国第109号财务会计准则公告（SFAS No. 109）对之的规定更为详尽，要求企业将本期的所得税费用或收益分摊至四个项目：持续经营收益、终止经营的收益和损失、非常收益和损失、股东权益项目。比对我国所得税会计准则实施的现状和未来发展的趋势，同样也应将当期不同性质的所得税费用或收益进行摊配，分摊的项目可以比对美国第109号财务会计准则公告（SFAS No. 109）的要求，由于这些项目均有各自具体的税金影响，从而要求这些项目以税后净值单独列报，使得所得税会计准则中的会计信息符合分类列报的模式。

③修改准则中对“计税基础”的描述。计税基础是资产负债表债务法处理业务的核心概念，然而我国所得税会计准则中对资产和负债计税基础的规定无论从内涵还是范围都需要进一步修改。首先，关于计税基础的概念界定，准则中认为资产的计税基础为在计算应纳税所得额时可自应税经济利益中抵扣的金额，且在准则中对计税基础的描述中提到了“企业收回资产账面的价值过程中”，本身准则中确定计税基础，其目的是为了与账面价值进行比较，在此处又提及“收回账面价值”，显得确认的先后顺序不是很合理；其次，关于负债计税基础的定义也需要修订，目前所得税会计准则之中对负债计税基础的界定主要基于账面价值与暂时性差异比较的公式倒推而来，实则描述的为负债计税基础的计算方法，并不是对负债的计税基础下定义。因而，应对资产和负债计税基础的定义重新修订，两者定义的内涵应由税法所界定，而所得税会计准则主要关注的为两者如何计量的问题。

结合我国实务中“双重披露制”的现状，同样应对合并报表中资产和负债的计税基础相关概念重新界定和解释。合并报表中的递延所得税资产（DTA）和递延所得税负债（DTL）是会计报表合并的过程中所产生的，即产生于会计合并程序，而并不是企业集团直接产生的递延所得税资产（DTA）和递延所得税负债（DTL），因此不存在合并会计主体下的资产和负债的计税基础。但是 2009 年之后我国取消合并纳税政策，母子公司分开纳税，此时合并报表中递延所得税资产（DTA）和递延所得税负债（DTL）就是企业集团的递延所得税资产（DTA）和递延所得税负债（DTL）。建议我国所得税会计准则应加入对合并报表中资产和负债的计税基础的界定，使之不仅仅只是一个数字的加总，而是符合财务概念框架中有关资产和负债内涵的项目。

④细化递延所得税资产（DTA）和递延所得税负债（DTL）科目。第一，递延所得税资产（DTA）和递延所得税负债（DTL）应根据流动性分别列报。美国第 109 号财务会计准则公告（SFAS No. 109）规定，在分类的财务状况表中，企业应将递延所得税资产（DTA）和递延所得税负债（DTL）依据流动性进行划分。而我国所得税会计准则之中对此将所有的递延所得税资产（DTA）和递延所得税负债（DTL）均划分为非流动资产或非流动负债。然而，根据前文对陕西境内公司和上海上市公司中构成递延所得税资产（DTA）和递延所得税负债（DTL）具体项目的手工统计结果可知，造成递延所得税资产（DTA）的主要项目为资产减值准备，而资产减值准备项目中所占比例较大的为坏账准备、存货减值准备，这两个项目分别为应收账款与存货的备抵账户，在资产负债表中它们属于流动性资产。同时，形成递延所得税负债（DTL）最主要的项目为交易性金融资产等公允价值变动，在资产负债表之中交易性金融资产同样属于流动性资产。从而，将所有的递延所得税资产（DTA）和递延所得税负债（DTL）均划分为非流动资产或非流动负债并不是很合理。建议应根据具体形成递延所得税资产（DTA）和递延所得税负债

(DTL）项目的流动性，将递延所得税资产（DTA）和递延所得税负债（DTL）根据流动性分别列报。

第二，允许递延所得税资产（DTA）和递延所得税负债（DTL）可以折现。美国第 109 号财务会计准则公告（SFAS No. 109）和《国际会计准则第 12 号——所得税》（IAS 12）虽均规定递延所得税资产（DTA）和递延所得税负债（DTL）不可以折现，但是英国财务报告准则第 19 号（FRS 19）中允许（并不强制要求）递延所得税资产（DTA）和递延所得税负债（DTL）可以折现，以反映货币的时间价值。结合前文的理论和实证分析可知，我国大多数的递延所得税资产（DTA）和递延所得税负债（DTL）分别为第二类递延所得税资产（DTA_{II}）与第二类递延所得税负债（DTL_{II}），其转回期要不很长，要不就是无法为未来提供增量信息，因此我国对此应仿照英国财务报告准则第 19 号（FRS 19）的规定允许递延所得税资产（DTA）和递延所得税负债（DTL）可以折现，其中折现期间为资产负债表日到估计未来暂时性差异可以转回之前的时间，折现率可为 $\delta/(\delta+\rho)$[①]。

⑤提高企业对所得税会计核算方法选用的自由度。在多元税会模式下，应允许不同的企业采用不同的所得税会计核算方法。具体而言，我国的上市公司拥有较为完善的会计制度体系，从而其应与国际会计准则持续保持趋同，采用目前被世界所认可的资产负债表债务法；而对于非上市公司，很多企业并没有强烈披露公开信息的需求，且经济业务较为简单，内部的会计制度并不十分健全，税务部门是其唯一重要的外部信息使用者，无疑“统一”的税会模式不仅可以提高效率，而且还可以降低不必要的

① 其中 δ 代表税收折旧率；ρ 代表资本成本。

簿记成本，所以应该推荐非上市公司采用应付税款法进行所得税会计的核算。

7.4　小结

前文分别从所得税会计准则制定与执行层面清晰地阐明了现有所得税会计准则存在的问题。就制定层面而言，由于第二类递延所得税资产（DTA_{II}）与递延所得税负债（DTL）价值相关性很低，且所占数额较大，反映了资产负债表债务法中不完善之处；就执行层面而言，从会计信息供需关系视角，可知现行所得税会计准则并未达到令会计信息供给者与会计信息需求者满意的通解。逐渐扩大的税会差异带来了逐渐增加的盈余管理行为，降低了盈余质量，影响了会计信息的可靠性。针对如上问题，在本章对之提出了相应的政策建议，以期推动我国所得税会计准则的改革。首先，本章在制定与执行层面确立了总体改革思想，即提出一个涵盖会计信息质量特征中的价值相关性、可靠性、可理解性与盈余质量四个维度的所得税会计准则判定标准。并在此基础之上，设立相应的会计准则执行机构，推进与监督所得税会计准则的执行；其次，对于逐渐扩大的税会差异，本章建议我国应采取多元税会模式，给予不同类型企业有一定所得税会计核算方法选择的自由度，且在多元税会模式之下，加快税会差异横向与纵向之间的协调；最后，本章根据前文对资产负债表债务法不完善之处进行的剖析，结合我国特有的经济环境，对未来我国所得税会计准则改革提出两条具体的路径，其一为在原有基础上的改良，即不改变原有所得税会计准则框架下，采取多元税会模式，防止税会之间过度分离，并对所得税会计目标设立，准则的内容进一步完善、充实与细化。其二为完全的新设想，即建立一整套区别于先前的概念框架体系，承认税收与会计是两个独立的体系，分开披露会计信息与税务信息，并对税务系统中计税基础、会计基本假设等内容重新界定。

第8章 结论与展望

所得税会计准则一直被认为是会计准则制定理念中资产负债观与收入费用观取向的一个显著例证。由于其涉及的内容既属于会计领域中的税法问题，又属于税务领域中的会计问题，因而较之于其他企业会计准则而言更为专业，且难度更大。2006 年颁布的新所得税会计准则颠覆性地规定了一种在我国从未使用过的所得税会计核算方法——资产负债表债务法，并且在新所得税会计准则之中应付税款法的身影完全消失，可以说新所得税会计准则是我国颁布所有具体会计准则之中变化最大的一项。时至今日，新准则实施了已 12 年之久，早已历经过渡、转型的阶段，迈入平稳实施阶段。那么，现行的所得税会计准则是否需要改革？资产负债表债务法涉及的相关会计科目设置是否符合会计理论？所得税会计准则的执行是否有助于提高会计信息质量？

8.1 研究结论

本书首先从会计准则内涵和相关理论出发，剖析了会计准则本质属性，结合财务报告目标，并以会计信息质量特征作为参照系，构建了所得税会计准则制定与执行相关研究的理论分析框架；其次从所得税会计准则制定层面，分析了所得税会计准则核心会计处理方法——资产负债表债务法的合理性。即以会计信息质量特征的“相关性”作为切入点，研究了与资产负债表债务法息息相关的会计科目——递延所得税资产（DTA）与递延所得税负债（DTL）的价值相关性；最后从所得税会计准则执行层面，分别从会计信息供给者和会计信息需求者的角度，阐述了所得税会计准则的执行现状与效果。本书全方位地对现行的所得税会计准则进行了研究，并最终提出了我国所得税会计准则未来改革的方向。根据本书研究的主题和内容，可得出以下主要结论：

（1）递延所得税资产（DTA）中的第二类递延所得税资产（$DTA_{Ⅱ}$）其价值很低。

本书对递延所得税资产（DTA）进行全新分类，发现第二类递延所得税资产（$DTA_{Ⅱ}$）其价值很低。第二类递延所得税资产（$DTA_{Ⅱ}$）通常产生于两种情况：其一，产生于费用和亏损先从会计收益中扣减确认，再从应税收益中抵减的项目；其二，为主观判断的不确定性，而产生的第二类递延所得税资产（$DTA_{Ⅱ}$）。通过本书研究发现第二类递延所得税资产（$DTA_{Ⅱ}$）中最为典型的项目是资产减值准备，本身其会计收益确认于应税收益之前，然而由于会计分期与持续经营的会计假设，导致通常在资产处置时才发生可抵扣暂时性差异的转回，考虑到时间价值等因素，该类递延所得税资产（$DTA_{Ⅱ}$）自身折现的价值近乎于零，且可提供未来税收支付的会计信息的价值相关性很低。在本书中通过上海威尔泰工业自动化股份有限公司的案例对之进行的阐述与说明；由可弥补亏损引起并确认的递延所得税资产（DTA）也是第二类递延所得税资产（$DTA_{Ⅱ}$）之中的典型项目，本书通过举例分析对之进行了证明。

此外，选取的上海市上市公司 2010—2013 年的样本，也同样佐证了以上结论。样本的递延所得税资产（DTA）在 2010—2013 年期间，无论从数额还是波动的幅度均有较大的变化，尤其是 2013 年递延所得税资产总额接近 350 亿元。并且通过手工收集样本的财务报告附注的数据，进一步统计结果可知，2010—2013 年形成递延所得税资产（DTA）最主要的项目即为资产减值准备与可抵扣亏损，正是文中第二类递延所得税资产（$DTA_{Ⅱ}$），再次阐明了所得税会计准则的核心——资产负债表债务法的不完善之处。

（2）递延所得税负债（DTA）中第二类递延所得税负债（$DTL_{Ⅱ}$）的价值被高估。

本书研究结果表明与折旧有关的第二类递延所得税负债（$DTL_{Ⅱ}$）也是递延所得税负债（DTL）最大组成部分，它属于价值无关的递延所得税负债（DTL），因为它的转回是由应税收益或费用在会计上的确认所触发的，并没有带来任何现金流的变化，所以这一类的递延所得税负债（$DTL_{Ⅱ}$）并不是一项真正的负债，更准确地应将之称为“未获得的税收收益”。

（3）从会计信息供给者视角来看，所得税会计准则的执行效果并不佳。

本书通过对多类型、多数量企业问卷调查的方式，以陕西省省市两级地税、国税分管企业，会计师事务所服务客户，以及西北大学 MBA 班部分学员作为本次研究的调查对象，对被调查者就所得税会计准则的应用状况、企业会计从业人员对该项准则的基本观点，以及被调查者对我国所得税会计准则应用前景的态度三个方面的主题进行了调研。

调查结果显示：第一，有关所得税会计准则应用总体认识方面，会计准则制定理念与现实不符。大多数的被调查者认为，在企业中利润表和现金流量表处于核心地位，且各利益主体均十分重视利润指标，所得税会计准则的可理解性与执行力度并不强。调查结果同时还表明，62.3% 的被调查者对所得税会计准则并不了解，对准则的改革结果也不甚满意，且超过七成的被调查者认为该项准则不易执行，所得税会计准则增加了财务工作的复杂程度，对企业财务体系原有的运作方式带来了冲击。

第二，有关所得税会计准则应用具体认识方面，所得税会计准则的应用逻辑需反思。因根据调查结果，可知资产减值准备是形成递延所得税资产的最主要来源，由于受制于资产减值准备准则中“已计提的绝大部分长期资产减值准备不允许转回”等规定，导致很多资产在计提资产减值准备时借方余额发生，而只有资产处置时才会从贷方转出，这些均使得递延所得税资产科目可能长期挂账、抵消无望。此外，我国尚不具备大范围使用资产负债表债务法的条件。与国际会计准则相比，我国执行所得税会计准则在环境方面存在较大差距，尤其是在对准则的理解程度、财务人员素质两个方面比较欠缺。这说明为了使所得税会计准则发挥其应有的效用，宏观层面（如准则的理论发展、市场发育）和微观层面（如企业会计从业人员素质提升、企业组织结构规范化）均应着重关注。

第三，有关所得税会计准则应用前景认识方面，我国企业会计准则已得到企业会计从业人员的一定认可，然而在具体的实务操作中，所得税会计核算方法的应用却遇到一些困难，尤其是所得税会计准则执行过程中的可理解性、可靠性并未提高，大多数被调查者认为未来所得税会计准则应进一步完善、修订。

（4）从会计信息需求者视角来看，所得税会计准则的执行并未提高会计信息质量，随着所得税会计准则的执行，我国的税会差异逐渐呈分离之势，且税会差异与上市公司盈余管理行为显著相关。

总的税会差异（BTD）、操纵性税会差异（ABTD）与盈余管理行为（EM）之间具体的实证研究结论如下：第一，自 2007 年上市公司实施新所得税会计准则以来，2008—2013 年我国上市公司的应纳税所得额在逐渐超过利润总额，至 2013 年总税会差异（BTD）的均值达到 -334121412.8 元，同时依据年度序列来看，除 2009 年总税会差异（BTD）的均值略微下降以外，之后每年均值都逐渐变大。说明我国总的税会差异呈扩大之势。

第二，总的税会差异与资产减值准备、应收账款、固定资产折旧费、投资收益、无形资产累计摊销、资本公积的变动额、营业外收入、销售费用、管理费用、财务费用、公允价值变动损益、所得税费用的变动额均有关。尤其是公允价值变动损益对之影响最大。

第三，由于会计准则与税法遵循着不同的原则与目标，而所得税会计准则的实施表明两者的分离度更大，这将给予税会差异更多的信息含量，因企业管理层在进行盈余管理时可能会面临权衡所得税成本的选择，而现今这种分离之势可能会给管理层带来更大的操纵空间。本书研究结果表明，相对于操纵性应计利润（DA），总的税会差异（BTD）与操纵性税会差异（ABTD）更能识别企业的盈余管理行为，随着负的总税会差异（BTD^-）与负的操纵性税会差异（$ABTD^-$）的扩大，企业的盈余管理行为

(EM) 也随之增加。该结果说明了所得税会计准则的实施，影响了盈余质量以及会计信息的质量。对于会计信息需求者而言，将无法从财务报告中获得可靠的会计信息。该项结果进一步验证了所得税会计准则的执行效果。

8.2 研究展望

与所得税会计有关的议题，由于其特有的专业性、复杂性、交叉性，导致无论是会计学者还是税务学者对之都有股望尘莫及之感。然而，随着最近这十几年实证会计研究方法的在我国的引入与普及，这无疑为所得税会计的研究带来了契机。尽管现如今我国会计学者对之有一定的研究与贡献，但是无论从理论层面还是实务层面所得税会计领域中仍有很多值得探索的问题。本书的研究只可算是抛砖引玉，基于本书研究的局限性，建议未来可从以下几个方面进行深入的研究：

(1) 完善递延所得税资产 (DTA) 与递延所得税负债 (DTL) 价值相关性的研究方法，从实证研究的视角对之进行进一步的验证。

诚如 Graham 等人 (2012) 在文中所指出的那样，目前就递延所得税资产 (DTA) 和递延所得税负债 (DTL) 是否和怎样影响未来税收支付的问题，在理论研究 (Sansing, 1998; Guenther 和 Sansing, 2000, 2004; Amir et al., 2001) 与实证研究 (Givoly 和 Hayn, 1992; Amir et al., 1997) 之间存在着矛盾。而未来对此的研究，应在之前理论研究的基础上，结合我国的会计环境，尝试以会计信息含量的视角，重新反思围绕在递延所得税资产 (DTA) 与递延所得税负债 (DTL) 估值问题的困惑，选取我国近几年沪深两市 A 股上市公司的数据，采用实证研究方法对该问题进行进一步的验证与研究。

（2）对影响递延所得税资产（DTA）与递延所得税负债（DTL）形成的具体项目，以及形成的机制进行研究。

所得税会计准则的核心是解决如何对所得税费用进行分摊的问题，换言之，即为选取怎样的所得税会计处理方法，纵观历史可知，世界上关于所得税会计方法选取的变革，历经了应付税款法—递延法与债务法—资产负债表债务法三大阶段。而资产负债表债务法涉及的最主要科目是递延所得税资产（DTA）与递延所得税负债（DTL），本书只选取了上海市的上市公司分析其递延所得税资产（DTA）与递延所得税负债（DTL）具体包含的项目，对形成机制以及更大范围内的上市公司问题并未涉及。因此，在未来研究之中应进一步分析我国 A 股所有上市公司的递延所得税资产（DTA）与递延所得税负债（DTL）包含哪些项目，为何上市公司形成的递延所得税资产（DTA）与递延所得税负债（DTL）多为第二类递延所得税资产（DTA_{II}）与递延所得税负债（DTL_{II}），以及这些上市公司是否还具有其他规律性特征等问题。

（3）引入环境变量，对所得税会计准则执行效果的研究可进行进一步的扩展。

本书关于所得税会计准则执行层面的研究，主要选取了会计信息供给者与会计信息需求者的视角，并以会计信息质量特征作为切入点，对所得税会计准则执行的效果进行了研究。此外，事实上目前已有研究表明，利益导向的公司模式、文化传统、法制环境、公司特征等环境因素均可能会对所得税会计准则的执行产生影响。因此，未来的研究应将上述环境因素进行量化，分析其对所得税会计准则执行的影响力度与影响机制，拓宽所得税会计准则在执行层面上的研究。

附录

总应计利润测算方法的选取

对于总应计利润的测算，可采用两种方法：一种方法是基于资产负债表（Richardson et al.，2003）测算，即采用如下公式计算：

$$TACC = \Delta ASSET - \Delta CASH - \Delta LIAB \quad (1)$$

其中，TACC 为公司的总应计利润；ΔASSET 为公司年度总资产变化额；ΔCASH 为公司年度总货币资金变化额；ΔLIAB 为公司年度总负债变化额；

另一种方法是基于现金流量表（Collins 和 Hribar，1999）测算，即采用如下公式计算：

$$TACC = EARN - OCF \quad (2)$$

其中，TACC 为公司的总应计利润；EARN 为公司的年度净利润；OCF 为公司的年度经营现金净流量。

借鉴 Phillips 等（2003）在文中提出的方法，本书对上述两类方法在识别公司盈余管理行为的有效性方面进行了预检验。具体采用的方法如下所示：

$$LOGIT(EM) = \alpha_0 + \alpha_1 \times DA + \varepsilon \quad (3)$$

其中，EM 为盈余管理行为的虚拟变量，当 EM =1 时，上市公司的净资产收益率（ROE）处于（0，0.01）、（0.06，0.07）、（0.09，0.11）三个区间之内，即当 ROE ∈（0，0.01），（0.06，0.07），（0.09，0.11），EM =1，否则 EM =0；DA 为分别依据资产负债表和现金流量表计算出的操纵性应计利润。系数 α_1 若显著，则说明操纵性应计利润（DA）可有效识别出上市公司的盈余管理行为；系数 α_1 若为正，则说明操纵性应计利润（DA）与盈余管理行为正相关。

本书采用修正的 Jones 模型（Dechow et al.，1995）估算非操纵性应计利润（NDA）和操纵性应计利润（DA），非操纵性应计利润（NDA）测算结果见表 1。

表 1　　非操纵性应计利润（NDA）测算结果

解释变量	基于资产负债表		基于现金流量表	
	NDA1/A		NDA2/A	
	回归系数	t 值	回归系数	t 值
1/A	28515337.6***	7.87	18299900.2***	6.49
（DREV－DREC）/A	0.0870***	11.43	0.0199***	3.36
PPE/A	0.102***	15.03	－0.0802***	－15.12
调整 R－sq	0.223		0.0564	
样本量	3828		3828	

注 a：*、**、*** 分别代表系数在 10%、5%、1% 水平上显著；

注 b：变量定义如下：A：代表的是上期期末总资产；DREV：代表的是主营业务收入变化额；DREC：代表的是应收账款变化额；PPE：代表的是公司在本期期末的厂房、设备等固定资产价值。

之后，本书借鉴 Phillips 等（2003）提出的方法，检验这两种方法能否有效识别出公司总盈余管理行为。具体的检验结果如表 2 所示。

表 2　操纵性应计利润指标（DA）识别盈余管理行为的有效性

解释变量	基于资产负债表		基于现金流量表	
	EM_4		EM_4	
	回归系数	t 值	回归系数	t 值
C	-1.337***	-33.40	-1.326***	-33.15
DA	-1.713***	-4.64	-0.602	-1.35
Log likelihood	-1949.1		-1959.6	
样本量	3828		3828	

注 a：*、**、*** 分别代表系数在 10%、5%、1% 水平上显著；注 b：变量定义如下：C：代表的是常数项；DA：代表的是分别依据资产负债表和现金流量表计算出的操纵性应计利润。

从表 2 可以看到，方法一（基于资产负债表）测算出的操纵性应计利润指标（DA）较之方法二（基于现金流量表）更为有效地识别企业的总盈余管理行为（EM_4），即依据方法一（基于资产负债表）测算出的操纵性应计利润（DA）的系数在 1% 的置信水平下显著，而依据方法二（基于现金流量表）测算出的操纵性应计利润（DA）的系数却不显著，这说明方法二（基于现金流量表）测算出的操纵性应计利润（DA）不能有效识别企业的总盈余管理行为（EM_4）。因此，本书采用方法一，即基于资产负债表估算总应计利润。

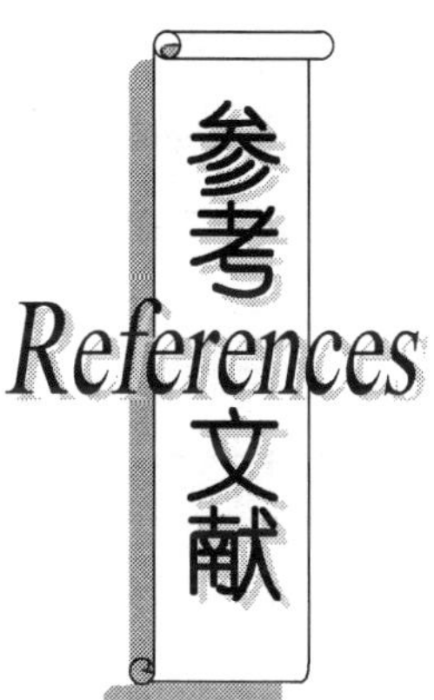

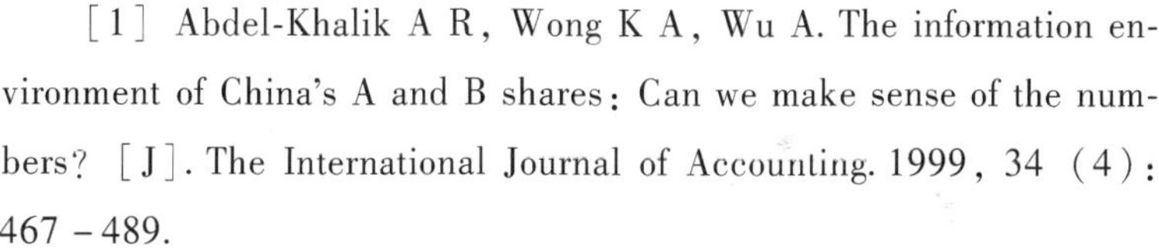

[1] Abdel-Khalik A R, Wong K A, Wu A. The information environment of China's A and B shares: Can we make sense of the numbers? [J]. The International Journal of Accounting. 1999, 34 (4): 467 – 489.

[2] Aharony J, Lee C J, Wong T J. Financial packaging of IPO firms in China [J]. Journal of Accounting Research. 2000: 103 – 126.

[3] Amir E. The market valuation of accounting information: The case of postretirement benefits other than pensions [J]. Accounting Review. 1993: 703 – 724.

[4] Amir E, Kirschenheiter M, Willard K. The Valuation of Deferred Taxes [J]. Contemporary Accounting Research. 1997, 14 (4): 597 – 622.

[5] Amir E, Kirschenheiter M, Willard K. The aggregation and valuation of deferred taxes [J]. Review of Accounting Studies. 2001,

6 (2 – 3): 275 – 297.

[6] Amir E, Sougiannis T. Analysts' Interpretation and Investors' Valuation of Tax Carryforwards [J]. Contemporary Accounting Research. 1999, 16 (1): 1 – 33.

[7] Andresky J. Tax strategies; mutual fund investors give up most of the control over the timing of gains and losses to a portfolio manager [J]. 1985, 1985: 83.

[8] Ayers B C. Deferred tax accounting under SFAS No. 109: An empirical investigation of its incremental value-relevance relative to APB No. 11 [J]. Accounting Review. 1998: 195 – 212.

[9] Ayers B C, Jiang J X, Laplante S K. Taxable Income as a Performance Measure: The Effects of Tax Planning and Earnings Quality [J]. Contemporary Accounting Research. 2009, 26 (1): 15 – 54.

[10] Ball R, Brown P. An empirical evaluation of accounting income numbers [J]. Journal of accounting research. 1968: 159 – 178.

[11] Barth M E. Fair value accounting: Evidence from investment securities and the market valuation of banks [J]. Accounting Review. 1994: 1 – 25.

[12] Barth M E, Beaver W H, Hand J R, et al. Accruals, cash flows, and equity values [J]. Review of Accounting Studies. 1999, 4 (3 – 4): 205 – 229.

[13] Bartov E, Givoly D, Hayn C. The rewards to meeting or beating earnings expectations [J]. Journal of Accounting and Economics. 2002, 33 (2): 173 – 204.

[14] Beaver W H, Dukes R E. Interperiod tax allocation, earnings expectations, and the behavior of security prices [J]. Accounting review. 1972: 320 – 332.

[15] Benson H A B B. Accounting for life [M]. Kogan Page, 1989.

[16] Beresford D R. Accounting for income taxes: A review of alternatives [M]. Financial Accounting Standards, 1983.

[17] Bierman Jr H. Deferred taxes, income and the 1986 Tax Reform Act [J]. Financial Analysts Journal. 1987, 43 (3): 72 – 73.

[18] Burgstahler D, Dichev I. Earnings management to avoid earnings decreases and losses [J]. Journal of accounting and economics. 1997, 24 (1): 99 – 126.

[19] Canning J B. The economics of accountancy [M]. United States: The Ronald press company, 1929.

[20] Cassidy J, Urbancic F R, Sylvestre J, et al. Accounting for income taxes: A study of early vs. postponed adoption decisions for controversial accounting standards [J]. Journal of Applied Business Research (JABR). 2011, 9 (3): 52 – 57.

[21] Chambers R J. Accounting, evaluation, and economic behavior [M]. United States: Prentice-Hall, 1966.

[22] Chan K H, Lan Mo P L. Tax holidays and tax noncompliance: An empirical study of corporate tax audits in China's developing economy [J]. The Accounting Review. 2000, 75 (4): 469 – 484.

[23] Chan K H, Lin K Z, Mo P L. Will a departure from tax-based accounting encourage tax noncompliance? Archival evidence from a transition economy [J]. Journal of Accounting and Economics. 2010, 50 (1): 58 – 73.

[24] Chandra U, Ro B T. The association between deferred taxes and common stock risk [J]. Journal of Accounting and Public Policy. 1997, 16 (3): 311 – 333.

[25] Chaney P K, Jeter D C. The effect of deferred taxes on security prices [J]. Journal of accounting auditing and finance. 1994, 9 (1): 91 - 116.

[26] Chen K C, Schoderbek M P. The 1993 tax rate increase and deferred tax adjustments: A test of functional fixation [J]. Journal of Accounting Research. 2000: 23 - 44.

[27] Chen K C, Yuan H. Earnings management and capital resource allocation: Evidence from China's accounting-based regulation of rights issues [J]. The Accounting Review. 2004, 79 (3): 645 - 665.

[28] Chen X, Lee C J, Li J. Government assisted earnings management in China [J]. Journal of Accounting and Public Policy. 2008, 27 (3): 262 - 274.

[29] Cho J, Wong J, Wong N. Book - Tax Differences and Inland Revenue Audit Adjustments in New Zealand [J]. Journal of Business Finance & Accounting. 2006, 33 (9 - 10): 1650 - 1667.

[30] Colley R, Rue J, Volkan A. Deferred Taxes Revisited [J]. Journal of Business & Economics Research (JBER). 2011, 2 (8).

[31] Copeland R M, Francia A J, Strawser R H. Students as subjects in behavioral business research [J]. Accounting Review. 1973: 365 - 372.

[32] Davidson R A, Gelardi A M. Analysis of the conceptual framework of China's new accounting system [J]. Accounting Horizons. 1996, 10 (1).

[33] Davidson S. Accelerated Depreciation and the Allocation of Income Taxes [J]. The Accounting Review. 1958, 33 (2): 173 - 180.

[34] Davidson S, Rasch S F, Weil R L, et al. Behavior of the Deferred Tax Credit Account, 1973 - 82/The Deferred Tax Liability: Do Capital-Intensive Companies Pay It? [J]. Journal of Accountancy. 1984, 158 (4): 138.

[35] Dechow P M, Sloan R G, Sweeney A P. Detecting earnings management [J]. Accounting review. 1995: 193 - 225.

[36] Defond M L, Wong T, Li S. The impact of improved auditor independence on audit market concentration in China [J]. Journal of Accounting and Economics. 1999, 28 (3): 269 - 305.

[37] Degeorge F, Patel J, Zeckhauser R. Earnings management to exceed thresholds [J]. The Journal of Business. 1999, 72 (1): 1 - 33.

[38] Desai M A. The degradation of reported corporate profits [J]. The Journal of Economic Perspectives. 2005, 19 (4): 171 - 192.

[39] Desai M A. The divergence between book income and tax income [J]. Tax policy and the economy. 2003, 17: 169 - 206.

[40] Desai M A, Dharmapala D. Corporate tax avoidance and high-powered incentives [J]. Journal of Financial Economics. 2006, 79 (1): 145 - 179.

[41] Dhaliwal D S, Trezevant R H, Wilkins M S. Tests of a Deferred Tax Explanation of the Negative Association between the LIFO Reserve and Firm Value [J]. Contemporary Accounting Research. 2000, 17 (1): 41 - 59.

[42] Diehl K A. Ratio of Deferred Tax Liabilities to Shares as a Predictor of Stock Prices [J]. Accounting & Taxation. 2010, 2 (1): 95 - 105.

[43] Dixit A K, Pindyck R S. Investment under uncertainty

[M]. Princeton University Press, 1994.

[44] Dotan A. On the value of deferred taxes [J]. Asia-Pacific Journal of Accounting & Economics. 2003, 10 (2): 173 - 186.

[45] Drake D F. The service potential concept and inter-period tax allocation [J]. The accounting review. 1962, 37 (4): 677 - 684.

[46] Eccher E A, Healy P M. The role of international accounting standards in transitional economies: A study of the People's Republic of China [J]. Available at SSRN 233598. 2000.

[47] Edwards E O, Bell P W. The theory and measurement of business income [M]. Univ of California Press, 1961.

[48] Feltham G A, Ohlson J A. Uncertainty resolution and the theory of depreciation measurement [J]. Journal of Accounting Research. 1996: 209 - 234.

[49] Feltham G A, Ohlson J A. Valuation and clean surplus accounting for operating and financial activities [J]. Contemporary accounting research. 1995, 11 (2): 689 - 731.

[50] Fields T D, Lys T Z, Vincent L. Empirical research on accounting choice [J]. Journal of accounting and economics. 2001, 31 (1): 255 - 307.

[51] Francis J, Schipper K. Have financial statements lost their relevance? [J]. Journal of accounting Research. 1999: 319 - 352.

[52] Frank M M, Lynch L J, Rego S O. Tax reporting aggressiveness and its relation to aggressive financial reporting [J]. The Accounting Review. 2009, 84 (2): 467 - 496.

[53] Gilbert S J. A challenge: Can the accounting profession lead the tax system? [J]. Journal of Accountancy (pre - 1986).

1968, 126 (3): 66.

[54] Givoly D, Hayn C. The valuation of the deferred tax liability: evidence from the stock market [J]. Accounting Review. 1992: 394 - 410.

[55] Gonedes N J. Capital market equilibrium and annual accounting numbers: Empirical evidence [J]. Journal of Accounting Research. 1974: 26 - 62.

[56] Graham J R, Raedy J S, Shackelford D A. Research in accounting for income taxes [J]. Journal of Accounting and Economics. 2012, 53 (1): 412 - 434.

[57] Greene W H. Econometric analysis [M]. Granite Hill Pubishers, 2008.

[58] Guenther D A, Sansing R C. Valuation of the firm in the presence of temporary book-tax differences: The role of deferred tax assets and liabilities [J]. The Accounting Review. 2000, 75 (1): 1 - 12.

[59] Guenther D A, Sansing R C. The valuation relevance of reversing deferred tax liabilities [J]. The Accounting Review. 2004, 79 (2): 437 - 451.

[60] Hanlon M. The persistence and pricing of earnings, accruals, and cash flows when firms have large book-tax differences [J]. The Accounting Review. 2005, 80 (1): 137 - 166.

[61] Hanlon M, Laplante S K, Shevlin T J. Evidence on the possible information loss of conforming book income and taxable income [J]. Available at SSRN 686402. 2005.

[62] Hanlon M, Shevlin T. Book-tax conformity for corporate income: An introduction to the issues [M]. MIT Press, 2005, 101 - 134.

[63] Haw I M, Qi D, Wu D, et al. Market Consequences of Earnings Management in Response to Security Regulations in China [J]. Contemporary Accounting Research. 2005, 22 (1): 95-140.

[64] Hoogendoorn M N. Accounting and taxation in Europe—A comparative overview [J]. European Accounting Review. 1996, 5 (sup1): 783-794.

[65] Hribar P, Collins D W. Errors in estimating accruals: Implications for empirical research [J]. Journal of Accounting research. 2002, 40 (1): 105-134.

[66] Jackson M. Book-tax differences and earnings growth [D]. University of Oregon, 2009.

[67] Jerston J E. Analyst's View of Deferred Income Taxes [J]. Accounting Review. 1965: 812-813.

[68] Jian M, Wong T J. Propping through related party transactions [J]. Review of Accounting Studies. 2010, 15 (1): 70-105.

[69] Keller T F, Zeff S A. Financial accounting theory II: issues and controversies [M]. McGraw-Hill, 1969.

[70] Lamb M, Nobes C, Roberts A. International variations in the connections between tax and financial reporting [J]. Accounting and Business Research. 1998, 28 (3): 173-188.

[71] Larue D W. Accounting for Income Taxes [C]. HeinOnline, 1992.

[72] Laux R C. The Association between Deferred Tax Assets and Liabilities and Future Tax Payments [J]. The Accounting Review. 2013, 88 (4): 1357-1383.

[73] Lev B, Nissim D. Taxable income, future earnings, and equity values [J]. The Accounting Review. 2004, 79 (4): 1039-1074.

[74] Lin K Z, Chan K H. Auditing standards in China—A comparative analysis with relevant international standards and guidelines [J]. The International Journal of Accounting. 2000, 35 (4): 559 -577.

[75] Lo A W, Wong R M, Firth M. Can corporate governance deter management from manipulating earnings? Evidence from related-party sales transactions in China [J]. Journal of Corporate Finance. 2010, 16 (2): 225 -235.

[76] Lo A W, Wong R M, Firth M. Tax, financial reporting, and tunneling incentives for income shifting: An empirical analysis of the transfer pricing behavior of Chinese-listed companies [J]. Journal of the American Taxation Association. 2010, 32 (2): 1 -26.

[77] Macneal K. Truth in accounting [M]. United States: University of Pennsylvania press, 1939.

[78] Manzon G B J, Plesko G A. The relation between financial and tax reporting measures of income [J]. Tax Law Review. 2002, 55 (2): 175.

[79] Masheb C M. A Study of the Indeterminate Credits in Balance Sheets [J]. The New York Certified Public Accountant. 1966: 193 -199.

[80] Mateer W H. Tax Allocation: A Macro Approach [J]. Accounting Review. 1965: 583 -586.

[81] May R G. The influence of quarterly earnings announcements on investor decisions as reflected in common stock price changes [J]. Journal of Accounting Research. 1971: 119 -163.

[82] Maydew E L. Empirical tax research in accounting: A discussion [J]. Journal of Accounting and Economics. 2001, 31 (1): 389 -403.

[83] Mcgill G A, Outslay E. Lost in translation: Detecting tax shelter activity in financial statements [J]. National Tax Journal. 2004: 739 -756.

[84] Miller M H, Modigliani F. Some estimates of the cost of capital to the electric utility industry, 1954 -57 [J]. The American Economic Review. 1966: 333 -391.

[85] Mills L F. Book-tax differences and Internal Revenue Service adjustments [J]. Journal of Accounting Research. 1998: 343 -356.

[86] Mills L F, Newberry K J. The influence of tax and nontax costs on book-tax reporting differences: Public and private firms [J]. Journal of the American Taxation Association. 2001, 23 (1): 1 -19.

[87] Mills L F, Newberry K J, Novack G F. How well do Compustat NOL data identify firms with US tax return loss carryovers? [J]. Journal of the American Taxation Association. 2003, 25 (2): 1 -17.

[88] Mills L F, Newberry K J, Trautman W B. Trends in book-tax income and balance sheet differences [J]. Available at SSRN 313040. 2002.

[89] Mo P L L. Tax avoidance and anti-avoidance measures in major developing economies [M]. Greenwood Publishing Group, 2003.

[90] Moonitz M. The basic postulates of accounting [M]. United States: American Institute of Certified Public Accountants, 1961.

[91] Moonitz M. Some reflections on the investment credit experience [J]. Journal of Accounting Research. 1966: 47 -61.

[92] Moonitz M. Income taxes in financial statements [J]. Accounting Review. 1957: 175 -183.

[93] Myers L A, Skinner D J. Discretionary charges, board of director composition, and audit quality [M]. University of Michigan,

2001.

[94] Nobes C, Parker R H. Comparative international accounting [M]. Pearson Education, 2008.

[95] Paton W A. Accounting theory, with special reference to the corporate enterprise [M]. United States: The Ronald press company, 1922.

[96] Paton W A. Accounting theory, with special reference to the corporate enterprise [M]. Ronald Press, 1922: 472.

[97] Perry R E. Comprehensive income tax allocation [J]. Journal of Accountancy. 1966, 121 (2): 23 - 32.

[98] Phillips J, Pincus M, Rego S O. Earnings management: New evidence based on deferred tax expense [J]. The Accounting Review. 2003, 78 (2): 491 - 521.

[99] Plesko G A. Corporate tax avoidance and the properties of corporate earnings [J]. National Tax Journal. 2004: 729 - 737.

[100] Plesko G A. Reconciling corporation book and tax net income, tax years 1996 - 1998 [J]. SOI Bulletin. 2002, 21 (4): 1 - 16.

[101] Plesko G A. Book-tax differences and the measurement of corporate income [C]. JSTOR, 1999.

[102] Poterba J, Rao N, Seidman J. Temporary Differences, Deferred Tax Positions, and Corporate Incentives [J]. J. Seidman. — NBER Press. 2009.

[103] Poterba J, Rao N, Seidman J. Deferred tax positions and incentives for corporate behavior around corporate tax changes [C]. National Bureau of Economic Research, 2007.

[104] Raedy J S. Discussion of "Taxable Income as a Performance Measure: The Effects of Tax Planning and Earnings Quality"

[J]. Contemporary Accounting Research. 2009, 26 (1): 55 -63.

[105] Rayburn J. The association of operating cash flow and accruals with security returns [J]. Journal of Accounting Research. 1986: 112 -133.

[106] Revsine L. Some Controversy concerning "Controversial Accounting Changes" [J]. Accounting Review. 1969: 354 -358.

[107] Richardson S A, Sloan R G, Soliman M T, et al. Accrual reliability, earnings persistence and stock prices [J]. Journal of accounting and economics. 2005, 39 (3): 437 -485.

[108] Rosenfield P, Dent W C. No more deferred taxes: a case against interperiod income tax allocation and for letting reported taxes follow the tax return [J]. Journal of Accountancy. 1983, 155 (2): 44.

[109] Rue J, Volkan A. The Case Against Deferred Taxes [J]. Management Accounting. 1985: 30 -35.

[110] Sanders T H, Hatfield H R, Moore W U. A statement of accounting principles [M]. American Institute of Accountants, 1938.

[111] Sansing R. Valuing the deferred tax liability [J]. Journal of Accounting Research. 1998: 357 -363.

[112] Savoie L M. Financial Reports in 1968 [J]. Financial Analysts Journal. 1968: 67 -69.

[113] Scholes M S, Wolfson M A, Erickson M, et al. Taxes and business strategy: A planning approach [M]. Prentice Hall Englewood Cliffs, NJ, 1992.

[114] Schultz S M, Johnson R T. Income tax allocation: the continuing controversy in historical perspective [J]. The Accounting Historians Journal. 1998: 81 -111.

[115] Seidman J. Interpreting fluctuations in the book-tax income gap as tax sheltering: alternative explanations [R]. Working Paper, University of Texas, 2009.

[116] Seligman J. The transformation of Wall Street: a history of the Securities and Exchange Commission and modern corporate finance [M]. 3rd ed. ed. United States: Aspen Publishers, 2003.

[117] Shackelford D A, Shevlin T. Empirical tax research in accounting [J]. Journal of accounting and economics. 2001, 31 (1): 321 - 387.

[118] Shevlin T. Corporate tax shelters and book-tax differences [J]. Tax L. Rev. 2001, 55: 427.

[119] Shevlin T, Tang T Y, Wilson R J. Domestic income shifting by Chinese listed firms [J]. Journal of the American Taxation Association. 2012, 34 (1): 1 - 29.

[120] Shoup C S. Ricardo on taxation [M]. United States: Columbia University Press, 1960: 220.

[121] Smith D T. Tax factors in business decisions [M]. United States: Prentice-Hall, 1968.

[122] Smith D T, Butters J K. Taxable and Business Income [J]. NBER Books. 1949.

[123] Soper F J, Dolphin R. Readability and corporate annual reports [J]. Accounting Review. 1964: 358 - 362.

[124] Staubus G J. Making accounting decisions [M]. United States: Scholars Book Co., 1977.

[125] Storey R K. The search for accounting principles: today's problems in perspective [M]. American Institute of Certified Public Accountants, 1964.

[126] Sutton T G. Lobbying of accounting standard-setting bodies in the UK and the USA: a Downsian analysis [J]. Accounting, Organizations and Society. 1984, 9 (1): 81 –95.

[127] Sweeney H W. Stabilized accounting [M]. Harper & brothers, 1936.

[128] Tang T Y. Book-tax differences: a function of accounting – tax misalignment, earnings management and tax management. [D]. The Australian National University, 2006.

[129] Tang T, Firth M. Can book – tax differences capture earnings management and tax management? Empirical evidence from China [J]. The International Journal of Accounting. 2011, 46 (2): 175 –204.

[130] Tang Y, Chow L, Cooper B J. Accounting and finance in China: a review of current practice [M]. Sweet & Maxwell Asia, 2003.

[131] The Department of Treasury. The Problem of Corporate Tax Shelters: Discussion, Analysis and Legislative Proposals [R]., 1999.

[132] Watts Ross L., Zimmerman Jerold L. Positive accounting theory [M]. Prentice-Hall Inc., 1986.

[133] Waugh J B. The interperiod allocation of corporate income taxes: A proposal [J]. Accounting Review. 1968: 535 –539.

[134] Weetman P. SSAP 15: Accounting for Deferred Taxation [J]. The Accounting Review. 1993, 68 (3): 695 –696.

[135] White G I, Sondhi A C, Fried D, et al. The analysis and use of financial statements (2nd edition) [M]. John Wiley & Sons, New York, 1998.

[136] Wilkie P J. Empirical evidence of implicit taxes in the

corporate sector [J]. The Journal of the American Taxation Association. 1992, 14 (1): 97 -116.

[137] Wilson R J. An examination of corporate tax shelter participants [J]. The Accounting Review. 2009, 84 (3): 969 -999.

[138] Winborne M G, Kleespie D L. Tax Allocation in Perspective [J]. Accounting Review. 1966: 737 -744.

[139] Wu L, Wang Y, Lin B, et al. Local tax rebates, corporate tax burdens, and firm migration: Evidence from China [J]. Journal of Accounting and Public Policy. 2007, 26 (5): 555 -583.

[140] Wyatt A R, Dieter R, Stewart J E. Tax Allocation Revisited [J]. The CPA Journal. 1984, 54 (3): 10 -18.

[141] Zeff S. The evolution of US GAAP: the political forces behind professional standards [J]. The CPA Journal. 2005, 75 (2): 19 -29.

[142] Zeff S A. The rise of "economic consequences" [M]. Division of Research, Graduate School of Business Administration, Harvard University, 1978.

[143] 本哈德，裴仁斯，鲁尔夫等. 国际财务报告准则——阐释与运用(中国版)[M]. 上海：上海财经大学出版社，2007：114.

[144] 财政部会计司. 美国会计准则解释与运用 [M]. 北京：中国财政经济出版社，1995：196 -254.

[145] 财政部会计司编写组. 企业会计准则讲解 2010 [M]. 北京：人民出版社，2010.

[146] 财政部会计司课题组. 企业会计准则实现连续四年平稳有效实施——我国上市公司 2010 年执行企业会计准则情况分析报告 [J]. 会计研究. 2011 (10): 16 -29.

[147] 蔡春，谭洪涛．会计实证模型与方法研究［M］．成都：西南财经大学出版社，2008.

[148] 曹伟．论资产、负债计税基础的定义和确定方法［J］．财会月刊．2014（01）：3－4.

[149] 曹伟．论所得税会计方法的演变［J］．财会通讯．2014（22）：6－8.

[150] 曹越，湛芬．我国企业会计准则与所得税法差异研究［J］．财会月刊．2012（03）：48－51.

[151] 曾富全，吕敏．所得税会计准则实施效果实证研究——来自中国A股上市公司的初步证据［J］．财会通讯．2009（27）：70－72.

[152] 曾富全，吕敏．所得税会计实证研究［M］．成都：西南财经大学出版社，2009.

[153] 曾钧．《小企业会计准则》与所得税法的协调及差异［J］．财会研究．2012（20）：31－33.

[154] 车菲．所得税改革、会计—税收差异与会计稳健性［J］．中南财经政法大学学报．2012（06）：93－99.

[155] 车文侠，陈建国，车文秀．会计收益与应税收益的差异对审计费用的影响［J］．财会通讯．2011（21）：7－9.

[156] 陈丽花，黄寿昌，杨雄胜．资产负债观会计信息的市场效应检验——基于《企业会计准则第18号——所得税》施行一年的研究［J］．会计研究．2009（05）：29－37.

[157] 陈毓圭．论财务制度、会计准则、会计制度和税法诸关系［J］．会计研究．1999（02）：13－19.

[158] 戴德明，唐好，何力军．会计制度变迁背景下所得税会计信息的市场效应检验——基于2001—2011年A股上市公司的证据［J］．山西财经大学学报．2013（11）：106－115.

[159] 戴德明，唐妤，何力军．递延所得税会计信息的双刃作用——基于攀钢钒钛的案例分析 [J]．财务与会计．2013 (09)：8－11.

[160] 戴德明，王小鹏．所得税、自由现金流与过度投资——来自中国2008年A股上市公司的经验证据 [J]．财贸研究．2011 (01)：119－126.

[161] 戴德明，姚淑瑜．会计—税收差异及其制度因素分析——来自中国上市公司的经验证据 [J]．财经研究．2006 (05)：48－59.

[162] 戴德明，姚淑瑜．会计—税收差异与所得税避税行为——安然Tanya结构性交易的启示 [J]．财务与会计．2007 (05)：16－19.

[163] 戴德明，张妍，何玉润．我国会计制度与税收法规的协作研究——基于税会关系模式与二者差异的分析 [J]．会计研究．2005 (01)：50－54.

[164] 邓春斌．所得税会计研究 [J]．会计之友．2013 (15)：86－88.

[165] 邓力平，曲晓辉．税收国际协调与会计准则全球趋同关系之辨析 [J]．会计研究．2003 (09)：24－28.

[166] 邓亦文，姜葵．企业所得税会计的几个特殊问题 [J]．财会月刊．2012 (19)：18－21.

[167] 董盈厚．财务会计与税务会计分离理论扩展研究 [M]．北京：经济科学出版社，2011.

[168] 杜兴强．我国上市公司管理当局对会计准则制定的态度及对策探讨 [J]．会计研究．2003 (07)：16－19.

[169] 冯巧根．中国会计制度的变迁与发展 [J]．北京工商大学学报（社会科学版）．2005 (01)：70－74.

[170] 盖地．税务会计概念框架构想 [J]. 会计研究．2014 (10): 3 – 12.

[171] 盖地．税务会计研究 [M]. 北京：中国金融出版社, 2005.

[172] 盖地．税务会计原则、财务会计原则的比较与思考 [J]. 会计研究．2006 (02): 40 – 46.

[173] 盖地，路娜．递延所得税对财务报表信息质量的影响研究 [J]. 北京工商大学学报（社会科学版）．2014 (02): 52 – 61.

[174] 盖地，孙雪娇．税务会计计量属性及其与财务会计计量属性的比较 [J]. 会计研究．2009 (04): 12 – 17.

[175] 葛家澍．关于高质量会计准则的几个问题 [J]. 会计研究．2002 (10): 16 – 23.

[176] 葛家澍．我国企业会计准则制定的几个问题 [J]. 财会通讯．2002 (07): 3 – 6.

[177] 葛家澍，刘峰．会计理论：关于财务会计概念结构的研究 [M]. 北京：中国财政经济出版社, 2003.

[178] 耿菲，杨荣本，刘鹏照．论我国会计准则的政府导向性 [J]. 中国管理信息化．2010 (03): 30 – 31.

[179] 宫梦婷．所得税会计信息的价值相关性研究 [D]. 首都经济贸易大学, 2012.

[180] 郭道扬．论两大法系的会计法律制度体系 [J]. 会计研究．2002 (08): 3 – 9.

[181] 郭道扬．论两大法系的会计法律制度体系（续）[J]. 会计研究．2002 (09): 7 – 18.

[182] 郭艳峥，付荣霞．《小企业会计制度》与所得税法的差异分析 [J]. 财会月刊．2006 (15): 65 – 66.

[183] 韩晓明．所得税会计信息增量研究——A 股上市公司

2007—2010 年的经验证据 [J]. 会计之友 . 2011 (31): 18 - 21.

[184] 何存花, 姚晓民 . 会计准则制定的政治化程序之中西对比 [J]. 经济师 . 2003 (06): 188.

[185] 虎峰 . 会计制度与税法规定的差异解析 [J]. 财会月刊 . 2006 (27): 50 - 51.

[186] 黄菊波, 杨小舟 . 评财务会计与税务会计的分离问题 [J]. 会计研究 . 1996 (04): 1 - 5.

[187] 贾纳金 (Jarnagin Bill D) . 美国公认会计原则指南 [M]. 北京: 中信出版社, 2010: 284 - 286.

[188] 姜英兵 . 会计准则执行框架构建 [J]. 管理世界. 2004 (11): 150 - 151.

[189] 姜英兵 . 中国会计准则的执行: 制度分析 [M]. 北京: 中国社会科学出版社, 2012.

[190] 井尻雄士 . 美国会计准则及其环境: 75 年发展历史的二元研究 (上) [J]. 财会通讯: 综合版 . 2005 (10): 16 - 19.

[191] 科塔里 (Kothari S. P.), 利斯 (Lys T. Z.), 斯金纳 (Skinner D. J.), 等 . 当代会计研究: 综述与评论 [M]. 北京: 中国人民大学出版社, 2009.

[192] 克里斯托弗・诺比斯, 罗伯特・帕克 . 比较国际会计 (第十一版) [M]. 大连: 东北财经大学出版社, 2011: 79.

[193] 冷琳 . 所得税会计核算中的难点问题 [J]. 财会月刊. 2014 (01): 116 - 117.

[194] 李丽娟, 王乾斌, 朱凯 . 递延所得税会计信息的价值相关性研究 [J]. 上海立信会计学院学报 . 2011 (01): 49 - 56.

[195] 李宁 . 会计准则制度变迁问题研究——基于演化博弈的视角 [M]. 北京: 经济科学出版社, 2011.

[196] 李艳平 . 所得税会计核算探讨 [J]. 财会通讯 . 2012

(04)：126－127.

［197］李勇．资产负债观与收入费用观比较研究 兼论我国会计准则制定理念选择［M］．北京：中国财政经济出版社，2006.

［198］李增福，董志强，连玉君．应计项目盈余管理还是真实活动盈余管理？——基于我国2007年所得税改革的研究［J］．管理世界．2011（01）：121－134.

［199］刘斌，孙回回，李珍珍．所得税会计政策选择的经济动因及实证研究［J］．现代财经－天津财经学院学报．2005(05)：55－60.

［200］刘洁．我国会计规范与税收法规的所得税会计差异及协调［D］．山西财经大学，2013.

［201］刘莉娜．加强所得税会计规范与税法协调的几点建议［J］．财务与会计．2014（05）：58.

［202］刘文军，米莉，许黎莉．会计—税收差异、操纵性应计利润与盈余管理［J］．内蒙古财经学院学报．2009（02）：108－112.

［203］刘玉廷．建立和完善我国的会计准则体系［J］．财贸研究．2004（06）：76－78.

［204］刘玉廷，王鹏，薛杰．企业会计准则实施的经济效果——基于上市公司2009年度财务报告的分析［J］．会计研究．2010（06）：3－12.

［205］刘运国，曾富全．盈余管理、审计费用与所得税会计政策选择——基于沪深A股上市公司年报数据的实证分析［J］．财会通讯（学术版）．2007（11）：67－71.

［206］柳秋红．所得税会计资产负债表债务法讲解——归纳法与演绎法的对比［J］．财会月刊．2014（04）：125－127.

［207］龙凌虹，陈婧婧．控股权性质、税收成本与盈余管理——基于会计—税收利润差异的研究［J］．上海立信会计学院学报．2010（04）：31－37.

［208］芦笛．基于美国COSO框架下的企业税务风险管理［J］．西安财经学院学报．2013（03）：56－59.

［209］芦笛．我国税会差异研究的特征与启示——基于会计类13本核心期刊1979—2011年的数据［J］．西北大学学报（哲学社会科学版）．2014（01）：169－175.

［210］陆建桥．中国亏损上市公司盈余管理实证研究［J］．会计研究．1999（09）：25－35.

［211］路娜．递延所得税对财务报告信息质量影响的研究［D］．天津财经大学，2013.

［212］罗剑群，蔡逸轩．可选择会税差异形成动机的实证研究——基于现金流量视角［J］．财会通讯．2010（33）：148－150.

［213］罗先锋．税收与会计的机械性差异与动机性差异协调［J］．商业文化（上半月）．2012（01）：185－187.

［214］骆秋光．资产负债表债务法下对递延所得税核算的研究［J］．商业会计．2014（08）：20－22.

［215］吕敏，曾富全．会计收益、应税收益差异、所得税税负与纳税筹划——来自中国A股上市公司的经验证据［J］．财会通讯．2010（12）：75－77.

［216］迈克尔·查特菲尔德．世界审计会计名著译丛：会计思想史［M］．北京：中国商业出版社，1989.

［217］诺比斯（Nobes Christopher），帕克（Parker Robert），薛清梅等．比较国际会计［M］．2011.

［218］普雷维茨（Previts Gary John），梅里诺（Merino Barbara Dubis），杜兴强等译．美国会计史：会计的文化意义［M］．

北京：中国人民大学出版社，2006.

[219] 钱春杰．基于会计—税收差异的盈余持续性研究[D]．厦门大学，2007.

[220] 钱春杰，周中胜．会计—税收差异，审计收费和“不清洁”审计意见[J]．审计研究．2007（01）：59－67.

[221] 邵佳佳．企业所得税会计处理方法探讨[J]．财会研究．2014（07）：36－38.

[222] 孙德轩，杨黎明．我国与欧洲大陆税收会计关系效应比较[J]．财务与会计．2010（02）：30－32.

[223] 孙雪娇．不同所得税会计方法比较视角下会计信息定价功能研究[C]．2013.

[224] 谭劲松，丘步晖，林静容．提高会计信息质量的经济学思考[J]．会计研究．2000（06）：14－20.

[225] 谭青，李薇．会计—税收差异信息含量研究——基于盈余管理的视角[J]．会计之友．2011（29）：91－95.

[226] 谭青，张宁．会计报表所得税项目信息含量探析[J]．杭州电子科技大学学报（社会科学版）．2014（02）：1－8.

[227] 汤业国．财务会计与税务会计的分离是建立现代企业制度的必然要求[J]．会计研究．1997（04）：19－22.

[228] 唐妤，何力军．所得税会计信息的估值有用性：理论剖析与实证检验[C]．中国广西南宁：2012.

[229] 田娟．基于上市公司案例的递延所得税资产确认问题研究[J]．武汉大学学报（哲学社会科学版）．2012（03）：112－116.

[230] 王金红．企业避税盈余管理行为市场反应研究[J]．财会通讯．2014（36）：60－62.

[231] 王菊．所得税会计政策选择研究[D]．沈阳工业大

学, 2007.

[232] 王庆成. 中国企业会计准则实务全书 [M]. 北京: 机械工业出版社, 2007: 148.

[233] 王延明. 上市公司所得税负担研究——来自规模、地区和行业的经验证据 [J]. 管理世界. 2003 (01): 115-122.

[234] 王跃堂, 王亮亮, 贡彩萍. 所得税改革、盈余管理及其经济后果 [J]. 经济研究. 2009 (03): 86-98.

[235] 威廉姆斯 (Williams Jan R.), 杜美杰译. 会计学: 企业决策的基础 (管理会计分册) [M]. 北京: 机械工业出版社, 2008.

[236] 魏林燕, 李桂荣. 完善我国会计准则制定程序的基本构想 [J]. 燕山大学学报 (哲学社会科学版). 2005 (04): 56-60.

[237] 魏长升, 陈晓坤, 荣延权. 探讨克拉尼斯基定律的必然性——会计利润与应税所得差异的理论分析 [J]. 涉外税务. 2003 (05): 8-11.

[238] 沃尔克 (Wolk Harry I.), 多德 (Dodd James L.), 罗佐基 (Rozycki John J.), 等. 会计理论、政治和经济环境方面的概念性议题 [M]. 2010.

[239] 吴翠英, 谢合明, 仲颖佳. 资产负债表债务法与损益表债务法的对比 [J]. 财会月刊. 2010 (11): 92-93.

[240] 吴明隆. 问卷统计分析实务——SPSS 操作与应用 [M]. 重庆: 重庆大学出版社, 2010.

[241] 吴溪. 会计研究方法论 [M]. 北京: 中国人民大学出版社, 2012.

[242] 伍中信, 田昆儒. 产权理论与中国会计学问题与争论 [M]. 北京: 中国人民大学出版社, 2003.

[243] 夏建雄, 任海芝. 所得税会税差异的协调 [J]. 辽宁

工程技术大学学报（社会科学版）.2013（06）：587－592.

[244] 夏征农．辞海 [M]．上海辞书出版社，2003.

[245] 许家林，王昌锐，龚翔．西方会计名著导读 [M].2014.

[246] 阎达五，李勇．找准治理会计信息失真的切入点——兼论“有限理性”理论在企业业绩评价中的运用 [J]．财务与会计.2002（05）：8－10.

[247] 杨攀，刘宇宁．递延所得税资产与盈余管理——基于＊ST鞍钢扭亏的案例分析 [J]．财会月刊.2014（06）：93－95.

[248] 叶康涛．盈余管理与所得税支付：基于会计利润与应税所得之间差异的研究 [J]．中国会计评论.2006（02）：205－224.

[249] 尤雪英．对构建我国税会差异“三元”协调模式的思考 [J]．上海大学学报（社会科学版）.2007（03）：120－123.

[250] 尤雪英．税会关系模式：国际的经验与中国的实践 [D]．厦门大学，2007.

[251] 张丁云．会计收益与应税收益的差异协调 [J]．会计之友.2013（15）：92－93.

[252] 张晋一．我国所得税会计处理方法研究 [D]．山西财经大学，2011.

[253] 张素蓉，孙海军，王守俊．企业所得税会计的全面诠释 [J]．财会月刊.2013（15）：86－89.

[254] 张煜鑫．会计准则与企业所得税法的协调性研究 [D]．山西财经大学，2011.

[255] 赵建华．试析资产负债表债务法——兼与损益表债务法的比较 [J]．审计与经济研究.2006（01）：65－67.

[256] 赵建新．小企业会计准则与税法协调问题剖析 [J]．财会研究.2012（07）：28－30.

［257］赵敏．我国所得税会计发展中存在的问题及解决对策［J］．山西财经大学学报．2012（S2）：51.

［258］赵耀，罗岩．资产负债观在所得税会计中的应用——以山东省上市公司为例［J］．财会通讯．2013（01）：123.

［259］郑立东，程小可，夏焱焱．递延所得税与股票定价——基于剩余收益估值模型的经验证据［J］．中大管理研究．2012（04）：95－113.

［260］周琪．会计制度与税法在劳务收入确认、计量上的差异［J］．财会月刊．2006（24）：41－42.

［261］周诠．递延所得税会计信息价值相关性研究［D］．东北财经大学，2013.

［262］邹舢．我国所得税会计信息的理论分析与实证检验［D］．中国人民大学，2006.